汉语言文学国家级一流专业建设点经费资助。

中国语言文学一级学科省重点建设学科经费资助。

主持江苏省高校哲学社会科学重点研究基地重大招标项目
"利用运河遗产推进江苏'大运河文化带建设'的现状调查和对策研究"
（2018JDXM001）的研究成果。

《通漕类编》点校

（明）王在晋 撰

周薇 苗珍虎 张国花 点校

上海三联书店

前　言

　　王在晋,字明初,明代太仓人。郡望为河南黎阳(今浚县),故又有黎阳王之称。万历二十年(1592年)进士,授中书舍人。升福建兴泉道,因平海寇有功,补湖广荆南道。时遇水灾,赈济活民,改副使湖广学道,转杭严道,以政绩卓异迁江西左布政。再升至副都御史,巡抚山东等地,又升工部左侍郎,督理河道。泰昌元年(1620年)迁兵部左侍郎。天启二年(1622年)署部事。是年三月,迁兵部尚书、都察院右副都御史,经略辽东、蓟镇、天津、登莱等处军务,代熊廷弼。八月改南京兵部尚书。不久,辞官告归。天启五年(1625年),起任南京吏部尚书。未几,迁兵部尚书。崇祯初年先后总理刑部、兵部事务。后受张庆臻改敕书罪牵连,削官归里。不久病逝。①

　　王在晋一生著作甚丰,著有《越镌》、《历代山陵考》、《海防纂要》、《总部疏稿》、《经略抚齐中枢疏》、《龙沙学录》6卷、《通漕类编》9卷、《岱史》、《辽记附述》、《辽评纪要》、《评辽续记》、《兰江集》、《宝善堂集》、《西坡漫稿》、《西湖小草》等。

---

① 参见《明史》第二百五十七卷列传第一百四十五王洽传附,和王在晋《三朝辽事实录》卷十一。

其中《三朝辽事实录》依年按目,历叙明清鼎革期间辽东战守梗概、兵饷要务、将卒怯弱、官僚相讦情况,引录大臣奏议,多它书所未备,为研究明清东北战事的重要史籍。

《越镌》《海防纂要》《通漕类编》三本被后世广泛用于研究明代航海、贸易、海关、海防、军械、经济、地理、航运、船舶、漕运、河渠等方面。这三本书皆为王在晋将自己官任上接触到的案例、所阅读官府资料加以整理,编纂成书。《越镌》中详细记载的大量通商案例很是宝贵。《海防纂要》里除海防理论外,还有戚继光战车中轻车的详细资料,福船、广船的制造方法及其优劣详解,显示钓鱼岛、黄麻屿、黄尾屿、赤尾屿在明朝就属于中国的版图的海航路线图。资料珍贵。

而《通漕类编》则是一本有关明代漕运、河渠、海运、海道等方面的资料记载。

泰昌元年(1620年)迁兵部左侍郎前,王在晋曾在福建、湖广、江西、山东等地任职,所理事务涉及水陆挽运事宜。特别是作为工部左侍郎督理河道阶段,更是专理漕运与河道事务。《通漕类编》亦记载了他当工部郎中时,对一些官员就漕运、运河河道、黄河河道的提议进行的复议,呈堂题准。如:

《通漕类编》卷之三"漕运"中"漕运船只"一节云:"(万历)二十七年御史李光辉题称,南京各卫所漕船自改隶南京工部分司,诸色烦费,不下三四十金。宜尽送淮安清江分司照旧如式成造,其不应造者停泊仪真。新运单到,运官即责各旗在彼修船赴兑,庶船只得以早完,旗军不至陪累。该郎中王在晋复议,呈堂题准,自二十八年为始,尽送清江厂如式成造。"

《通漕类编》卷之五"河渠"中"漕河职掌"一节云:"二十八年御史方大美题,天津迤北一带河道,河西务通州分为四节。每节各浅委州县官一员,分地挑浚。又杨村通判一员专督浅工。原以白河浮沙易淤易浚，全赖人力疏通。乃今官则觊觎别差夫，则包揽积棍冒名搪抵，终日挑浚不过捞集浮土，粮船一至率皆四散奔逃，致误粮运。该郎中王在晋议覆，呈堂题准，每年定于冬季务如额挑浚，如有踵习前弊者，抚按不时参究。"

《通漕类编》卷之七"河渠"中"黄河修筑"一节云："二十七年工部尚书杨一魁题覆云：迩年黄河之南徙也，徐邳运道有浅阻之虞，归仁堤防有侵啮之虑。彼时议论纷纷，计划无出。欲塞黄堌而千丈之狂澜恐难力遏，欲浚浊河而百万之金钱又难力办，遂致筑室三年竟无成功。今自开挑三仙台、赵家圈母河及挑浚运河各工告成，黄流东注，出小浮桥入运河，水势盈漕，已挽全河十分六七顷，运事已依期报竣。即今秋冬水涸之时，水势浅者八九尺、一丈，深者丈六七尺不等。东向大势已定，官民船艘通行无阻，可为明效大验，总计费银止十万有奇，较之本工原估一十九万已省其半。若与浊河工费相提而论，省盖不啻数倍矣。都水司郎中王在晋潜心水经、加意河道，所应并赍，奉旨。管河官各叙赍有差。"

不仅王在晋工作性质与河道漕运有关，他主观上也特别"潜心水经、加意河道"。正如《通漕类编序》云："晋尝司篆水衡蒿目忧河，又尝代庖输挽蒿目忧漕。辄于政事之暇翻阅故牒，广集成书，纂《通漕类编》八卷，为将来攒漕治河者一筹之赞。又集《海运附考》以明海道之必不可行。"掌管河道工作则为河道之事忧，掌管漕运工作则为漕运事宜忧。于是就于政事之暇翻阅官府册籍，撷取关于河道漕运篇章，纂《通漕类编》八卷，为将来管漕治河者提供一些借鉴。又作《海运附考》一卷，说明海道之必不可行。这就是他写作该书的动机。

按王在晋在《序》中所言撰于"万历岁次甲寅孟夏之吉"，即该书是1614年写成，应该是他在总督河道阶段作成。而由于他一贯处理水陆挽运事务，"潜心水经、加意河道"，材料搜集当是他从升福建兴泉道开始,至总督河道二十年来一贯用心的结果。泰昌元年(1620年)迁兵部左侍郎后,他就更多地关注军事事务去了。

《四库全书总目提要》云:《通漕类编》九卷,浙江汪启淑家藏本。明王在晋撰,在晋有《历代山陵考》,已著录。是书先漕运,次河渠,附以海运、海道。前有自序,并作书凡例。大抵采自官府册籍,无所考证。在晋为经略时,值时事方棘,一筹莫展,逡巡移疾而去。盖蒿谈经济而无实用者,是书殆亦具文而已。

关于"在晋为经略时,值时事方棘,一筹莫展",即认为王在晋出任辽东经略时,没有什么建树,这个定论左右了后来对王在晋的评价,也一直被学术界所争议,此处不论。"大抵采自官府册籍,无所考证。"是说《通漕类编》只是辑录,没有考辩。王在晋自己在《通漕类编序》中也说:"悉按旧闻,无所增置,以参臆说",也即该书基本上忠实于史料,不作主观臆说。关于"是书先漕运,次河渠,附以海运、海道。"则是说《通漕类编》的内容编次。

《通漕类编》共九卷,前四卷为漕运,五至八卷为河渠,第九卷附录海运、海道,是关于明代漕运、河渠、海运、海道等方面情况的详细记载。

《通漕类编》特色:

1. 是一本专论明代漕运、河渠、海运、海道的专书。前四卷为漕运,第一卷记述了从三代、汉、三国、晋、北朝、隋、唐、五代、宋、辽、金、元等各朝治渠通漕的大致脉络,有重大历史影响的通漕史事。第二卷至第四卷为明代漕运状况专论,记载了运送漕粮过程中涉及的相关问题,如职官配置与漕粮、漕军、漕船的具体数目;关于征兑运纳、轻赉脚耗、仓敖板席、漂流挂欠的种种政策规定、存在问题及解决办法;官军粮钞的发放,选补官军的考选,官军犯罪的处置,砖瓶土宜的限额,民运、挖运的规则等等。五至八卷专论河渠,主要记录漕运所依赖的河道的历史沿革及其源起、流向、汇入运道及修筑治理情况；运河所依赖的湖、泉、闸、坝名称、大小、方位、与运河的关系及浚修整治情况；运河所与之交汇的黄河关系，历代特别是明代运道的决口、淤塞、治理及改道的历史事件，其中也涉及对治河官军的具体要求。附录卷之九略论海运、海道。包括历代海运考、元朝岁运之数、国朝海运考、海道等内容。收录历代关于海运的建言及海运状况、海运粮数量，也简述了海运的由起，海运的路径，海运的弊端。详细列出元代海运和漕运的具体路径。特别值得一提的是，该书在很多章节中辑录了朝臣名士的奏议和明代政令题准。如此，就将明代漕运、治河及海运的相关情况尽收眼底。

2. 历史的简单交代与明代漕运、河道的重点详述相得益彰。卷一交代了三代至元各朝治渠通漕的重要史事，大致勾勒了明以前漕运发展的大致脉络。卷二以下则主要是对明代漕运、河渠的方方面面进行记述，所述周详。正是在这样的对照中，我们可以深刻领会到，相比于前代，漕运在明代得到空前的重视。由于漕运在保证朝廷和边防粮食供应、确保国家安全和军队稳定方面起至关重要作用，为保证漕运畅通，明王朝在漕运、河渠等方面设立了多种细致周详的制度，体现出明王朝对于漕运、河渠前所未有的关注。同时也看到，由于运河经历的路程遥远、路况复杂，河决、淤塞对于国家和民众的困扰和影响又尤其深重。

3. 围绕中心，有目的地对历史材料进行使用与删繁存略。

正如王在晋自己所云，他是"于政事之暇翻阅故牒，广集成书，纂《通漕类编》八卷"。既是对旧有史料的采集，就有对史料的取舍问题，王在晋对此明确地表达了自己的史料运用方法，他在"凡例"中说："奏疏有关运务者删繁存略"，"国家借黄河以通运，运道决塞无常，大费修筑，故治河之法备，括诸书断章取义以便查阅"，"河渠不关运道者不入编","湖泉闸坝俱关运道,新旧存废一一登载","古今备录凡有关河务者取次摘编,不载年月"。

显然,一切以运道、运务为中心,湖泉闸坝因为俱关运道,新旧存废一一登载。古今备录凡有关河务者均加以取次摘编。河渠不关运道者不入编。不仅如此,即使与运道、运务相关的文献,他也不是通篇摘抄,而是"奏疏有关运务者删繁存略","治河之法备,括诸书断章取义以便查阅"。正因如此,该书显得内容精要,述事直接,没有冗繁之感。

本次校点,主要依据华东师范大学图书馆藏明万历刻本影印件,另外依据班固《汉书》、范晔《后汉书》、魏征《隋书》、欧阳修《新唐书》、脱脱《宋史》、宋濂《元史》、杜佑《通典》、马端临《文献通考》、邱浚《大学衍义补》、李东阳《大明会典》、毕沅《续资治通鉴》、陈子龙《皇明经世文编》、顾祖禹《读史方舆纪要》、潘昂霄《河源志》、陆贽《翰苑集》等文献参校。

为了便于阅读,校勘时,( )内的字、词表示对原本字、词的删除,〔 〕内的字、词表示对原本字、词的改正或补漏。□内的字表示对空缺字或无法辨认字的标记或增补。对原本中因表示尊崇而空格、另行的格式予以废除。一些通假字、异体字径直改为通行字,己、已、巳等字的误用,随文改正,不加改正符号。在此一并说明。

本次点校由淮阴师范学院苗珍虎老师、张国花老师与本人合作完成。

周薇(淮阴师范学院文学院文化创意产业研究中心)

2023.8.28

《通漕类编》序

昔汉高得天下于马上，谋勇云从。谋如良平，勇如樊灌。第剖符而封彻侯，萧相国无汗马之劳，徒持文墨议论而功出诸侯王上。它时洛阳南宫置酒语群臣曰："镇国家，抚百姓，给饷馈，不绝粮道，吾不如萧何"。乃知萧相国之实。关中为四百年兴王本业，镇国抚民，转输称最急焉。我国家奠鼎幽燕，京都百亿万口抱空腹以待饱于江淮灌输之粟。一日不得则饥，三日不得则不知其所为命。是东南者，天下之敖仓，而东南之灌输，西北所寄命焉者。主人拥堂奥而居，而仓困乃越江逾湖，以希口食于间关四千里外，则国之紧关命脉，全在转运。乃开国迄今运事几经更变矣。海运变而海陆之兼运，再变而支运、兑运，兑运变而为改兑，今且为长运矣。始犹兼督军农，而今独委转输于漕卒。赋出于田，田者不供而军代之供，是军者为民输租贡税者也，今以输租贡税之人而寇仇疾之矣。军不输则粮不至，粮不至则万口饥，是军者为君足国裕民者也，今以足国裕民之军而牛马疲之矣。卫所依军而立，军亦托卫所为依，是军者卫官所为死生相倚者也，今以死生相倚之辈而鱼肉唉之矣。军无中人百金之产而有经年飞挽之劳，遇点运则富买闲而贫任役，然而富者不胜岁岁之营脱也，贫固贫而富亦贫矣。每膺差则逃者幸宽而存者不免，然存者不胜岁岁之拮据也，逃固逃而存者亦逃矣。拘老羸惫顿之军，勾流亡新集之众，懦不更事，势必假手于积年包揽之徒胥，于是卖船盗饷亡命于何有之乡。而运官经年缧绁，倾其产，罄其族，不恤其身为殉，可哀也。夫孰非王事而与民争升斗之羡赋，役长以全力进之，而又挟长官之势以制之，托豪有力以摧之。糠粃混入，水湿相参，米不上仓，逼军就兑。宪臣稍一行法，而势豪且反唇相稽。有司以恤民为贤，以辟军为强，干风力，独不念其修途跋涉。有泡润霉蒸之苦乎，有浅涩盘剥之艰乎，有晒扬扇簸之亏折乎？兑军不能索精粒于水次，而欲交精粒于太仓。计臣不能强出兑者之稍任其亏，而欲责转输者之兼任其苦。贫军疲卒，左右皆无可托第托身于统帮之将领，而此将领者又剥军无已。不恤一体周身之痛，而甘自食其肉者也。然则综事权而轸军旗之疾苦，有经收之主司在，有监临之使臣在。而掾役之需索，仓攒之阻勒，直同负嵎之虎。官愈严而弊役愈横。当事者谁不明罚以饬之，而其究亦孰能穷之。以万苦扬历之军，而无一夕宁家之乐。仓粮未经交割，新运又摄家丁。迩如壬子之春，则以次丁领兑而邀旧卒于涂，家无二丁，且严摄其亲属。白头黄口鼓聨疲癃，无匿身遁形之术，蹩躄于道路，累系于公庭。鹑衣藿食之不给，以殷劳于县官之供亿。噫夫，何使军至于此极也。然则天下之颠连无告者，今之所谓运军也。率由斯道，不数年而罢伍之军立尽矣。军尽则不知所为漕事计，又安知所为军国万年根本计。故今时最急者惟漕，乃漕之可虑，又悬系于江湖河洪一线之脉。此一线水，冯夷司其吐纳，天吴宰其绝续，飞涝相碛，霙沙礜石。时以纤力与洴澬森渺之天河抗衡争胜，一决塞，即以金钱数十万委之浤浤汩汩中。自嘉隆以来，秋风瓠子璧不胜投河之为患，古有之未有侵陵侵漕侵民之田亩庐舍如今日者。此通彼滞，前瀹后淤。今岁甫以开决叙功，明岁又以疏排请饷。以游龙变幻之势，为画圈域地之工。三方之人力，各省之协济，祇以供河伯之鼓掌。漕之有渠也，犹人之有喉吭。然未有喉吭时时受病，而腹心安然无恙者也。往当事者蹙额忧漕，则又为无聊姑试之计而谋及胶河。请以一丸泥，东塞沽河，西塞潍河，以通海道。迨躬为履地而知不可塞也，其说穷。再变而为东引沽河，西引潍河，以疏水窦。又躬为履勘而知不可引也，其说又穷。上令科臣往视，会漕河抚按以及部院大臣之详议，其说皆穷。比隆庆间，漕臣毅然复海运，大率纵柂连柱，以纳蛟龙之腹。始有诏严杜异议，而海中之粟不可登矣。说者谓海运宜于胜国，今胡独不然。朱清、张瑄为海上亡命，故周知海门之险阻。胡元虏使其民投之穷海而忍视其死。至元二十八年，漂米二十四万五千有奇。至大二年，漂米二十万九千有奇。其随船汨没者盖不知其几千人矣。当元之盛岁，运三百万以上，及其衰也，仅十有一万，樗腹而乞灵于海。若海运岂百年长久之策哉。

国初去胜国未远，沙民犹能习海。余家生长海壖，尝闻父老言驱民转输海粟，父别子，夫别妻，生受其祭，而死招其魂，浮没如萍，生死如梦。其幸而脱鲸鲵之口，则以为再世更生。来岁复运，如蟪蛄之不知有春秋。昔始皇驱民于边，犹掩骼长城之下，而胡元驱民于海，乃纳命沉济之中。吾民何辜而罹此劫，国运安得灵长，人群安得永戴。有为国为民之心者，其忍创言海运哉？以今时而思海道，则三十六岛之间，定有余粮以供狡夷之劫掠，为封豕长蛇之藉寇。即丘文庄公而在，亦必缄口咋舌不敢抵掌而谈斯事矣。海运既不可复，则当先时而图，以长保此江淮衣带之水，又当悉心而画，以恤此蓬腜憔悴之军。大抵驱人于所避者，必有利以尝之，见其利而忘其害，人乐为趋。宋时以盐易米，故终宋之世，而运事犹可支。今直驱之以害，有不以漕为鼎镬者耶。

庙议岌岌，以无财之为患，不知急之而可致者，财也。今大盈之充积，皆财也。君虽守而实与中外共之者也。傥时有叵测，而索米于四千里之遥，京通所积，仅同点水沃焦，精镠白镪，不可以疗饥。故有国者无财非匮，而无粮为匮。急财而缓饷，急催科而缓灌输，有三年之疾，而忘七年之艾。正恐忧在萧墙，岂独九边军士之能大呼脱巾已哉。晋尝司篆水衡蒿目忧河，又尝代庖输挽蒿目忧漕。辄于政事之暇翻阅故牒，广集成书，纂《通漕类编》八卷，为将来攒漕治河者一筹之赞。又集《海运附考》以明海道之必不可行。悉按旧闻，无所增置，以参臆说，盖不能为萧相国之转饷关中无已而发贾生之太息，量小而才不足知，无逭于汉廷之诮矣。

万历岁次甲寅孟夏之吉，赐同进士出身、嘉议大夫、浙江等处提刑按察司按察使以督运功特题，奉旨纪录前奉。敕提督湖广通省学政副使、工部都水清吏司郎中黎阳王在晋撰。

《通漕类编》凡例

历代引水通漕，四方转运以实京都，是编援古证今，漕法略备。

国朝漕运先海后河，法经几变，今照编年次第，以纪变更。

国朝漕法在成化以前者载于会典，成化以后者载于漕运议单。会典所载，格而不行者多矣，若先后混编，沓杂难考，当以近年新定议单为令甲，故登记独详。

船额、军额各总漕额及历年漕运数目，会典议单不载，以开国至今，时有因革，损益未可为，典要也阙之，无纲领可循，今查补入。

历来奏疏已经题准编入令甲者，原疏不录。

漕规不奉钦依者不载。

奏疏有关运务者删繁存略。

漕运条议及治河奏疏见闻有限，未及备查，俟后补入。

议单刊行之后，近年题准者，载入编中，其已为议单所载，再题申饬者不述。

近年题准事例或遗漏未备，以渐增补。

国家借黄河以通运，运道决塞无常，大费修筑，故治河之法备，括诸书断章取义以便查阅。

运河修筑、黄河修筑为本朝之事，乃序编年治河要略。古今备录

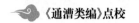

凡有关河务者取次摘编，不载年月。

湖泉闸坝俱关运道，新旧存废一一登载。

河渠不关运道者不入编。

民运亦关转输，并存规制。

海运原不可行，然其说未可尽删，存而弗议，以备参考。

全河图说存其大略，其详备于《河防一览》，可考镜焉。

泉源止载总图，源流浩漫，泉河史备焉。此可省也。

海运向经停罢，海道渺茫，图多传会，弗载。

《漕运类编》引用书目

《书经》

《左传》

《史记》

《山海经》

《纲目》

《通鉴》

《文献通考》

《元史》

《大明会典》

《大明律例》

《国史诸书》

《皇明奏疏类钞》

《皇舆考》

《吾学编》

《续文献通考》

《职方考镜》

《唐类函》

《鸿书》

《一统志》

《广舆图》

《广舆志》

《漕运议单》

《登坛必究》

《李氏续藏书》

《泉河史》

《河防一览》

《治水筌①蹄》

《漕河一规》

《漕河纪事》

《新河纪事》

《河工复议》

《总河疏稿》

《水部备考》

《测量法义》

《泉源志略》

《泉河纪略》

《东泉志》

《山东志》

《济宁闸河志》

《闸河类考》

《安平镇志》

---

① 应为筌。

《通漕类编》目录

---

① 原书为"图序"。

① 原目录为"海运编"。

卷首　图

漕运图

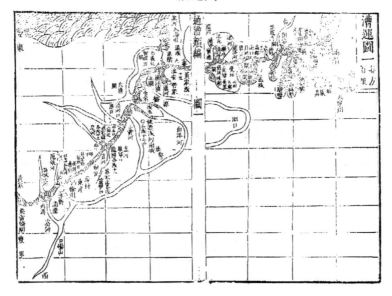

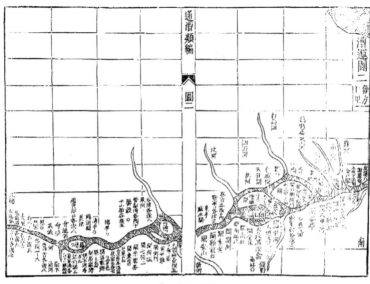

史 275—253

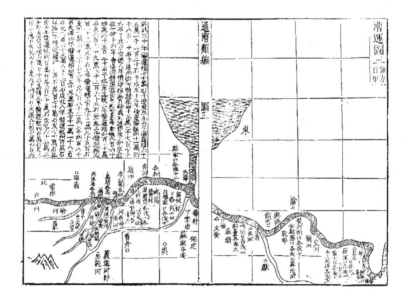

黄河图

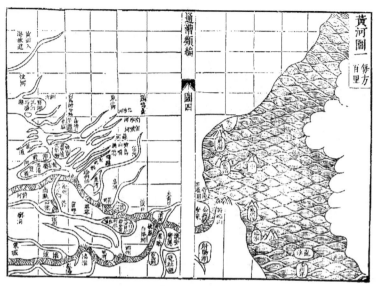

史 275—254

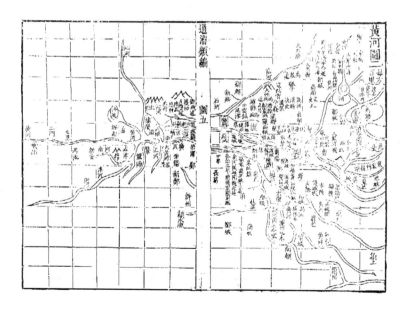

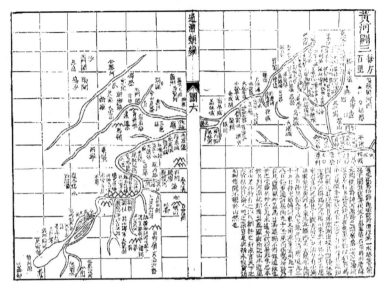

史 275—255

泉源总图

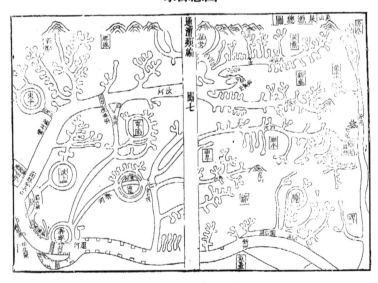

闸河图

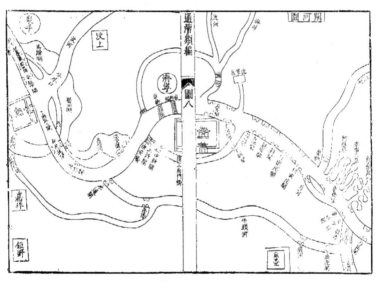

史 275-256

《通漕类编》卷之一①

漕运

三代

《禹贡》：冀州：夹右碣石入于河_{自北海达河}，碣石在其右。兖州：浮_{舟行水曰浮}于济、漯，达_{因水入水曰达}于河。青州：浮于汶，达于济。徐州：浮于淮、泗，达于河。扬州：沿_{顺流而下曰沿}于江、海，达于淮、泗。（荆）[荆]州：浮于江、沱、潜、汉，逾_{越也}于洛，至于南河。豫州：浮于洛，达于河。梁州：浮于潜，逾于沔，入于渭，乱_{绝河而渡曰乱}于河。雍州：浮于积石，至于龙门、西河，会于渭汭。

丘文庄曰："《禹贡》于各州之下列'贡赋'之后，而叙其各州之水达河之路，达于河，即达京师也。然当时贡赋皆驾舟筏浮水路以达于河，盖亦后世漕运之法，但未明言其为漕耳。"

百里赋纳总_{禾本全曰总}，二百里纳铚②_{刈禾曰铚}，三百里纳秸③_{半稿去}

---

① 每卷此处皆有"黎阳王在晋明初甫编，男会芯稚莪甫校阅"字样。以下略。
② 一说"刈"。《康熙字典》：《书·禹贡》三百里纳秸服。《孔传》秸，稿也。《蔡注》刈禾半稿曰铚。半稿去皮曰秸。
③ 一说"秸"。《康熙字典》：《书·禹贡》三百里纳秸服。《孔传》秸，稿也。《蔡注》刈禾半稿曰铚。半稿去皮曰秸。

皮曰稿服又使服输将之事，四百里粟，五百里米。

丘文庄曰："《禹贡》之时，民所输纳以供京师者止于五百里，盖当是时风俗淳厚，用度俭朴，而卿大夫各有采地，而又寓兵赋于井田，无后世养官养兵之实也。"

《左传·僖公十三年》：晋荐饥，乞籴于秦。秦输粟于晋，自雍及绛相继，命之曰"泛舟之役"泛舟以输粟，已见于春秋之世。

哀公九年，吴城邗沟通江淮。

杜预曰："于邗江筑城穿沟，东北通射阳湖，西北至末口入淮，通粮道，（金）〔今〕广陵邗江是也开渠以通粮道，已见于春秋之世。"

汉

汉兴，高帝时，漕运山东之粟，以给中都官，岁不过数十万石。

娄敬说帝都关中。张良曰："关中阻三面而守独以一面，东制诸侯，诸侯安定。河、渭漕挽天下，西给京师，诸侯有变，顺流而下，足以委输，敬说是也。"

武帝时通西南夷，作者数万人，负担馈粮，率十余钟致一石。其后东灭朝鲜，人徒之众，拟西南夷，又击匈奴取河南地今朔方，复兴十万余人筑卫朔方，转漕甚远，自山东咸被其劳。

元光中，郑当时言："关东运粟，漕水从渭中上，度六月而罢，而渭水道九百余里，时有难处。引渭穿渠，起长安，并傍也南山下，至河三百余里，径易漕，度可三月罢。而渠下民田万余顷，又可得以溉，此损漕省卒。"上以为然，发卒穿渠以漕运，大便利。

时山东西，岁百余万石，更底柱之险，败亡其多，而亦颇费。乃议穿渠引汾，溉皮氏、汾阴下，引河溉汾阴、蒲阪下，可得五千顷，尽河壖弃地，可得谷二百万石以上。谷从渭上，与关中无异，而底柱之东，可无复漕。上又以为然，发卒作渠田。数岁，河移徙，渠不到，田者不能偿种。久之，河东渠田废，予越人，令少府以为稍入时越人徙者，以田予之，其租税入少府，其入未多，故谓之稍。其后，又议通褒斜道褒、斜，二水名。褒水东流，南入沔，今汉中郡褒城县。斜水北流入渭，今武功县及扶风郡。及漕，事下御史大夫张汤，汤言："抵蜀从故道，多坂回远。今穿褒斜道，少阪，近四百里。而褒水通沔，斜水通渭，皆可以行船漕。漕从南阳上沔入褒，褒之绝水至斜，间百余里，以车转，从斜入渭，如此汉中谷可致，而山东从沔无限，便于底柱之漕。且褒斜材木竹箭之饶，拟于巴蜀。"上以为然，拜汤子卬为汉中守，发数万人作褒斜道五百余里。道果便近，而水多湍石，不可漕。

武帝作柏梁台，宫室之修，由此日丽。徒奴婢众，而下河漕渡四百万石，及官自籴乃足。

元封元年桑弘羊请令民入粟补吏、赎罪，他郡各输急处，而诸农各致粟，山东漕益岁六百万石。一岁之中，太仓、甘泉仓满，边余谷。

按：汉初，致山东之粟，不过岁数十万石耳。至孝武，而岁至六百万石，则几十倍其数矣。虽征敛苛烦，取之无艺，亦由河渠疏利，致之有道也。

昭帝元凤二年，诏：减漕三百万石。

三年，诏曰：民被水灾，颇匮于食，其止四年勿漕。

宣帝五凤中，耿寿昌奏："故事，岁漕关东谷四百万斛以给京师，用卒六万人。宜籴三辅、弘农、河东、上党、太原诸郡国足供京师，可省关东漕卒过半。"

丘文庄曰："寿昌此议，遇京辅丰穰之岁亦可行之。"

赵充国条留屯十二便宜[1]，其五曰：至春省甲士卒，循河湟漕谷至

---

[1] ［汉］赵充国有《上屯田便宜十二事奏》，陈述留兵屯田的十二便。

临羌,以威羌虏,扬武折冲之具也。

丘文庄曰:"充国此议,边方遇岁丰稔,亦可行之。"

光武北征,命寇恂守河内,收四百万斛以给军,以辇车骊驾,转输不绝。

丘文庄曰:"自古(书)[输]①运皆以转为名,是以汉、唐宋之漕挽皆转相递送而未有长运者,长运之法始于本朝。"

虞翊为武都太守,开漕船道而水运通利。

明帝永平十三年,汴渠成。河、汴分流,复其旧迹。初,平帝时,河、汴决坏,久而不修。建武时,光武欲修之而未果。其后,汴渠东侵,日月弥广,兖、豫百姓怨叹。会有荐乐浪王景能治水者,乃诏发卒数十万,遣景与将作谒者王吴修汴渠堤,自荥阳东至千乘海口千余里。十里立一水门,令更相洄注,无溃漏之患,费以百亿计千乘,今青州乐安县。

致堂胡氏曰:"世言隋炀帝开汴渠以幸扬州,文士考《禹贡》言:尧都冀州,居河下流,而八都贡赋重于用民力,故每州必记入河之水。独[淮]②与河无相通之道。求之故迹而不得,乃疑汴之水自禹以来有之,不起于隋世。既久远,或名鸿沟,或名官渡,或名汴渠,大概皆自河入淮,故淮可引江湖之舟以达于冀也。今据《后汉书》,则[永]③平时已有汴渠。曰'河、汴决坏',则谓输受之所也。至于是发卒数十万修渠堤,则平地起两岸,而汴水行其中也。'十里立一水门,更相洄注',则以节制上流。恐河溢为患,是正与今之汴渠制度无异,特未有导洛之事耳。史曰:渠堤自荥阳而东。则上疑其为鸿沟,下疑其为官渡者,恐未得其要。官渡直黄河也,故袁、曹相距,[沮授]曰'悠悠黄

---

① 据[明]邱浚《大学衍义补》卷三十三"漕挽之宜"(上)校。
② 据[宋]马端临《文献通考》卷二十五"国用考三"校。
③ [南朝宋]范晔《后汉书》卷二"明帝纪"为"永平十三年四月,汴渠成"。

河,吾其济乎'①。汴渠自西而东,鸿沟乃横亘南北,故曰'未得其要'也,独所谓自禹以来有汴者,此则不易之论也。"

三国

诸葛亮在蜀劝农讲武,作木牛流马运米,集斜谷口,治斜谷邸合,息民休士。三十年②而后用之马廷鸾曰:邸合者,仓廪之异名。

魏正始四年,邓艾行陈、项以东至寿春,开广漕渠。东南有事,兴众泛舟而下达于江、淮,资食有储而无水害。凡漕运者皆自南而运于北,而此则自北而运于南。

晋

晋武帝太始十年,凿陕南山,决河东注洛,以通运漕虽有此诏,竟未成功。

怀帝永嘉元年,修千金堨于许昌以通运。

成帝咸和六年,以海贼寇抄,运漕不继,发王公以下千余丁,各运米六斛。

穆帝时,频有大军,粮运不继,制王公以下以三户共借一人,助支运③。

赵王虎以租入殷广,转输劳烦,令中仓岁入百万斛,余皆储之水次,令刑赎之家得以钱代财帛,无钱听以谷麦,皆随时价水次仓。

---

① 据[宋]马端临《文献通考》卷二十五"国用考三"校。
② [明]邱浚《大学衍义补》卷三十三"漕挽之宜"(上)为"三十年"。《资治通鉴》为"三年"。
③ [宋]马端临《文献通考》卷二十五"国用考三"为"制王公己下十三户共借一人,助度支运"。

北朝

后魏自徐、扬州内附之后，经略江淮，转运中州，以实边镇。有司请于水运之次，随便置仓，乃于小平、石门、白马津、潼涯、黑水、济州、陈郡、大梁凡八所，各列邸合。每军国有须，应机漕引。

后魏于水运之次随便置仓，此亦良便。

孝文太和七年，薄骨律镇_{灵武郡}将刁雍上表曰：奉诏高平、安定、统万及臣所守四镇，出车五千乘，运屯谷五十万斛，付沃野镇，以供军粮。臣镇去沃野八百里，道多深沙，轻车往来犹以为难。今载谷二十石，每至深沙必至滞陷。又谷在河西，转至沃野，越渡大河，计车五千乘，运十万斛，百余日乃得一返，大废生人耕垦之业。车牛艰阻，难可全至，一岁不过三运，五十万斛乃经三年。臣闻郑、白之渠，远引淮海之粟，溯流数千里，周年乃得一至，犹称国有储粮，人用安乐。求于沂岍山_{古平原郡高平县}。河水之次，造船二百艘，二船为一船，一船胜二十斛①，一舫十人，计须千人。臣镇内之兵，率皆习水。一运二十万斛，方舟顺流，五日而至。自沃野牵上，十日还到，合六十日得一返。从三月至九月三返，运送六十万斛。计用人工轻于车运十倍有余，不费牛力又不废田。诏曰：造船运谷，一冬即大省人力，既不费牛，又不废田，甚善。非但一运，自可永以为式。

隋

隋文帝开皇二年，以京师仓廪尚虚，议为水旱之备，诏于蒲、陕、

---

① ［唐］杜佑《通典》卷第十"食货十"为"二船为一舫。一船胜谷二千斛"。

虢、熊、伊、洛、郑、怀、邠、卫、汴、许、汝等水次十三州,置募运米丁。又于卫州置黎阳仓,陕州置常平仓,华州置广通仓,转相灌注。漕关东及汾、晋之粟,以给京师。又遣仓部侍郎韦瓒向蒲、陕以东募人,能于洛阳运米四十石,经底柱之险,达于常平者,免其征戍。其后以渭水多沙,流有深浅,漕者苦之。

四年,诏宇文恺率水工凿渠,引渭水,自大兴城东至潼关,三百余里,名曰"广通渠"。转运通利,关内使①。

炀帝大业元年,发河南诸郡男女百余万,开通济渠,自西苑引谷、洛水达于河,又引河通于淮海,自是天下利于转输。四年,又发河北诸郡百余万众,开永济渠,引(沚)[沁]②水,南达于河,北③通涿郡。

隋虽无道,然开此三渠以通天下漕,百世之后赖以通济。

五年,于西域之地置西海等郡,谴天下罪人配为戍卒,大开屯田,发四方诸郡运粮以给之。

十年,分江淮南,配骁卫大将军来天儿④,别以舟师济沧,舳舻数百里,并载军粮,期与大兵会于平壤高丽所都,置洛口回洛仓。

致堂胡氏曰:"隋炀积米其多至二千六百余万石,何凶旱水溢之足虞?然极奢于内,穷武于外,耕桑失业,民不聊生。所谓江河之水不能实漏卮,仓窖充盈,适足为重敛多藏之罪耳。"

---

① [唐]杜佑《通典》卷第十"食货十"为"关内赖之"。[宋]马端临《文献通考》卷二十五"国用考三"为"关内便之"。
② 据[唐]魏征等撰《隋书》卷三"帝纪第三""炀帝上"校。
③ 原文"河""北"二字顺序颠倒。据魏征等撰《隋书》卷三"帝纪第三""炀帝上"校。
④ [唐]魏征等撰《隋书》卷二十四"志第十九""食货志"为:"七年冬,大会涿郡。分江淮南兵,配骁卫大将军来护儿"。

唐

唐都长安,关中号称沃野。然地狭,所出不足以给京师、备水旱,故常转漕东南之粟。高祖太宗之时,用物有节,水陆漕运岁不过二十万石,故漕事简。自高宗以后,岁益增多而功利繁兴,民亦敝矣。

显庆元年,苑西监褚朗议凿三门山为梁,可通陆运。乃发卒六千凿之,功不成。其后,将作大匠杨务廉又凿为栈,以挽漕舟。挽夫系二絙于胸,而绳多绝,挽夫辄坠死,则以逃亡报,因系其父母妻子,人以为苦。

唐关中久雨谷贵,明皇将幸东都,召京兆尹裴耀卿谋之,对曰:"关中帝业所兴,当百代不易,但以地狭谷少,故乘舆时幸东都以宽之。臣闻贞观、永徽之际,禄廪不多,岁漕关东一二十万石,足以周赡,乘舆得以安居。今用度浸广,运数倍于前,犹不能给,故使陛下数冒寒暑以恤西人。今若使司农租米悉输东都,自都转漕,稍实关中,苟关中有数年之储,则不忧水旱矣。且吴人不习河漕,所在停留,日月既久,遂生隐盗。臣请于河口置仓,使吴船至彼即输米而去,官自雇载分入河、洛,又于三门东各置一仓,至者贮纳,水险则止,水通则下,或开山路,车运而过,则无复留滞,省费巨万矣。河、渭之滨,皆有汉、隋旧仓,葺之非难也。"明皇深然其言。

明皇以裴耀卿为江淮、河南转运使,于河口置输场,于输场东置河阴仓,西置柏崖仓,三门东置集津仓,西置盐仓。凿漕渠十八里,以避三门之险。先是,舟运江、淮之米至东都含嘉仓,僦车陆运,三百里至陕,率两斛用十钱。耀卿令江、淮舟运悉输河阴仓,更用河舟运至含嘉仓及太原仓,谓之北运。自太原仓入渭输关中以实京师,益漕魏博等郡,租输诸仓,转而入渭,凡三岁,运米七百万斛,省僦车钱三十万缗。或说耀卿献所省钱，耀卿曰："此公家赢缩之利耳，奈何以之市宠乎？"悉奏以为市籴钱。自汉以来漕运之数无以逾此。

大历八年，以关内丰穰，减漕十万石，度支和籴以优农。刘晏自天宝末掌出纳，监岁运，知左右藏，主财谷三十余年。及杨炎为相，以旧恶罢晏转运使，复归度支。凡江、淮漕米，以库部郎中崔河图主之。及田悦、李惟岳、李纳、梁崇义拒命，举天下兵讨之，诸军仰给京师，而李纳、田悦兵守涡口，梁崇义搤襄、邓，南北漕引皆绝，京师大恐。

代宗时，自丧乱以来，汴水堙废，漕运者自江、汉抵梁、洋，迂险劳费。以刘晏为河南、江、淮以东转运使，议开汴水。又命晏与诸道节度使均节赋役，听从便宜，行毕以闻。时兵火之后，中外艰食，关中米斗千钱，百姓接穗以给禁军，宫厨无兼时之积。晏乃疏浚汴水，遗元载书，具陈漕运利病，令中外相应。自是每岁运米数十万石以给关中。唐世称漕运之能者，推晏为首，后来者皆遵其法度云。

先是，运关东谷入长安者，以河流湍悍，率一斛得八斗，至者则为成劳，受优赏。刘晏以为江、汴、河、渭水力不同，各随便宜，造运船，教漕卒，江船达扬州，汴船达河阴，河船达渭口，渭船达太仓。其间缘水置仓，转相受给。自是，每岁运谷或至百余万斛，无斗升沉覆者。船十艘为一纲，使军将领之，十运无失，授优劳，官其人。数运之后，无不斑白者。晏于扬子置十场造船，每艘给钱千缗，或言"所用实不及半，虚费太多"，晏曰："不然，论大计者固不可惜小费，凡事必为永久之虑。今始置船场，执事者至多，当先使之私用无窘，则官物坚完矣。若遽与之屑屑校计锱铢，安能久行乎？异日必有患。吾所给多而减之者，减半以下犹可也，过此则不能运矣"。其后五十年，有司果减其半。及咸通中，有司计费而给之，无复羡余，船益脆薄易坏，漕运遂废矣。晏为人勤力，事无闲剧，必于一日中决之，不使留宿，后来言财利者皆莫能及之。

李泌言于德宗曰:"江、淮漕运,自淮入汴,以甬桥为咽喉,地属徐州,邻于李纳。刺史高明应年少不习事,若李纳一旦复有异图,窃据徐州,是失江、淮也,国用何从而致。请徙寿、庐、濠都团练使张建封镇徐州,割濠、泗以隶之,复以庐、寿归淮南,则淄青慑息而运路常通,江淮安矣。"德宗从之。

韩滉欲遣使献绫罗四十担诣行在,每担夫与白金一版使置腰间,又运米百艘以饷李晟,自负囊米置舟中,将佐争举之,须臾而毕。艘置五弩手以为防援,有寇则叩舷相警,五百弩已戮矣。比达渭桥,盗不敢近。时关中兵荒,米斗直钱五百,及滉米至,减五之四。户部侍郎赵替又以钱粮出淮迂缓,分置汴州东西水陆运两税盐铁使,以度支总大纲。贞元初,关辅宿兵,米斗千钱,太仓供天子六宫之膳不及十日。德宗以给事中崔造敢言,为能立事,用为相。造以江、吴素嫉钱谷诸使,乃发诸道观察使,选官部送两税至京师,废诸道水陆转运使,及度支巡院、江淮转运使,以度支、盐铁归尚书省,宰相分判六尚书,以户部侍郎元琇判诸道盐铁、榷酒,侍郎言中孚判度支诸道两税,增江淮之运,浙江东、西岁运米七十五万石,复以两税易米百万石,江西、湖南、鄂岳、福建、岭南米亦百二十万石。

是时,汴宋节度使春夏遣官监汴水,察盗灌溉者。岁漕经底柱,覆者几半。河中有山号"米堆",运舟入三门,雇平陆人为门匠,执标指麾,一舟百日乃能上。陕虢观察使李泌益凿集津仓山西径为运道,属于三门仓,上路以回空车,费钱三万缗。下路减半,又为入渭船,方五板,输东渭桥太仓米至凡百三十万石,遂罢南路陆运。其后李巽为诸道转运盐铁使,以堰埭归盐铁使,罢其增置者。自刘晏后,江淮米至渭桥浸减,至巽乃复如晏之多。迨后江淮米至渭桥者才二千万斛。刑部侍郎王播建议:米至渭桥五百石亡五十石者死。其后判度支皇甫镈议:万斛亡三百斛者偿之,千七百斛者流塞下,过者死。盗十斛者流,三十斛者死。而覆船贩①挽,至乃不得十之四五。部吏舟人相挟为奸,榜符号苦之声闻于道路,禁锢连岁,赦下而狱死者不可胜数。其后贷死刑,人不畏法,运米至者十亡七八。盐铁转运使柳公绰请如王播议加重刑。太和初,岁旱河涸,掊沙而进,米多耗,抵死其②众,不待覆奏。秦汉时故漕兴城③堰,东达永丰仓,咸阳县令韩辽请疏之,自咸阳抵潼关三百里,可以罢车挽之劳。宰相李固言以为非。时文宗曰:"苟利于人,阴阳拘忌,非朕所顾也。"议遂决。堰城④,罢挽车之牛以供农耕,关中赖其利。

贞元初,陆贽上奏,言:"邦畿之税,给用不充,东方岁运租米,冒淮湖风浪之险,溯河、渭湍险之艰,费多而益寡。今淮南诸州,米每斗当钱一百五十文。其米既糙且陈,尤为京邑所贱。据市司月估,每斗只籴得钱三十七⑤而已,耗其九而存其一,馁彼人而伤此农,制事若斯,可谓深失矣。今约计一年和籴之数,可当转运二年;一斗⑥转运之资足以和籴五斗⑦。比较即时利害,运务且合悉停。臣切⑧虑停运,则舟船无用,坏烂莫修;傥遇凶灾,复须转漕,临时鸠集,理必淹迟。臣今欲减所转之数,以实边储。其江淮诸道,运米至河阴,河阴运米至太原仓,太原运米至东渭桥,来年各请停所运三之二。其江淮所停运米八十万斛,委转运使每斗取八十钱,于水灾州县籴之,以救贫乏,计得钱六十四万缗,减僦直六十九万缗。请令户部先以二十万缗付

---

① 欧阳修等《新唐书》卷五十三"志第四十三""食货三"为"败"。
② 欧阳修等《新唐书》卷五十三"志第四十三""食货三"为"甚"。
③ 欧阳修等《新唐书》卷五十三"志第四十三""食货三"为"成"。
④ 欧阳修等《新唐书》卷五十三"志第四十三""食货三"为"成"。
⑤ 少一"文"字,据陆贽《翰苑集》卷十八"请减京东水运收脚价于缘边州镇储蓄军粮事宜状"校。《四库唐人文集丛刊》。
⑥ [宋]马端临《文献通考》卷二十五"国用考三"为"斛"。
⑦ [宋]马端临《文献通考》卷二十五"国用考三"为"斛"。
⑧ [宋]马端临《文献通考》卷二十五"国用考三"为"窃"。

京兆,令籴米以补渭桥仓之阙数,斗用百钱,以利农人。以一百二万六千缗付边镇,使籴十万人一年之粮,余十万四千缗,以充来年和籴之价。其江、淮米钱傥直,并委转运使折市绫、绢、纟施、绵以输上都,偿先贷户部钱。如此,则不扰一人,无废百事。但于常用之内,收其枉费之资,百万赢粮,上实边鄙,又有劝农赈乏之利,存乎其间矣。"

按:西汉与唐,俱都关中,皆运东南之粟以饷京师,自河、渭溯流而上。然汉武帝时,运六百万斛,唐天宝极盛之时,韦坚为水陆运使,仅一岁能致四百万斛,余岁止二百五十万斛,而至德以后仅百余万而已,俱未能如汉之数。且考之《食货志》,及参以陆、苏二公之言,则运弥艰,费弥重,岂古今水道有险易之不同耶?

咸通元年,南蛮陷交趾,征诸道兵赴岭南,诏湖南水运自湘江入运渠,并江西水运,以馈行营诸军。溯运艰难,军屯广州乏食,润州人陈磻石诣阙言:"海船至福建,往来大船一只可致千石。自福建不一月至广州,得船数十艘,便可得三五万石,胜于江西、湖南溯流运粮。"又引刘裕海路进军破卢循故事,乃以磻石为盐铁巡官,往杨子县专督海运,于是军不阙供。

五代

后唐同光三年,吏部尚书李琪奏请敕下诸道,合差百姓转输之数,有能出力运官物到京者,五百石以上,白身授一初任州县官,有官者依资次迁授,欠选者便与放选。千石以上至万石者,不拘文武,显秩赏酬。免令方春农人流散,此亦转仓赡军之一术也。敕租庸司下诸州,有应募者闻奏施行。

长兴二年,敕应沿河船舣仓,依北面转运司船舣仓例,每一石于数内与正销破二升。

　　四年二月，三司使奏："洛河水运，自洛口至京，往来牵船下卸，皆是水运。牙官每人管定四十石。今洛岸至仓门稍远，牙官运转艰难，近日例多逃走，今欲于洛河北岸别凿一湾，引般①直至仓门下卸。"从之。

　　周显德二年，上谓侍臣曰："转输之物，向来皆给斗耗。自汉以来，不与支破。仓廪所约②新物，尚破省耗，况路所般，岂无损失。自今后每石宜与耗一斗。"

　　致堂胡氏曰："受税而取耗，虽非良法，诚以给用，犹不使民徒费。今观世宗之言，则知晋、汉间取雀鼠耗及省耗，未尝为耗用，直多取以实仓廪耳。比及输运，其当给耗米，尝反不与，或责之纲吏，或还使所出州县补其亏数，亡身破家不可胜计，岂为国抚民之道也。不宜取而取者，省耗縻费是也；当予而未尝予者，漕运十耗是也。世宗既与之，善矣。省耗应罢而未罢，岂非以多故未及耶？明宗、路③王时，可谓窘匮，犹放逋租数百万，世宗诚欲蠲除省耗，又何难哉？"

　　四年，诏疏下汴水，一派北入于五丈河，又东北达于济。自是，齐鲁之舟楫皆至京师。

　　六年，命侍卫马军都指挥使韩令坤，自京东疏汴水入于蔡河。侍卫步军都指挥使袁彦，浚五丈河以通漕运。

宋

　　宋定都于汴，漕运之法分为四路：江南、淮南、浙东西、荆湖南北六路之粟，自淮入汴至京师；陕西之粟，自三门白波转黄河入汴至京

---

① ［宋］马端临《文献通考》卷二十五"国用考三"为"船"。
② ［宋］马端临《文献通考》卷二十五"国用考三"为"纳"。
③ ［宋］马端临《文献通考》卷二十五"国用考三"为"潞"。

师;陈蔡之粟,自闵河即惠民河、蔡河入汴至京师;京东之粟,历曹济及郓入五丈渠至京师。四河惟汴最重。

丘文庄曰:"汉唐建都于关中,汉漕仰于山东,唐漕仰于江淮,其运道所经止于河、漕①一路。宋都汴梁,四冲八达之地,故其运道所至凡四路"。

宋朝岁漕东南米麦六百万斛,漕运以储积为本,故置转船仓于真今仪真、楚今淮安、泗今泗州三州,以发运官董之。江南之船输米至三仓卸纳,即载官盐以归。州还其郡、卒还其家,汴船诣转船②仓漕米输京师,往来折运,无复留滞,而三仓常有数年之储。

昔人谓宋人以东南六路之粟载于真、泗、楚转船③之仓,江船之人至此而止,无留滞也。汴船之出至此而发,无覆溺也。江船不入汴,汴船不入江,岂非良法欤?宋人都汴,漕运比汉唐为便易,前代所运之夫皆是民丁,惟今朝则以兵运。前代所运之粟皆是转递,惟今朝则是长运。唐宋之船江不入汴、汴不入河、河不入渭。今日江湖之船各远自岭北、湖南,直达于京师。唐宋之漕卒有番休,今则岁岁不易矣夫。宋人漕法其便易也如此,而其回船也又有载盐之利。今之漕卒比之宋人其劳百倍,一岁之间,大半在途,无家室之乐,有风波之险。洪闸之停留,舳舻之冲激,阴雨则虑湿漏,浅涩则费推移,沿途为将领之科率,上仓为官攒之阻滞,及其回家之日,席未及暖而文移又催以兑粮矣。运粮士卒其艰苦万状有如此者。

乾德六年,令诸州辇送上供钱帛,悉官给车乘。当水运者,官为具舟,不得调发居民以妨农作。初荆湖、江浙、淮南诸州择部民之高赀者部送上供物,民不能御舟人。舟人侵盗官物,民破产以偿。乃诏

---

① 〔明〕邱浚《大学衍义补》卷三十四"漕挽之宜"(下)《大学衍义补》〔明〕邱浚为"渭"。
② 〔明〕邱浚《大学衍义补》卷三十四"漕挽之宜"(下)为"般"。
③ 〔明〕邱浚《大学衍义补》卷三十四"漕挽之宜"(下)为"般"。

遣牙将部送,勿复扰民。

雍熙中,转运使刘璠议开沙河以避淮水之险,乔维岳继之,开河自楚州今淮安府至淮阴,凡六十里,舟行便之沙河,即今淮安府板闸至新庄一带是也。

本朝永乐十三年,平江伯陈瑄因运舟溯淮险恶,乃寻乔维岳所开故道,开清江浦五十余里,置四闸以通漕。又于沿河一带增堰以防走泄,蓄水以资灌注,引渠以备干涸,至今以为利。

端拱二年,国子博士李觉上言曰:"晁错云:欲民务农,在于贵粟。盖不可使至贱,亦不可使至贵。今王都万众所聚,导河渠,达淮海,贯江湖,岁运五百万斛,以资国费。此朝廷之盛,臣庶之福也。近来都下粟麦至贱,仓廪充牣,红腐相因,或以充赏给,斗直数十钱,此工贾之利而军农之不利也。夫军士妻子不过数口,而月给粮数斛,即其费有余矣。百万之众,所余既多,游手之民,资以给食,农夫之粟,何所求倍?况粮之来也,至远至艰;官之给也,至轻至易。岁丰俭不可预期,傥不幸有水旱之虞,卒然有边境之急,何以救之?今运米一斛至京师,其费不啻三百钱。诸军旧日给米二升,今若月赋钱三百,人必乐焉。是一斗为钱五十计,江淮运米工脚亦不减此数。望明敕军中,各从其便。愿受钱者,若市价官米斗为钱二十,即增给十钱,裁足以当工脚之费,而官私获利。数月之内,米价必增,农民受赐矣。若米价腾踊,即官复给粮,军人粜其所余,亦获善价,此又戎士受赐矣。不十年,官有余粮,江外之运,亦渐可省。"上览奏嘉之。

真宗时,内侍赵守伦建议:自京东分广济河,由定陶至徐州,入清河以达江淮漕路。以地隆阜而水势极浅,虽置堰埭,又历吕梁滩碛之险,罢之。

汴水入河之故迹,自汉明帝时王景修汴渠,而河与汴分流。至晋安时,刘裕伐秦,彭城内史刘遵考将水军出石门,自汴入河。隋炀帝自板渚引河,历荥泽入汴,又自大梁之东引汴水入泗达于淮。盖汴河旧自荥阳县东,经开封府城内,又东合蔡水,东注泗州入于淮。今蔡河湮没,不知所在,而汴河则自中牟县入于黄河。今归德、宿州、虹县、泗州一带汴河故堤尚有存者,而河流久绝,所谓入泗达淮者,今无复有矣。是则汉以来漕路,所谓汴船入河者,率由蔡河经泗州入于淮,而吕梁之险,未有以之为运道者。惟晋谢玄肥水之役,堰吕梁水以利运漕,盖潴水以暂用耳,非通运也。宋真宗时赵守伦建此议,又以历吕梁险而竟罢。由是观之,吕梁之险用之以为漕路,始自我朝。引沁水以入于泗,经二洪下会沂河,至清口以汇于淮,合于河。沁水者,源出山西沁州之绵山,旧自武陟县入于河,随河达海。自河南徙之后,沁水乃别自武陟县界东,流经原武、祥符、归德等处,至徐州城东北与泗水合,以为今运道云。

景德中,漕东南粟岁不过四百五十万石,后增至六百万。天圣中,发运使计①所部六路计民税一石,量槖粟二斗五升,岁可更得二百万石给京师。仁宗曰:"常赋外增籴,是重扰民。"不许。时江南谷贵民贫,尚书员外郎吴耀卿以为言,诏岁减五十万,后是三司奏,复增至六百万。然东南灾歉,辄减岁漕数,或百万或数十万。又转移以给他路者时有焉。

天禧末,京城所积仓粟一千五百六十余万石,草一千七百万五千余围。

国初以来,四河所运粟未有定制。至太平兴国六年,汴河岁运江淮米三百万石,菽一百万石;黄河粟五十万石,菽三十万石;惠民河粟四十万石,菽二十万石;广济河粟十二万石,凡五百五十万石。非水旱大蠲民租,未尝不及其数。至道初,汴河运米至五百八十万石。自

---

① [宋]马端临《文献通考》卷二十五"国用考三"为"请"。

是,京城积粟盈溢,大中祥符初,至七百万石凡漕运数计亦临时移易。

英宗治平四年,三司言:"京师秔米支五岁余,久且陈腐,请令发运司以上供谷五十万石籴谷贵处,市金帛储榷货务以给三路军需。"从之。

发运司始于仁宗。时许元自判官为副使,创汴河一百纲,漕荆湖、江、淮、两浙六路八十四州米,至真、扬、楚、泗转般仓而止,复从通、泰载盐为诸路漕司经费。发运司自以汴河纲运米入京师。

神宗熙宁七年,诏委官疏浚广济河,增置漕舟,依旧运京东米上供。

宣徽南院使张方平言:"国初,浚河渠三道以通漕运,立上供年额,汴河六百万石,广济河六十二万石,惠民河六十万石。广济河所运,止给大康、咸平、尉氏等县军粮而已。唯汴河运米麦,此乃太仓蓄积之实。近罢广济河,而惠民河斛十不入太仓,大众之命惟汴河是赖。议者不已,屡作改更,必致汴河日失其旧。愿留神虑,以固基本。"

薛向为江淮发运使,先是,漕运吏卒上下共为侵盗贸易,甚则托风水沉没以灭迹。而官物陷折者,岁不减二十万斛。至向,始募客舟与官舟分运,以相检察,而旧弊悉去。

八年,诏罢岁运粮百万石赴西京。先是,导洛入汴,运东南粟以实洛下。至是,户部奏罢之。

元祐七年,知扬州苏轼上言:"臣切见嘉祐中,张方平论京师军储云:'今之京师,古所谓陈留,四通公①达之地,非如雍、洛有山河之险足恃也,特恃重兵以立国。兵恃食,食恃漕运,漕运一亏,朝廷无所措手足。'嘉祐前,岁运六百万石,以欠折六七万石为多。去岁止运四百

---

① ［宋］马端临《文献通考》卷二十五"国用考三"为"八"。

五十余万石，而欠折之多，约至三十余万石，运法之坏一至于此。臣到任以来，所断粮纲欠折等人不可胜数，衣粮罄于折会，船车尽于拆卖，质妻鬻子聚为乞丐，散为盗贼。切计京师及缘河诸郡，例皆如此。盖祖宗以来，通许纲运，揽载物货，既免征税，而脚钱又轻，故物货流通，缘路虽失商税，而京师坐获富庶。自导洛司废，而淮南转运司阴收其利。数年以来，官用窘逼。转运司督迫诸处税务，日急一日。①刻剥，得粮纲税钱一万贯，而令朝廷失陷纲运米三十余万石，利害皎然。臣闻东西②馈运，所系国计甚大，故祖宗以来特置发运司，专任其责，选用既重，威令自行。如昔时许元辈等，皆能约束诸路，主张纲运。但发运使得人，稍假事权，申明元祐编敕，不得勒令住岸条贯，严赐约束行下庶刻薄之吏，不敢取小害大，东南大计自然办集矣"。

徽宗时发运副使柳庭俊言："真、扬、楚、泗、高邮运河堤岸，旧有斗门水闸七十九座，限节水势，常得其平，比多损坏。"诏检计修复。

今日运道自仪真直抵潞河，其间最险者有二所，高邮湖堤及徐、吕二洪是也。然二洪之险地也，地有定形，人可以用其力，湖堤之险则天也，天无常变，虽若非人力可为，然人力胜天，亦有此理。惟今高邮之湖，南起杭家嘴，北至张家沟，共三十余里。唐李吉甫为淮南节度使，始于湖之东面，亘南北筑平津堰以防水患，即今牵路。在宋时又有斗门、水闸。我朝洪武九年，知州赵原者始甃以砖。永乐十九年加以砖之大者。景泰五年又护以木椿，实以砖土，以备风浪。纲运之

---

① 据[宋]马端临《文献通考》卷二十五"国用考三"，该处省略"谨按一纲三十只船，而税务那官不过一员，未委如何点检得三十只船一时皆遍，而必勒留住岸一船检点即二十九只船，皆须住岸伺候。以淮南一路言之，真、扬、高邮、楚、泗、宿六州军所得粮纲税钱，不过万缗。而所在税务专栏，因金部转运司许令检点，缘此为奸，邀难乞取，十倍于官。遂致纲稍皆穷困骨立，亦无复富商大贾肯以物货委令搭载。以此专仰攘取官米，无有限量，折卖船板，动使净尽，事败入狱，以命偿官。显是金部与转运司违条"等字。

② [宋]马端临《文献通考》卷二十五"国用考三"为"东南"。

上下、舟楫之往来,皆沿堤行人以牵百丈。方其天色晴霁,风恬浪静,如行镜中。然一隅①西风骤起,波涛汹涌,顷刻之间樯楫倾沉,人物沦亡,不可胜计。建计者往往欲于旧堤之外、湖泊之旁别为长堤一带,约去旧堤一二十丈许。下覆铁釜以定其基,旁树木椿以固其势,就浚其中之土以实之,用砖包砌,一如旧堤。其中旧有减水闸三座,就用改作通水桥洞,引湖水于内,以行舟楫,仍于外堤造减水闸以节水势。如此则人力足以胜天,天虽有迅歘之变,人则有持循之方。省官物之失陷,免人命之死亡,其为利益,实非小矣。

徽宗大观三年,尚书省言:“六路上供斛斗已令直达,而奉行之吏因循,止将岁贡额斛于真、扬、楚、泗仓廒为卸纳折运之地。又以所管斛斗代诸路岁额不足之数,且欠发运司一百二十余万斛不偿。乞将见在斛斗尽令般发赴朝廷。”从之。

转般之法,东南六路斛斗,自江、浙起纲至于淮甸,以及真、扬、楚、泗,为仓七,以聚畜军储。复自楚、泗置汴纲般运上京,以发运使董之。故常有六百万石以供京师,而储仓常有数年之积。州郡告歉,则折纳上等价钱谓之额斛。计本州岁额,以仓储代输京师,谓之代发,复于丰熟以中价收籴。谷贱则官籴,不至伤农,饥歉则纳钱,民以为便。本钱岁增,兵食有余。国家建都大梁,足食足兵之法,无以加于此矣。崇宁初,蔡京为相,始求羡财以供侈费,用所亲胡师文为发运使,以籴本数百万缗充贡,入为户部侍郎。自是来者效尤,时有进献,而本钱竭矣。本钱既竭,不能增籴,而储积空矣。储积既空,无可代发,而转般无用矣。乃用户部尚书曾孝广之说,立直达之法。时崇宁三年九月二十九日也。孝广之言曰:“往年南自真州江岸,北至楚

---

① [宋]马端临《文献通考》卷二十五“国用考三”为“遇”。

州淮堤，以堰猪水，不通重般①，般剥劳费，遂于堰傍置转般仓，受逐州所输。更用运河船载之入汴，以达京师。虽免推舟过堰之劳，然倡②盗之弊，由此而起。天圣中，发运使方仲荀奏请度真、楚州堰为水闸，自是东南金帛、茶布之类直至京师。惟六路上供犹循用转般法，吏卒糜费与在路折阅，动以万数。欲将六路上供斛斗，并依东南杂运直至京师或南京府界卸纳，庶免侵盗乞贷之弊。自是六路郡县各认岁额，虽湖南、北至远处所，亦直抵京师。丰不知籴，歉不代发。方纲米之来也，立法峻甚，船有损坏，所至休整，不得逾时。州县欲其速过，但令供状，以钱给之，以致沿流乡保悉致骚扰，公私横费，无有纪极。又盐法已坏，回舟无所得。舟人逃散，船亦随坏，本法尽废，弊事百出，良可叹也。"

谭稹言："自转般之法废为直达，岁运仅足。窃详祖宗建立真、楚、泗州转般仓之本意，可谓至密。一则以备中都缓急，二则以防漕渠阻节，三则纲般装发，循次运行，更无虚日。自其法废，河道日益浅涩，遂致中都粮储不继。淮南三转般仓，今日不可不复，置淮南路泗州、江南路真州、两浙路楚州。仍乞先自泗州为始，侯一处了当，次及真、楚。既有籴本，顺流而下，不甚劳费。乞赐施行，然后俟丰岁计置储蓄，取旨立法转般，以为永法。"诏："稹所陈利害甚明，并可依奏。"

五年二月，新淮南路转运判官向子諲奏："转般之法，寓平籴之意，江、湖有米，则可籴于真；二浙有米，则可籴于扬；宿、亳有米，则可籴于泗。坐视六路之丰歉，间有不登之处，则以钱折斛。发运司得以斡运之，不独无岁额不足之忧，因以宽民力。万一运渠旱干，则近有便口仓庾。今日所患者，向来籴本岁五百万缗，支移殆尽，难以全仰

---

① ［宋］马端临《文献通考》卷二十五"国用考三"为"船"。

② ［宋］马端临《文献通考》卷二十五"国用考三"为"侵"。

朝廷。乞将经制司措置地契等钱,以椿充籴本,假之数年可以足用。"令尚书省措置,取旨。

大观以后,或行转般,或行直达,诏令不一。

政和元年,张根为江西转运副使,岁漕米百二十万以给中都。江南州郡僻远,官吏艰于督趣[1],根常存三十万石于本司为转输之本,以宽诸郡,时甚称之。高宗建炎初,诏诸路纲米以三分之一输行在所,余赴京师。二年八月,诏二广、湖南北、江东西路纲运赴江宁府,福建、两浙路赴平江府,京畿、淮南、京东西、河北、陕西路及川纲并赴行在。又诏二广、湖南北纲运如京[2]由两浙,亦许赴平江府送纳;福建纲运经由江东、西,亦许赴江宁府送纳。三年闰八月,又诏诸路纲运除见钱并粮斛赴建康府户部送纳外,其余金银绢帛并赴行在所。绍兴初,因地之宜,以两浙粟专供行在,以江东之粟饷淮东,以江西之粟饷淮西,荆湖之粟饷岳、鄂、荆南。量所用之数,责漕臣将输,而归其余行在,钱帛亦然。惟水运有舟楫之劳,陆运有夫丁之扰,雇舟差夫,不胜其弊。民间有自毁其舟楫不愿藏舟,自弃其田而不愿有田。王事鞅掌,人胥病之。于是申水脚糜费七分钱三分钱法,严卸纲无欠复拘留人船之戒,虑掳船之为民害也。既优价雇募客舟矣,又许将一分力胜搭带私物捐其税。及于两浙、江东西、四川泸叙嘉黔间自造官舟,又揆道里之远近,滩碛之险阻,置转般仓。修堰闸,开浚河道,以便漕运。绍兴四年,川陕宣抚吴玠调两川夫运米十五万斛至利州,率四十余人致一斛,饥病相仍,道死者众。漕臣赵开听民以粟输内郡,募舟挽之,人以为便。然嘉陵涉险,滩碛相望,夏苦涨流,冬苦浅涩,终岁之运,殆莫能给。乃委官就籴于沿流,复就兴、利、阆州置场,听客人

---

[1] [宋]马端临《文献通考》卷二十五"国用考三"为"趋"。
[2] [宋]马端临《文献通考》卷二十五"国用考三"为"经"。

中卖。又减成都水运对籴米，免四川及京西路请州租以宽之。

《吴氏漫录》曰："本朝东南岁漕米六百万石，而江西居三分之一。盖天下漕米麦取于东南，而东南之米多取于江西也。"东莱吕氏曰："古者，天子中千里而为都，公侯中百里而为都。天子之都，漕运东西南北，所贡入者，不过五百里；诸侯之都，漕运所贡入者，不过五十里。所以三代之前，漕运之法不备。虽如《禹贡》所载入于渭，乱于河之类，所载者不过是朝廷之路，所输者不过币帛凡贡之法。所以三代之时，漕运之法，未甚讲论，正缘未是事大体重。到春秋之末，战国之初，诸侯交相侵伐，争事攻战，是时稍稍讲论漕运。然所论者尚只是行运之漕，至于国都之漕，亦未甚论。且如管子所论，粟行三百里，则无一年之积粟；行四百里，则无二年之积粟；行五百里，则众有饥色。如孙武所谓：千里馈粮，士有饥色，皆是出征转输，至其所以输国都不出五百里、五十里，国都所在各有分，故当时亦尚未讲论。惟是后来，秦并诸侯，罢五等，置郡，然后漕运之法，自此方详。秦运天下之粟输之北河，是时，盖有三十钟致一石者。地里之远，运粟之多，故讲论之详，方自此始。后来历代最盛，无如汉唐。在汉初，高后、文、景时，中都所用者省，岁计不过数十万石而足，是时漕运之法亦未讲。到得武帝，官多徒役众，在关中之粟四百万犹不足给之，所以郑当时开漕渠、六辅渠之类，盖缘当时用粟之多，漕法不得不讲。然当汉之漕在武帝时，诸侯王尚未尽输天下之粟，至武、宣以后，诸侯王削弱，方尽输天下之粟。汉之东南漕运，至此始详。当高帝之初，天子之州郡与诸侯封疆相间杂，诸侯各据其利，粟不及于天子。是时，所谓淮南东道皆天子奉地。如贾生说：是汉初如此。至汉武帝时，亦大概有名而无实。其发运粟入关，当时尚未论江淮。到得唐时，方论江淮，何故？汉会稽之地，去中国封疆辽远，开垦者多，粟不入京师，以京师之粟尚不自全，何况诸侯自封殖？且如吴王濞作乱，枚乘之说，言京都之仓不如吴之富,以此知当时殖利自丰,不是运江淮之粟。到唐时,全倚办江淮之粟。唐太宗以前,府兵之制未坏,有征行,便出兵;兵不征行,各自归散于田野,未尽仰给大农。所以唐高祖、太宗运粟于关中不过十万。后来明皇府兵之法渐坏,兵渐多,所以漕粟自此多。且唐睿宗、明皇以后,府兵之法已坏,是故用粟乃多。向前府兵之法未坏,所用粟不多。唐漕运时,李杰、裴耀卿之徒未甚讲论,到二子讲论,自是府兵之法既坏,用粟既多,不得不讲论。且如汉漕系郑当时之议,都不曾见于高、惠、文、景之世。唐之李杰、裴耀卿之议,都不曾见于高祖、太宗之世,但只见于中、睿、明皇之时。正缘汉武帝官多役众,唐中、睿以后,府兵之法坏,聚兵既多,所以漕运不得不详。大抵这两事常相为消长,兵与漕运常相关。所为①宗庙、社稷之类十分不费一分,所费广者,全在用兵。所谓漕运,全视兵多少。且唐肃宗、代宗之后,如河北诸镇,皆强租赋,不领于度支。当时有如吐蕃、回讫为乱,所用犹多。镇武、天德之间,岁遣两河诸镇,所以全倚办江淮之粟。议论漕运,其大略自江入淮,自淮入汴,自洛入河,自河入渭,各自正②输,水次各自置仓。如集津仓、洛口仓、含嘉仓、河阴仓,渭桥转相般运,道途之远,此法遂坏。自当时刘晏再整顿运漕之法,江淮之道,各自置船,淮船不入汴,汴船不入河,河船不入渭,水之曲折,各自使习,其操舟者所以无倾覆之患,国计于是足。所以唐人议论之多,惟江淮为最急。德宗时,缘江淮米不至,六军之士脱巾呼于道。韩滉运米岁至,德宗、太子置酒相庆。可见唐人倚办于此,如此其急。唐时漕运大率三节:江淮是一节,河南是一节,陕西到长安是一节。所以当时漕运之臣,所谓无如此。三节最重者京口。初,京口济江淮之粟

---

① [宋]马端临《文献通考》卷二十五"国用考三"为"谓"。
② [宋]马端临《文献通考》卷二十五"国用考三"为"征"。

所会于京口,京口是诸郡咽喉处。初时,润州、江淮之粟至于京口,到得中间,河南、陕西互相转输。然而三处惟是江淮最切,何故?皆自江淮发足。所以韩滉由漕运致位宰相,李锜因漕运飞扬跋扈,以致作乱。以此三节,惟是京口最重。所谓汉漕,一时所运,临时制宜,不足深论。到得宋朝,定都于汴,是时,漕运之法分为四路:东南之粟自淮入汴至京师;若是陕西之粟,便自三门、白波转黄河入汴至京师;若是陈、蔡一路粟,便自惠民河至京师;京东之粟自广济河至京师。四方之粟有四路,四条河至京师。当时最重者惟是汴河最重,何故?河西之粟,江无阻,及入汴,大计皆在汴;其次,北方之粟,自三门、白波入关,自河入汴,入京师,虽惠民、广济来处不多,其势也轻。本朝置发漕两处,最重者是江淮至真州,陆路转输之劳;其次,北之粟,底柱之门,舟接之利。若其他置发运,如惠民河、广济河,虽尝立官,然不如两处之重。此宋朝之大略如此。然而宋朝所谓岁漕六百万石,所专倚办江淮,其所谓三门、白波之类,非大农仰给之所,惟是江淮最重。在宗祖时,陆路之粟至真州入转般仓,自真方入船,即下贮发运司,入汴方至京师,诸州回船,却自真州请盐散于诸州。诸州虽有费,亦有盐以偿之,此是宋朝良法。凡以江淮往来,迟速必视风势。本朝发运使相风旗,有官专主管相风旗,合则无罪,如不合便是奸弊。夫船之迟速,何故以风为旗?盖缘风动四方,万里只是一等,所以使得相风旗。诸州船只到真州请盐回,其次入汴、入京师。后来发运岁造船,谓之发运官船,与诸州载米发运,申明汴船不出江,诸州又自造船。虽有此约束,诸州船终不应(副)[付],因此漕法渐坏,惟发纲发运未罢。及蔡京为相,不学无(述)[术],不能明考祖宗立法深意,遂废改盐法,置直达江,无水处不如此。是时奸吏多,虽有运漕之官,不过催督起发,其官亦有名而无实。大抵用官船逐处漕运时,便都无奸计。若用直达江,经涉岁月长远,故得为奸,所费甚多,东南入京之粟亦少。故太仓之粟少似东南蓄积,发运有名无实,此召乱之道也。本朝漕运之法坏自蔡京,东京发运本原大略如此。

理宗时,知安庆黄干代抚州陈守奏复转搬法,疏略曰:国家纲运,资以饷军,比年以来,法纪弛坏,非惟军饷不继,抑亦公私受弊。其未离岸,有江水浅涸、坐食糜费之弊;其已离岸,有监官侵亏、船梢盗窃之弊;而其既败,有摊赖平民之弊。虽知其弊,莫之能革。且以江西一路言之,如抚州建昌纲之折阅,每以水道浅涸,不能巨舟延引,岁终而未能起隔岁之纲者。一纲吏卒水手动数百计,又所招集并皆游手无赖之人。自度官吏侵盗,大数已亏,恣情极用,无所顾忌。估藉所偿不能万分之一,官司不免纵之,摊赖平民,侵削国本,为害不细。今若于隆兴置转搬仓一所,每岁一路纲运水脚,其费不赀。取其所费,养水军数百人,命一武臣为之长,造数十巨舰,部以军法,责之转输。近里州军止以小舟运载,纳之转搬仓,却令水军专一护送,更往迭来,不假召募。纲纪素定,部分素严,舟楫素具,较之乌合尝试实相万万如此,则非惟可以省官纲之折阅,抑足以增国家之武备,戢江湖之群盗,脱士大夫之罪戾,免平民之摊赖,是一变法而群害悉去,众利并兴矣。

辽

圣宗太平时,燕地大饥,户部王嘉献计造船使民谙海事者,漕粟以赈燕民。水路艰险,多至覆没,鞭笞榜掠,民怨思乱,于是首杀王嘉以快众忿。

金

世宗大定初,刘玑同知漕运司事,奏言:"漕户顾直太高,虚费官

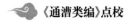

物,宜约量裁损。若减三之一,岁可省官钱一十五万余贯。"上是其言。

章宗明昌六年三月,以北边粮运括群牧驰,以银五十万两、钱二十三万六千九百贯以备支给;银五万两、金器一千八百两、金牌百两、银盂八十两、绢五万匹、杂彩千端、衣四百四十六袭以备赏劳。

宣宗元光元年六月,造舟运陕西粮,由大庆关渡以抵湖城。

哀宗天兴元年八月,发丁壮五千人,运粮以饷合喜。合喜时为枢密使,将兵应完颜思烈等自汝州急人援,故饷之。

元

世祖中统四年,诏北京运米五千石赴开平,其车牛之费,并从官给。

至元十三年,遣泸州屯田军四千,转漕重庆。

二十二年,增济州漕三千艘、役夫万二千人。初,江淮岁漕米百万石于京师,海运十万,胶莱六十万石而济之。所运三十万石,水浅舟不能达,更以百石之舟运,用四人,故夫数增多。

至元中,以寿张县尹韩仲晖等言,自安民山开河北至临清,凡二百五十里,引汶绝济,直属漳、御,建闸三十有一,度高低、分远近,以节蓄泄,赐名"会通河"。

丘文庄曰:"会通河之名始见于此,然当时河道初开,岸狭水浅,不能负重,每岁之运不过数十万石,非若海运之多也,是故终元之世海运不罢。"

至元中,都水监郭守敬言疏凿通州至大都河道,导昌平县白浮村神山泉过双塔榆河,引一亩玉泉至西门入都城,南汇为积水潭,出文明门今崇文门,至通州高丽庄,入白河,长一百六十四里。塞清水口十二处,置坝闸二十座,节水通漕为便。明年,河成,赐名"通惠"。先时,通州至大都五十里,陆挽官粮,民不胜其悴,至是皆罢之。

丘文庄曰:"通州陆挽至都城仅五十里耳,而元人所开之河总长一百六十四里。其间置闸坝凡二十处,所费盖亦不赀。况今废坠已久,庆丰以东诸闸虽存,然河流淤浅,通运颇难。且今积水潭即今海子在都城中,禁城之北,漕舟既集,无停泊之所,而又分流入大内,然后南出。其启闭蓄泄非外人所得专者,言者往往建请欲复元人旧规,似亦便利。然以陆挽与河运利害略亦相当,故议复元旧,欲于城东凿潭以容漕舟,议通陆运,欲开新路以达东挽,此其大略也。"

英宗至治三年,江浙行省言:"镇江运河全藉练河之水为上源,漕运商贩,舟楫无不由此供亿。前朝尝浚此湖潴蓄潦水,若运河水浅,开放练河一寸,可添河水一尺。近年淤浅,以致递运不通。乞加修治。"制可。工毕,又置湖兵百人专任修理。

顺帝至正九年十一月,漕运使贾鲁建言便益二十余事,其一曰京畿和籴;二曰优恤漕司旧领漕户;三曰接运委官;四曰通州总治豫定委官;五曰船户困于坝夫,海粮坏于坝户;六曰疏浚运河;七曰临清万户府当隶漕司;八曰宜以宣忠船户付本司节制。

十五年,江浙省臣乞减海运,以苏民困,户部定拟本年税粮除免征外,其寺观并拨赐田粮。十月开仓,尽行拘收。其不敷粮,拨至元折中统钞一百五十万锭,于产米处籴一百五十万石,贮濒河之地,以听拨运。从之。

《通漕类编》卷之二
漕运

皇明

太祖定鼎金陵，凡四方贡赋各缘其所，至入于江达于京师，及一成祖迁都于燕，百官卫士仰需江南。于是始议立运法，派为二道。一由江入海，出直沽口，由白河运至通州，谓之海运。一由江入淮〔入〕黄河，至阳武县，陆运至卫辉府，由卫河运至蓟州，谓之河运。

国初海运因元之故，海运不给，于是陆运以济之。陆之劳，盖不减海之险也。及会通河既浚，于是有攒运，而海运乃罢。遮洋海运犹不废焉。然攒运之初皆支运也。既而议者以为军民不便，于是有兑运，时支运才四十之一，而故法几废矣。盖凡五变，而小小损益，不与焉，其势然也。

按：五变，一曰海运，二曰海陆兼运，三曰支运，四曰兑运，五曰改兑，俱详于后。

洪武二年，令户部于苏州太仓储粮二千万石以备海运，供给辽东。

五年，命海运以饷辽，岁七十万石。

六年冬十二月，浚开封漕河。明年春，转漕粟于陕西。

十三年,海运粮七十万石于辽东。

二十二年,令海运苏州太仓粮米六十万石以给辽东官军,所谓海运是也。盖是时止以饷边而已。

三十年,海运粮七十万石于辽东。

按:是时,海船有一千料,有四百料,名钻风海船。后永乐中改海运,遂改四百料为浅船,浅船因海船得名。

永乐元年,令于淮安用船可载三百石以上者,运粮入淮河、沙河,至陈州颖岐口跌坡下。用浅船可载一百石以上者,运至跌坡上,别以大船载入黄河,至八柳树等处,令河南车夫赴卫河,转输北京,此变海运之始。

六年,海运粮八十万石于京师,其会通河、卫河,以浅河船相兼转运。时驾驻北平,百费仰之,不但饷边矣。

十二年,海运粮四十八万四千八百一十石于通州。又卫河攒运粮四十五万二千七百七十六石于北京,所谓海陆兼运者是也。

又令北京、山东、河南、山西、中都直隶徐州等卫,俱选官军运粮,此为漕运之始。

十三年时,会通河成,遂令浙江嘉、湖、杭与直隶苏、松、常、镇等,秋粮除存留,并起运南京,供内府等项外,其余原坐太仓海运之数,尽改拨运淮安仓交收。扬州、凤阳、淮安三府秋粮内,每岁定拨六十万石,运至徐州仓交收。徐州并山东兖州府秋粮内,每岁定拨三十万石,俱令民运赴济宁仓交收。河南、山东税粮,令民运至临清仓交收。仍令浅河船于会通河,以三千只支淮安粮,运至济宁仓,以二千只支济宁粮,运赴通州仓。每岁通运四次,所谓支运者是也。其天津并通州等卫,各拨官军,于通州接运至京,盖自是海运不复行矣。

先是,遣平江伯陈瑄往湖广、江西等处造舟二千艘,以从河运。

瑄建言造平底浅船,甚称便焉,岁可运三百余万石至京。是时,遮洋船每岁于河南、山东、小滩等水次兑运粮三十万石,于天津等卫仓收二十四万石,连耗折银六钱,俱从直沽入海,转运蓟州仓收。是年,又令浙江都司并直隶卫分官军,于淮安运粮至徐州置仓收囤;京卫军官于徐州运粮于德州置仓收囤;山东、河南都司官军于德州运粮至通州交收。淮安常盈仓本部各委主事一员,监督收放,其攒运粮每石俱两平斛斗收放,官军攒运止一尖一平。定为例。

末年,瑄复计议:凡民运粮,俱于淮安、瓜州,补给脚价,价兑与军船领运。瑄又奏请:于淮安、瓜州水次,令军民于此对船交兑,令军船出给通关付还与民销缴,仍令民补脚价。在淮安水次者,每正粮一石外加五斗,在瓜州水次者,每正粮一石加五斗五升。

十六年,攒运粮四百六十四万六千五百三十石于北京。

是年,令浙江、湖广、江西并苏、松、常、镇等处税粮,除存留及起运南京外,余粮坐拨一百五十万石,(零)〔令〕粮里人户自备船只运赴北京、通州、河西务等处上仓。

十一年,奏准:每岁漕运以两运赴京仓,一运赴通州仓交纳。

宣德二年,令浙江、江西、湖广并直隶苏、松等处起运淮安、徐州仓粮,拨民自运赴通州仓,其运粮官军于淮安、南京支运。

四年,仍令江西、湖广、浙江民运粮一百五十万石贮淮安仓;苏、松、宁国、池州、庐州、安庆、广德民运粮二百七十四万石贮徐州仓;应天、镇江、常州、太平、淮安、扬州、凤阳及滁州、和州民运粮二百二十万石贮临清仓。令官军支运山东、河南、北直隶府州县粮经赴北京。其攒运军船,量地远近与粮多寡,如淮安上粮,民船十抽其一,徐州十二抽一,临清十五抽一,给与官军,兼旧船运载。

五年,令河南南阳、怀庆、汝宁三府粮运于临清仓,开封、彰德、卫辉三府粮运于德州仓交收。是年又令江南民粮兑拨附近卫所，官军运载至京，量其远近给与路费耗米，此兑运之渐也。

六年，奏准浙江、江西、湖广、苏松常镇、太平等府，佥拨民丁及军多卫所添拨军士，与见运军士通二十四万，分两班更替攒运，所谓攒运之初替支运者是也。

七年，始立兑运法。先是，各处粮米民运淮安、徐州、临清、德州水次四仓交收，漕运官军分派官转运于通州、天津二仓，往返经年，以故民违农业。永乐末，从侍郎周忱议，始令民运于淮安、瓜州，补给脚价，兑与运军，军民两益。卫所出给通关付缴。后参将吴亮又言，遂令江西、浙江、湖广、江南等处粮米，各官军于各附近水次领兑。南京、江北府州县粮于瓜州、淮安交兑。其淮、徐、临、德四仓仍支运十分之四。浙江、苏松等船各于本地领兑，不尽者仍赴瓜、淮交兑。河南所属民粮运至大名府小滩兑与遮洋海船，官军领运。山东、济南州县于济宁交兑。官军领兑，必量其地之远近，费之多少，定为加耗脚米，则例又给以轻赍银两，以为洪闸盘剥之费，许其附载货物以为沿途衣食之资，是谓转运变而为兑运也。

是年，又增拨南京豹韬左等卫及各都司直隶卫所军余，并见运官军共一十六万，攒运粮储。

成化七年，都御史滕昭议罢瓜、淮兑运，里河官军（顾）〔雇〕江船于江南水次交兑。民加过江之费，浙江等处每正粮一石外加过江米一斗，南直隶等处每正粮一石外加过江米一斗三升，是谓兑运变而为长运也。

十年，始立改兑法。先是，江西应天苏松等处粮民自运，上纳淮、徐、临、德四仓，官军赴仓支领，运送京、通二仓。至是，议抽支运米七十万石，改令官军各赴彼水次交兑。

漕运总数

漕粮先年俱民运淮、徐、临、德四仓。军船接入京、通二仓,名为支运。永乐末,始令民运赴淮安、瓜州,补给脚价,兑与军船领运,名为兑运。其四仓仍十之三四。后兑运渐增,又令军船各回附近水次领兑,民加与过江脚价,视远近为差。成化十一等年,改四仓米七十万石,令各军径赴水次领兑,名为改兑。其兑运中又分支运米,与天津、蓟州、密云、昌平,其正额外又有预备米贮于临、德二仓临清广积仓,山东五万四百石,河南六万石;德州德州仓,山东六万石,河南两万石。岁运米四百万石,北粮七十五万五千六百石,南粮三百二十四万四千四百石。内兑运三百三十万石,改兑七十万石。除例折外,每年实通运正耗量五百一十八万九千七百石。

历年攒运漕粮数目

国初漕额,岁运四百万八千九百九十八石九斗九升二合。

宣德八年,攒运粮五百余万石,通仓收二分,京仓收八分。

正统二年,攒运粮四百五十六万石,通州收六分,京仓收四分。

景泰二年,攒运粮四百二十三万五千石。

七年,官军兑运粮二百八十一万三千四百八十石,于淮安、临清、东昌、徐州、德州有粮仓,收支运一十一万六千二十石三斗,共运粮二百九十二万九千五百五十石三斗,内遮洋船运粮三十万石,以二十四万石于(苏)[蓟]州仓收,六万石于京、通二仓收。

天顺四年,攒运粮四百三十五万石,内兑运三百六十三万八千二百石,淮安、临清、徐州仓,支运七十一万一千八百石,内遮洋船运三十万石，以二十四万石于蓟州仓收，六万石于天津等卫仓收。

漕粮近额万历十七年重刻漕运议单开载，今以为定额。

成化八年题准定额本色米四百万石岁额至是始定。

弘治二年又定兑运三百三十万石，改兑七十万石，后又于数内定山东、河南，各改折七万石，湖广改折三万七千七百三十四石七斗，如各省直遇有灾伤奏留奏免，改折于临、德二仓预备粮内支运足数。

一、兑运米三百三十万石

浙江六十万石。

山东二十八万石内折色七万石。

河南二十七万石内折色七万石。

湖广二十五万石内折色三万七千七百三十四石七斗。

江西四十万石。

应天府一十万石。

苏州府六十五万五千石。

松江府二十万三十石。

常州府一十七万五千石。

镇江府八万石。

太平府一万七千石。

宁国府三万石。

池州府二万五千石。

安庆府六万石。

凤阳府三万石。

淮安府二万五千石。

扬州府六万石。

庐州府一万石。

徐州三万石。

二、改兑米七十万石

江西一十七万石。

应天府二万八千石。

苏州府四万二千石。

松江府二万九千九百五十石。

广德州八千石。

镇江府一万石。

淮安府一万一百五十石以上旧俱运淮安府常盈仓。

浙江三万石。

扬州府三万七千石。

凤阳府三万三百石。

徐州一万八千石。

镇江府一万二千石。

淮安府六万九千石以上旧运徐州广运仓。

山东二万六百石。

河南五万石以上旧运临清广积仓。

山东七万五千石。

河南六万石以上旧运德州仓。

原系民运徐、淮、临、德四仓上纳,军船赴仓支运京、通二仓交收。成化十一等年照兑运事例,改令官军径赴水次领兑,遂罢民运。

三、拨运米四十五万四千八十三石三斗内

天津改兑粟米六万石。

蓟州兑运粟米五万石除节次题准改折外,实存本色米一万三千八百石,万历十六年又增一万一千二百石。

密云兑运粟米一十五万四千八百一十石八斗，昌平兑运粳米一十二万五千石，粟米六万四千二百七十二石五斗。

四、改折米一十七万七千七百三十四石七斗。山东、河南各七万石，内各二万石，每石折银八钱，五万石每石折银六钱，解蓟州。湖广三万七千七百三十四石七斗，每石折银七钱，解太仓。以上在四百万石之内。

嘉靖元年题准，每年会派临清广积仓，山东夏税麦折米二万石，河南夏税麦折米六万石，又山东秋粮米三万四千四百石，共米一十一万四千四百石。德州仓，山东夏税麦折米六万石，河南夏税麦折米二万石，共八万石，以上俱在原额漕粮四百万石之外，专备灾伤，改折凑补。若有灾伤地方，将改兑米停免，听各该巡抚官于附近府州县酌处。如苏州府有灾，该免若干，则于附近松江、常州等府拨补足数；安庆府有灾，该免若干，则于附近宁国、太平等府拨补足数。其余府分有灾，俱照此例凑补。候灾伤府分有收之年仍照数征还。如果附近府分各有灾伤，无处凑补，漕运官就将临德仓收贮备灾粮米内照数支运，务不失原额四百万石之数。嘉靖三十九年将前临清仓会派河南夏税六万石内，改拨小滩运军行粮一万五千五百八十七石一斗九升七合三勺。德州仓会派山东夏税六万石内，改拨天津仓五千八百石，折放天津等卫官军俸粮，著为定例。

又题准，各该抚按，今后但遇灾伤，于水次四仓借粮支运，每石止征脚价银一钱五分。若次年丰熟，即便照数征完，运赴该仓上纳，补还前借之数，仍听户部管仓主事查催，若有侵欺（那）[挪]移，听各官参拏追究。

万历十四年本部题准，临、德二仓粟米积久成腐，议自十六年以后，将二仓每年山东、河南应解米一十九万四千四百石，尽征本色。

临清仓常留米三十万石，德州仓留米二十万石，两仓共留米五十万石，为递年出陈之数。其余剩米在临清仓除拨。小滩行粮一万五千五百八十七石一斗九升七合三勺外，余皆改拨河南兑米；德州仓除拨天津仓官军俸粮五千八百石外，余皆改拨山东兑米，俱要挨陈支运。两省改拨之数照例兑运，一石折银七钱改兑一石折银六钱，解京领运，官军照依。漕运衙门坐定仓口，径赴该仓领运。京、通仓上纳，每石随船耗米七升米，准于支运数内照给。随粮席价并车脚工食，准于各总七分席银内动支解给。盘剥进仓银两，俱于各总轻赍银内临时听通粮郎中通融支用。如遇年岁灾伤，即于五十万石内动支，仍将下年新征粟米补足五十万之额，余方支运。永为定例。

十五年题准，灾伤改折漕粮，如果被灾八分以上者，不分正改，每石折银五钱；被灾七分以下者，仍照例正兑，每石折银七钱改兑每石折银六钱，不愿折者听。

漕运职官

总督

都御史一员，总兵官一员。

监兑

户部主事五员每岁于漕运议事毕，选差请敕，分诣山东、河南、南直隶、浙江、江西、湖广督运军民有司依期交兑，催攒启程。南运督至仪真与攒运官交接明白，即将各兑完起程，并交接日期报部查考。回日仍将兑完日期具奏，近经题准裁革。

攒运

御史一员旧用户部郎中一员，三月奏差，今改差御史。

押运

参政一员旧有协同漕运参将二员，今革以一参政领漕务。

理刑

刑部主事一员或员外郎，三岁代，万历二年革，十一年复差。

把总

漕运把总十三员题准各给关防。

天顺二年设户部管仓主事四员，一驻淮安，一驻临清，一驻徐州，一驻德州。工部管河郎中二员，一管沙河至仪真河道，一管静海至济宁河道。后又设管理惠通闸河并天津河道工部郎中一员。

成化二十年设工部主事二员，一驻沛县沽头闸，一驻宁阳南旺闸。

正德十五年题准，天津兵备带管白河漕政。

嘉靖三十八年题准，户部注选郎中一员，驻扎通州，会同巡仓御史督理闸河粮运。

隆庆二年改沽头闸主事于夏镇闸。

四年题准，南京巡屯御史监管应天、太平、安庆、宁国、池州五府，与广德州征兑漕粮。

又题准，徐州兵备每年粮船过淮亲诣清河、桃源等处，会同各处粮储参政等官，分地驻扎黄河一带，逐程催攒。

五年题准，设参政一员，每年正月移驻瓜、仪，经理粮船过闸、过坝，管押到京。

又题准，两淮巡盐御史兼理庐、凤、淮、扬及滁、徐、和三州粮务。

六年加设工部主事一员，清江浦造船。

又议准，徽、宁、池、太兵备兼管粮务。

万历五年添设工部管徐、淮河道郎中。

十二年令两浙巡盐御史仍带管漕粮止行，文督催免其押送镇江。

二十二年题准，通州、南仓监督事务归并中仓兼管。

漕船数目

洪武间海运船数无可考当时南京卫所,浙江、福建都司,南直隶卫所,官军海运。永乐至景泰船料大小无定其数,比今多三之二此后因改里河,不用福建官军。天顺以后始定船一万一千七百七十五艘官军一十二万一千五百余员名。

南京卫分一千七百六十只

锦衣三十四只,府君一十三只

府君右一十二只,金吾后一十五只

虎贲左二十六只,羽林右三十六只

神策一十四只,留守中二十八只

广洋一百一十四只,留守左二十二只

骁骑右三十五只,镇南四十九只

龙虎五十五只,龙江右一百三十六只

江阴八十一只,豹韬左一百九十二只

鹰扬一十九只

上系一总①

旗手二十四只,羽林左九只

府军后一十六只,金吾前一十五只

府军左一十九只,应天二十三只

沈阳八只,龙虎左一百四十二只

水军左一百五十四只,留守右四十三只

武德三十五只,虎贲右五十五只

---

① 原版竖排故为“右”,本版横排,“右”改为“上”。以下皆同此。

水军右七十六只,豹韬三十九只

龙江左九十一只,兴武四十只

横海八十三只

上系一总

江北直隶各卫所二千六百九十四只

淮安二百二十三只,大河三百三十六只

归德七十七只,泗州三百八十五只

徐州二百五十三只,徐州左一百七十八只

寿州一百五十三只,邳州一百三十五只

上系一总

庐州一百七十三只,仪真一百一十只

高邮一百四十七只,兴化四十二只

滁州七十九只,扬州三百五只

六安一百只

上系一总

中都留守司八百八十八只

凤阳中一百七只,留守左一百一十二只

凤阳一百一只,留守中九十一只

怀远九十二只,颍川二十只

长淮一百五十四只,凤阳右一百三只

武平四十七只,宿州三十五只

洪塘二十只,颍上五只

以上俱造于清江提举司

山东都司七百七十三只

临清二百五十九只五分,平山一百三只六分

东昌七十五只八分,济宁二百二十四只六分

兖州护六十只,濮州备御二十五只五分

东平守御二十七只五分

北直隶一百七十七只

德州四十九只八分,德州左五十只一分

天津一十四只五分,天津左一十二只一分

天津右九只八分,通州左一十三只三分

通州右十只,神武八只

定边八只五分

以上造于卫河提举司

浙江都司二千四十六只

杭州右二百四十三只,杭州前二百二十三只

台州二百八十九只一分,宁波三百一十只五分

温州二百九十三只,处州二百五十只

绍兴二百七十七只,宁海五十只四分

金华二十五只五分,衢州五十二只

严州一百只五分,海宁三十四只

湖州六十四只

上系一总

江西都司八百九十九只

南昌,南昌前一百七十九只二分

赣州一百一十只六分,袁州二百只

南昌左一百四十五只四分

抚州六十只五分,广信三十八只七分

建昌三十六只五分,铅山四十七只一分

永新三十八只八分,安福四十一只三分

饶州六十四只二分,吉安七十七只一分

上系一总

湖广都司七百五十九只

武昌一百一十八只八分,武昌左一百一只八分

黄州一百四只二分,沔阳一百四只

荆州右四十九只三分,蕲州一百四十五只五分

长沙,荆州四十九只四分

岳州六十一只五分,荆州左四十九只四分

安陆一百一只一分,襄阳四十七只六分

德安三十八只一分

上系一总

江南直隶一千四百四十三只

苏州二百四十只八分,嘉兴四十只

太仓一百二十六只六分,松州五十只

镇海一百六十二只六分,新安一百一十五只

安庆一百八十一只一分,建阳一百三十五只

宣州五十一只四分,九江一百六十一只六分

镇江二百二十九只八分

上系一总

以上造于各原卫所

遮洋海船五百二十五只原系大船三百五十只,后改作中样浅船五百二十五只。

南京水军左三十六只,水军右三十只

龙江左三十一只五分,龙江右四十只六分

广洋三十六只,江阴三十一只五分

应天十八只,横海二十五只六分

淮安四十八只，大河八十二只五分

高邮三十七只五分，扬州五十四只

长淮五十四只

以上造于卫河提举司嘉靖以后归并清江。

今额造船共一万二千一百四十三只浅船一万一千六百十八只，遮洋船五百二十五只。

原卫所五千三百四十只

江南直隶上江总下、建阳等卫六百四十八只

江南直隶下江总下、镇江等卫、松江等所七百七十五只

浙江都司总下、杭州等卫、金华等所二千三十九只

江西都司总下、南昌等卫、安吉等所八百六十六只

湖广都司总下、南昌等卫、德安等所一千一十只

清江提举司六千八百三只

南京总下、锦衣等卫八百七十一只

中都留守司总下、凤阳等卫、颖上等所八百八十七只

江北直隶总下、扬州等卫、通州等所九百五十五只

江北直隶总下、淮安等卫一千六百一十只

江南直隶总上江总下、水军等卫领驾徐左、泗州二卫缺军八十六只

江南直隶下江总下、水军右等卫领驾泗州卫缺军三十六只

江南直隶上江总下、水军左等卫领驾德州左等四卫一百二十五只

江南直隶下江总下、水军右等卫领驾天津等五卫五十二只

山东都司总下、临清等卫、东平等所七百七十三只

遮洋总下、淮安等卫五百二十五只

漕军数目

　　岁中漕米四百余万、船万二千余艘、官军十二万七千八百余员名,其法每船用卒十人,海船人数视遮洋十二人,择取其中蕃富者署为旗甲,纲纪一舟,于是乎在而从卒九人附焉。

十三总所属卫所船军漕粮数目

　　南京锦衣总属十三卫

　　锦衣军三百四十一人,浅船三十六艘,领漕一万四百七十石。

　　府军右军一百二人,浅船一十二艘,领漕三千五百石。

　　神策军一百三十五人,浅船一十四艘,领漕四千二百三十五石。

　　金吾后军一百六十四人,浅船十五艘,领漕四千七百九十四石。

　　留守左军一百九十二人,浅船二十三艘,领漕六千一百七十六石。

　　虎贲左军二百三十四人,浅船二十六艘,领漕七千八百石。

　　镇南军四百七十人,浅船五十艘,领漕一万四千八百一十石。

　　龙虎军五百人,浅船五十六艘,领漕一万六千四十二石四斗。

　　广洋军一千六百一十一人,浅船一百五十七艘,领漕四万九千五百五石六斗七升。

　　龙江右军一千九百七十二人,浅船一百八十五艘,领漕五万八千六百五十九石六斗。

　　豹韬左军二千三十三人,浅船一百九十八艘,领漕六万二千石。

　　江阴军一千一百七十三人,浅船一百一十九艘,领漕三万六千七百二十一石。

　　府军军一百三十人,浅船一十三艘,领漕四千一百石。

　　旗手总属十三卫

旗手军二百二十二人，浅船二十四艘，领漕七千九十一石。

府军左军一百九十五人，浅船一十九艘，领漕六千石。

羽林左军八十八人，浅船九艘，领漕二千七百石。

应天军四百四十四人，浅船四十四艘，领漕一万四千石。

横海军一千九十八人，浅船一百一十三艘，领漕三万四千八百五十五石三斗三升八合。

兴武军三百八十七人，浅船四十艘，领漕一万二千石。

府军后军一百四十八人，浅船一十五艘，领漕四千七百五十石。

水军左军一千一百二十五人，浅船二百一艘，领漕六万四千石。

龙虎左军一千四百四十人，浅船一百四十二艘，领漕四万四千七百石。

龙江左军一千四百一十七人，浅船一百三十二艘，领漕四万三千石。

水军右军一千一百二十二人，浅船一百一十二艘，领漕三万五千四百二十四石五升。

金吾前军一百四十九人，浅船一百一十五艘，领漕四千七百五十石。

沈阳右军七十九人，浅船八艘，领漕二千四百二十五石。

上江总属十卫

建阳军一千三百五十人，浅船一百二十八艘，领漕四万三千□百四十四石九斗六升六合。

新安军一千二百五十人，浅船一百二十五艘，领漕三万八千三百七十七石五斗。

安庆军一千九百一十一人，浅船一百七十五艘，领漕五万八千六百七十二石。

九江军一千七百一十六人，浅船一百六十五艘，领漕五万二千五百九十石三斗四升四合。

宣州军五百六十四人，浅船五十五艘，领漕一万八千石。

鹰阳军三百七十四人，浅船三十七艘，领漕一万九百八十四石八斗六升。

留守右军四百三十人，浅船四十三艘，领漕一万二千二百四十七石七斗五升。

豹韬军三百八十七人，浅船四十艘，领漕一万一千八百石三斗八升。

虎贲右军五百九十人，浅船五十七艘，领漕一万八千一百三石六斗一升。

武德军三百五十九人，浅船三十五艘，领漕一万九百七十一石五斗九升。

下江总属七卫二所

镇江军二千四百一十八人，浅船二百三十八艘，领漕七万七千五百二十五石九斗五升。

苏州军二千一百七十四人，浅船一百九十八艘，领漕六万七千二百二十石。

太仓军一千一百三十人，浅船九十五艘，领漕三万三千二百五十石。

镇海军一千一百二十六人，浅船九十六艘，领漕三万三千六百石。

骁骑右军三百五十九人，浅船三十五艘，领漕一万一千三百七十五石。

羽林右军三百五十八人，浅船三十六艘，领漕一万一千三百七十五石。

留守中军一百六十人，浅船一十六艘，领漕五千二百石。

嘉兴所军四百一十人，浅船四十一艘，领漕一万三千五百三十石。

松江所军四百人，浅船四十艘，领漕一万三千二百石。

淮大总属五卫

淮安军二千六百三人，浅船二百五十九艘，领漕八万三千六百七十七石。

大河军三千九百九十人，浅船三百九十九艘，领漕一十二万九千四百六十八石四斗五升。

泗州军二千七百七十五人，浅船二百七十三艘，领漕八万九千六百九十九石六斗。

寿州军一千四百九十七人，浅船一百五十艘，领漕四万八千石。

邳州军一千五百九十二人，浅船一百九十九艘，领漕五万九百七十五石五斗。

扬州总属六卫四所

扬州军一千九百四十人，浅船一百九十四艘，领漕六万五千七百八十石九斗五升。

高邮军一千五百五十人，浅船一百五十五艘，领漕五万四百八十四石九斗三升二合。

仪真军一千一百人,浅船一百一十艘,领漕三万五千二百石。

滁州军七百四十一人,浅船七十九艘,领漕二万五千二百八十石。

庐州军一千六百七十六人,浅船一百六十七艘,领漕五万三千四百七十七石七斗五升八合。

六安军九百五十人,浅船九十五艘,领漕三万三百五十七石九斗。

通州所军三百二十六人,浅船三十二艘,领漕一万二百四十石。

泰州所军四百八十五人,浅船四十八艘,领漕一万五千三百六十石。

盐城所军二百二十五人,浅船二十二艘,领漕七千四十石。

兴化所军四百九十七人,浅船五十艘,领漕一万六千石。

中都总属十卫一所

凤阳中军九百八十人,浅船一百七艘,领漕一万四千二百四石三斗二升。

凤阳右军一千二十人,浅船一百三艘,领漕三万三千八十石五斗四升。

凤阳军九百六十六人,浅船一百一艘,领漕三万二千六百三十九石六斗七升二合。

留守中军九百三人,浅船九十一艘,领漕二万九千九百九十七石八斗五升。

留守左军一千一百一十九人,浅船一百一十二艘,领漕三万五千六百八十石。

怀远军九百二十七人,浅船九十二艘,领漕三万三百二石一斗五升。

长淮军一千七百九十二人,浅船一百七十五艘,领漕五万八千六十石。

宿州军三百五十人,浅船三十五艘,领漕一万一千二百石。

武平军四百七十一人,浅船四十七艘,领漕一万五千一百石。

颍州军二百五十人,浅船二十五艘,领漕八千石。

洪塘所军一百九十七人,浅船二十艘,领漕六千四百石。

浙西总属四卫三所

杭州前军二千二百七十七人,浅船二百七艘,领漕七万一千五百八十三石一斗。

杭州右军二千四百九十七人，浅船二百二十七艘，领漕七万八千四百九十九石三斗四升。

绍兴军二千七百六十一人，浅船二百五十一艘，领漕八万六千七百九十八石八斗三升。

海宁军一百三十二人，浅船一十二艘，领漕四千一百四十九石七斗四升二合。

严州所军一千一人，浅船九十一艘，领漕三万一千四百六十八石九斗二升。

湖州所军六百六十人，浅船六十艘，领漕二万七百四十八石七斗三升。

海宁所军六百四十九人，浅船五十九艘，领漕二万四百二石九斗七升。

浙东总属四卫二所

宁波军三千一百七十九人，浅船二百八十九艘，领漕九万三千六十七石七斗。

台州军二千八百八十二人，浅船二百六十二艘，领漕八万四千三百七十二石八斗。

温州军二千七百九十四人，浅船二百五十四艘，领漕八万一千七百九十六石四斗八升。

处州军二千九十人，浅船一百九十艘，领漕六万一千一百八十六石四斗。

金华所军三百八十五人，浅船三十五艘，领漕一万一千二百七十一石二斗八合。

衢州所军六百八十二人，浅船六十二艘，领漕一万九千九百六十六石一斗。

江西总属三卫八所

南昌军二千三百三十六人，浅船二百一十二艘，领漕七万二千九百七十九石八斗三升。

袁州军一千三百八十四人，浅船一百二十艘，领漕四万二千七百八十七石七斗。

赣州军六百七十四人，浅船六十艘，领漕二万八千八百八十六石二斗。

吉安所军一千一百五十人，浅船九十八艘，领漕三万五千五百一十九石。

安福所军六百五十五人，浅船六十二艘，领漕二万二百三十六石八斗九升。

永新所军四百一十人，浅船三十七艘，领漕一万二千五百六十八石七斗六升。

抚州所军七百八十一人，浅船六十六艘，领漕二万四千八十石六斗。

建昌所军五百三十人，浅船四十七艘，领漕一万六千一百九十石七斗三升。

广信所军五百六十三人，浅船五十一艘，领漕一万七千三百三十八石七斗。

铅山所军五百四人，浅船四十六艘，领漕一万五千四百五十九石七斗。

饶州所军八百七人，浅船六十七艘，领漕二万四千三百七十四石七斗四升。

湖广总属旧有荆州左卫，嘉靖间改显陵卫。旧有安陆卫改承天卫，俱免运，今九卫一所。

武昌军一千一百九十三人，浅船一百一十六艘，领漕三万九千九百五十一石九斗五升。

武昌左军一千一百二十三人，浅船一百八艘，领漕三万七千一百五十二石六斗。

蕲州军一千四百五人，浅船一百二十七艘，领漕四万一千七百五十三石六斗。

黄州军八百七十六人，浅船八十五艘，领漕二万八千五百四十二石二斗四升。

荆州军七百七十九人，浅船七十五艘，领漕二万五千六百五十三石五斗。

荆州右军七百七十四人，浅船七十四艘，领漕二万五千二百四十九石。

岳州军五百七十六人，浅船五十七艘，领漕一万九千一百七十七石五斗七升。

襄阳军七百三十六人，浅船六十七艘，领漕二万三千四百八十六石六斗八升。

沔阳军一千五十六人，浅船九十七艘，领漕二万八千五百三十五石五升。

德安所军四百一人，浅船三十八艘，领漕一万二千九百五十八石九斗五升。

山东总属十七卫二所

临清军二千六百六十五人，浅船二百六十五艘，领漕八万一千八百四十五石。

平山军一千一百六人，浅船一百一十艘，领漕二万三千九百六十六石。

东昌军五百八人，浅船五十艘，领漕一万五千六百一石。

济宁军二千二百一十六人，浅船二百三十一艘，领漕七万一千一百二十八石三斗八合。

任城军六百人，浅船六十艘，领漕一万八千四百八十八石。

东平所军三百一十五人，浅船三十一艘，领漕九千六百七十四石。

濮州所军二百五十五人，浅船二十五艘，领漕七千八百三十石。以上系本总原领。

徐州军二千五百一十六人，浅船二百四十九艘，领漕七万七千二百四十六石二斗三升二合。

徐州左军一千五人，浅船一百一艘，领漕三万八百五十五石五斗一升。

归德军七百六十八人，浅船七十七艘，领漕二万三千五百七十九石一斗三升六合。

德州军五百二人，浅船四十二艘，领漕二万三千九百五石。

德州左军五百一人，浅船四十二艘，领漕二万三千八百五十七石。

天津军一百四十五人，浅船一十二艘，领漕六千九百四石。

天津左军一百二十一人，浅船一十艘，领漕五千七百六十一石。

天津右军九十八人，浅船八艘，领漕四千六百六十六石。

通州左军一百三十三人，浅船一十一艘，领漕六千三百三十二石。

通州右军九十九人，浅船八艘，领漕四千七百一十四石。

定边军八十五人，浅船七艘，领漕四千四百四十九石。

神武中军八十人，浅船六艘，领漕三千八百一十石。以上系裁革遮洋并入本总数。

遮洋总属先年原领南直隶淮大等六卫、北直隶德州等九卫，官军俱兑运山东、河南粮米三十万石，内六万石于天津仓，二十四万石于蓟州仓，各上纳。其船虽系遮洋，止涉海三十余里，即抵蓟仓，程途不远。嘉靖四十五年，给事中胡应嘉建议停革，以北直隶德州等九卫，并分江北、淮大总下原管徐州左、归德三卫，共一十九卫所隶山东总。其遮洋总下淮安、大河、泗州三卫并入淮大总。扬州、高邮二卫并入扬州总。长淮卫并入中都总，各归原卫兑运南粮。至隆庆六年，给事中宋良佐条议总漕王宗沐题准，复开海运，自淮出海，行之数年，覆溺数多，乃罢。今遮洋总犹存，止属淮安、大河、泗州、高邮、扬州、长淮六卫，通州、盐城二所《会典》不载。

各总粮额

南京总运粮五十五万一千八百八十一石六斗一升六合。

湖广总运粮三十四万八千六百三十四石二斗八合。

江西总运粮三十万六百九十五石三斗八升八合。

浙江总运粮六十六万五千三百十一石三斗四升。

中都总运粮六万七千五百九十八石六斗三升三合。

江北总运粮八十八万九千七百七十四石一斗二合。

江南总运粮四十七万二千四百七十三石七升。

下江总运粮五万四千二百二十九石六斗六合。

山东总运粮二十三万六千四百一石二升。

遮洋总运粮二十四万石。

漕运职掌

宣德十年并正德六年题准,总督漕运及该巡抚、都御史、总兵官,每年八月以里例该赴京会议下年粮运事宜。若遇有灾伤等项俱免赴京,先期各将应议事件限六月以里驰奏,止总兵官赴京会议。

弘治十二年题准,各卫所应运官员有奸懒托病不赴运者,指挥降三级,卫镇抚千户降二级,所镇抚百户降一级,仍发运。

正德五年题准,把总官运粮三年以上果廉能干济依期完粮,许各该衙门据实保荐,准令于实职上升一级。

又题准,见运官员无故私自逃回,照军船到迟水次降一级,仍照运军弃撇船粮调边卫。

又题准,运军弃撇船粮者调边卫充军,瞭哨五年着伍。

　　嘉靖二十七年题准，监兑主事兑粮完日，会同巡按御史，将各违限有司军卫官员从公照例查参。若四月以里参劾不回，或止参卑官塞责，本部参治降罚。

　　三十六年题准，见在运粮把总指挥等官，遇有升迁，仍需督理侯代将原管钱粮交割明白，方许离任。

　　三十八年题准，总督漕运都御史务要久任，必漕务修举，节年粮运无欠，方许迁转。

　　隆庆四年题准，粮船过淮逐程催攒，但有脱压帮次，即将为首官旗责治。其黄河广阔，许越帮前进，务要三月以里尽数过洪入闸。在闸河仍旧挨帮，不得搀越，完日将催攒过洪日期呈报漕司具奏，违者参究。

　　又题准，每年正月，漕运都御史出巡扬州，经理瓜、仪过闸粮船。总兵官驻扎邳、徐，催督过淮帮船依期过洪入闸，仍同专理漕务参政管押到京。如有官旗故意延迟，查照先年捆打事例，着实举行。

　　五年题准，各处巡抚漕运、河道等官于兑运事竣，将兑完、过淮、过洪各日期，并船粮细数奏报巡抚，不得过二月，漕司不得过三月，河道不得过四月。如有司粮米不完，军卫船只不备，以致过淮迟误者，罪在巡抚。若有司有粮，军卫无船，并船已到淮，不即验放及不系河道变故压帮停泊，有误过洪原限，因而漂冻寄囤者，罪在漕司。其粮船依限前进，河渠淤浅，疏筑无法，捞浅无人，及闸座开闭失时，致有停阻，不得过洪抵湾，罪在总理河道，悉听科道官参究。

　　又题准，各省粮储道凡漕运一应征兑、补军、催督船料、追并旧欠等项事宜责成专理。如有司军卫怠玩误事，开呈漕司参奏。兑粮完日，各选委府佐二三员分投管押粮船过淮过洪，入闸方许回任。三年俱能依期，漕司奏荐超擢。遇有升迁等项，事完方许离任，不得改委误事。如一时员缺，带管官一体责成。敢有推避延缓，从实参究。

六年题准,漕司置立全单,每年亲派某卫所某帮运官旗军若干,船只若干,应运粮若干,赴某府州县领兑粮数,到日为始。限几日支领月粮,空船驾赴水次开兑,重船过闸过坝到淮,计程若干,再酌量守风阻浅,参谒较斛等项日期,逐一定限填入单内。每帮分给一纸,运官有司查照款目,各于前件项下开注船粮有无违限日期,并各该官吏姓名,用有司监兑印钤,到淮之日赍单投坐委推官。除验有地方执照不计外,查算某处违限几日,或罪在有司,或罪在军卫,明开单后,呈送漕司,照数责治。情重者,参究奸旗违限,密填单尾,一并惩治,仍编帮改限严责。如期过洪入闸抵湾,起粮完日,单送巡仓御史查比奖荐参治。

又题准,运官依期过淮过洪完纳,巡仓御史据实奖荐,即行赏赉,仍拟升署职一级。过淮洪后期完纳依限者,通候三年准升署职一级。若先犯降级不系侵欺挂欠,许将所升职级准复原降之数,若见有漂欠并未掣通关者不得滥举。以后凡经荐举运官,兵部即行纪录,候升迁之日破格优叙。不过淮者候三年依期完纳照例升署职一级。

又题准,各处监兑主事及巡按、巡盐、上江各御史题参水次军船违限及攒运御史等官题参过淮过洪违限,运官抄到之日姑从案,候七月后备行。京通等仓遂查原参各官目,今有无依期完纳,若先违限后能早纳者,即于覆本内明白声说免罪,如有挂欠,并前照例问拟。

又题准,淮安漕库积贮船料、赃罚等银,每年终漕司会同巡按逐一秤盘,备将出入项款分析造册,具题中间公费,不容已者明白登簿。支销如有别弊,据实参究。至于各省并上江、下江船料银两,巡按御史每年照例查盘奏报。

万历元年题准,淮、徐、临、德、天津五仓收粮部官各印刊票贴,候粮船一到各照地方。如淮安至徐州算该水程若干,严定限期,每帮给付一张赍，至徐州收粮官处查验，违者责治，转限催行，不许拘留听点。徐州、临清、德州、天津俱照此例粮运，毕日将催过运船并违限官员具揭呈部查考。

二年题准，黄河一带责成徐、宿参将，沛县以北，德州以南，每年于山东都司金书内选委一员，自通州抵河西务一带，责成通州参将，各督率官兵严加防护，如有疏失，照地责成。

四年题准，南京卫所掌印官照例更番领运。每年八月初旬，南京兵部将各掌印应运官职名册送漕司填单坐委，永为定规。

又题准，粮船过淮，总兵、御史、参政并沿河分司随便亲历催攒。如运官于经过无干，衙门停舟参谒，阻压帮船及奸猾官旗无故停泊延捱者，一体参治。不许滥委府州县佐贰卑官需索骚扰，致生事端，违者参究。

又题准，漕运十三把总各照本管帮船催督，不许夤缘别委。违者，本部及总督巡仓等衙门一体访拿参革。

七年题准，攒运御史催攒运毕，驻扎通州稽察插和奸弊，候各卫运官漕粮入仓，方许具疏举劾。本部查明，分别具题，以昭劝惩。

八年题准，运官三年无欠，总督衙门查依限完纳及无别项违碍，方准提升署职一级。若三年内曾经罚俸及有别项违碍，不许一概滥升。

九年题准，浙江、南京、江北等总有一卫分两三帮者，将本帮旗甲挨年轮流，更番领兑，不许搀越重复。如把总卫官派拨不均，旗甲避难就易，坐赃重处。

十五年题准，督粮参政自本年为始，押运到湾，照旧驻扎通州催攒粮运，起粮完日免其进京，即便查理空船，编给限票，径由水路催攒回南。敢有撇船逃回，受载稽留，致误新运者，听其径自擎究。

又题准，漕务参政如遇升迁，候新官交代方许离任，以后载入敕内,用为定制。

又题准,把总指挥千百户等官,水次常例听监兑主事及巡按、巡盐、巡江御史,过江、过淮常例听总督漕运及攒运御史,进京常例听总督仓场及巡仓御史。各就近密切体访,从重参究,不许徇情姑息。

又题准,总兵督运进京,每年赁僦民居不便,议动漕库收贮赃罚及支剩过江米银,买房一所,永为公署。每年完事出京,责令通州四卫每年轮拨军人二名,常川看守。以后每三年于漕库前项银内动支一百两,随时修理,不许私自变卖。

十七年题准,浙江、苏松、徽宁各道自十八年为始,各将所属船粮数目呈报应天巡抚查催严督,(度)[渡]江并挑浚河渠事宜,悉听先期料理,以免漕艘阻滞。其浙直各府挑河脚米折银,仍听漕司查考完欠的数,分别奖戒。每岁秋,京口兴工行漕储道,会同常镇司道勘视挑浚。如各道因循误事者会疏参究。

又题准,自十八年兑运为始,备行苏松抚按,每遇开兑之期,选委各府佐贰于隔别府分分投监视,令其约束军民公平交兑,庶分理有人,争斗自息,永为遵守。

十八年题准,漕运都御史免赴京会议,其应议事件于六月内径行驰奏。

二十年题准,凡有漕粮府州县掌印管粮等官,自十月开仓以后,即遇行取升迁罢闲等事,必待粮完开帮,方许离任。

二十一年题准,漕运总兵官止督押船粮到通州,催行领运各官将漕粮完纳毕日,即便回南应议事件,与总督衙门照旧会议停妥,限六月内驰奏,不必入京。

二十三年题准,漕折银两听巡漕御史一并催攒,与漕粮一同赴部完纳。以后年完一年不许分厘拖欠,如有司抗阻怠玩,解官途路耽延,悉听题参重究。

二十五年题准，各省直督粮各道催船过淮，即便回任料理新运，不许枉道回家。如遇升迁推补，务要面相交代，方许离任。如或耽延误事，听总漕、巡漕衙门指名题参。

《通漕类编》卷之三
漕运

征兑运纳

宣德十年题准，各处起运京仓米粟，先将样米送部转发各仓收候。运粮至日，比对相同，方许收纳。

正统六年题准，兑运粮米若水次临近，领兑官具收过州县粮数开报本卫所，用印出给通关。如相离窎远，开报附近卫所或府州县，用印出给，俱付部粮人员赍回该州县，依例收缴。

天顺六年题准，一州一县止许与一卫交兑，兑支不尽，方许兑与别卫分派水次。不许将一州一县分作三四卫，亦不许将一卫分作三四州县及以远派近、以近派远。

成化七年题准，山东都司北直隶卫所限三月初一日完粮，江北直隶凤阳等处卫所限四月初一日完粮，南京江南直隶卫所限五月初一日完粮，浙江、江西、湖广各卫所俱限六月初一日完粮。违者，总督衙门、巡仓御史分别参究，罚俸降级。若南京并江南直隶各卫所兑江、浙二省粮米，江北卫所兑江南各府粮米，领运官违限，查照二省并江南事例参治。

十二年题准，京、通二仓粮运至日，各仓囤基俱听囤放粮米。若小脚歇家指称公用，索取囤基等项财物，及别项求索情弊，许被害人赴总督、巡仓等衙门陈告，审实，于本仓门首枷号一个月，满日径送法司问拟，军发边卫充军，民发口外为民，干碍内外官员，奏请定夺。

正德五年，令漕运衙门以漕运水程日数列为图格，给与各帮官收掌，逐日将行止地方填注一格，同原给帮票送部查考。事完送漕运衙门查缴，无故违误运官住俸问罪。

又题准，运官故违限期，寄囤守冻，把总至三千石，指挥二千石，千户一千石，百户五百石以上，每一次降一级。若所寄不及数者，俱止照常例发落。旗甲不服催攒，在途迁延者，发边卫充军。

嘉靖八年议准，淮、徐等五仓收粮部官，遇粮船到彼，定与水程，令赍到前路部官处，照限查考。

十二年议准，湖广粮俱赴蕲州、汉口、城陵矶三处水次交兑。后将城陵矶兑粮改并汉口，近复题，改汉口水次于金沙洲陈公套，蕲州仍旧。

十六年题准，江西吴城水次原兑粮，改进贤水次交兑。

又题准，各处粮斛务照原解样米两平交兑。各监兑主事及直隶兼理御史以后兑粮，必令晒扬干洁，不许徒议加增。过淮之日，漕司责令各总查将所属卫所兑过漕粮，有无粗恶，甘结投递，以专责成，仍严行各该把总及运官稽查。旗军沿途不许侵费买插糠秕。抵湾起米听本部委官，查有米色粗恶者，即将违犯官旗参呈总督衙门，照单例参送法司，从重问发。仍尽法晒扬，责令换补，该总亦听查究。

三十四年题准，天蓟一仓管粮官遇该总卫所领到总督等衙门限票，至日即督官旗及官攒人等严限进仓晒扬，收受十日内务要完出通关，若十日后不完，开具所由申部。若系仓官勒索稽迟，即便提问计赃，从重拟罪；若系运官短少米数，及有别项情弊，即便指实，参送究问。

四十年题准,各处征收势豪大户敢有不行运赴官仓、逼军私兑者,比照不纳秋粮事例,问拟充军。如掌印管粮官不即申达区处,纵容迟误,一百石以上者,提问、罚俸一年,二百石以上者,提问、降二级,三百石以上者,比照罢软事例罢黜。

本年并隆庆三等年题准,漕粮兑运上纳京仓改兑上纳通仓。如改兑不敷,仍拨兑运以足通仓,三分之一支运漂流俱拨通仓,扣作额数。若灾伤改折京、通二仓,各照数递减。

隆庆二年题准,照成化五年题准,"永为法则"字样,铁斛添铸二十六张,每总各领二张,赍赴水次,与有司管粮官较准木斛开兑。如有私造大斛大斗,用强多兑者,许有司具呈监兑衙门,依律挐问。

又题准,京、通仓收放粮米,成造木斛,三年一次。漕运衙门将真正木料照数分给帮船,顺带到京,送东官厅交收。遇应造年分呈总督衙门,照依钦降铁斛式样成造,较印停当,发仓应用。

三年题准,有司征兑大县限船到十日,小县限船到五日,各兑完,开行。监兑官务要于十月初旬亲历各水次,稽查船粮迟速,不许驻扎一处。若奸玩粮长故意延缓,将本粮长押同旗甲过洪入闸,粮无漂流,方许放回。若有漂流,责与官旗,均陪。仍解漕司问罪。

四年题准,每年漕粮俱限十月开仓,十二月终完兑开帮。如十二月终有司无粮,军卫无船,督粮司道及府州县掌印管粮官并领运、把总、指挥、千百户各罚俸半年。过正月者各罚俸一年,过二月者各降二级,布政司掌印管降一级,三月终不过淮者,督押司道等官及领运、把总以下各降一级,四月终不过洪者,一体参究。

又题准,昌、密二镇漕粮户部委主事一员,会同通、仓两镇郎中主事,分投督率委官搬运,禁革侵盗插和。通、仓郎中仍将应得脚价付与分运主事亲散,车户船户粮斛到仓,限日收受,各照京、通二仓则例。总计尖耗两平收纳,其额耗七升,内除一升作耗,余米六升作正支销。每次交纳各要填给日期,送部查考。收米进仓,即各先给完,呈令旗军回南,止留运官一员,候掣通关。

六年题准,各府州县掌印管粮官征办漕粮,违限不完,捏报推诿,听漕司参奏,照例降级住俸。其住俸日期不准实历,候补完三年实俸,方许申明漕司起送考满。朦胧庇护者参治,干碍方面,官特本参黜。

又题准,各处漕粮除舟楫通行地便者,照旧本色赴水次仓厫听兑;其余山谷深远去处,许粮户赍银径赴水次收买,照例交兑。

万历元年题准,官军兑粮,江北各府州县限十二月以里过淮,应天、苏松等府县限正月以里过淮,湖广、江西、浙江限二月过淮,山东、河南限正月尽数开帮。如有违限,听攒运等官查照久近,分别参究治罪。

又题准,京通仓官攒经收粮米坐支不尽剩有千石上下者,盘并别厫交与,见年代放,即日起送。若希图守支俸粮,筹架延捱过一年者送问革职革役。

二年题准,江北、南京等卫所派兑江南粮米,船到水次,止许一旗一纲,随运官赴仓领兑,其余军士俱在本船看守,不许一人私自登岸。敢有故违,及沿途一切违犯漕规,听粮储兵备等官拏解漕运衙门,径以军法重治。如粮里迟误、插和、诬赖、抵饰,亦听从重究罪。有司故纵,一体参究。

六年题准,运蓟、密、昌平各镇边粮,改限五月初一日完纳。

七年题准,收粮限期不论有无闰月,定以十月开仓。

又题准,各处样米,俱要将本土所产米粟晒扬干圆洁净,每州县各取四升,用二袋装盛、印封,付本帮运官解送总督衙门,验发该仓,比对收粮。

一、水次各州县粮长自行交兑,居民不许包揽,违者听监兑挈问。

二、水次仓廒用楞木席板铺垫，不许用糠秕等物，致滋插和。交兑时或有司故纵粮长搀和粗恶，计殴官军运官，容令旗军勒索，加增分外生事，俱听监兑官挈问参究。

三、京通粮米俱令运官挈斛进仓报晒，临仓挂欠，照数陪补治罪。如守门员役需索扰害者，许径赴总督巡仓等衙门，呈告挈问。

四、漕粮进仓，敢有官攒把门歇家、通同拦阻、乘机盗窃，及谋利分用、耽误交纳者，听巡仓御史、坐粮监收官挈问重治。

五、各仓收粮委官照例分别兑运、改兑等项名色，加耗一尖一平收受。尖则不许淋漓踢斛，平则止许刮铁为度，不得多增斛面苦累官旗，亦不得沽宽厚之名，少收斛面。

本年因苏松米色不类，本部查参苏松监兑主事陈宣。奉圣旨：陈宣奉敕监兑，徇情容私，姑照才力不及，降一级调外任。今后漕粮收完之日，着总督仓场官及巡仓御史通查各总，有烂恶搀和等弊，除运官照例追陪问罪外，其监兑并督粮参政有司官查各责任所在，分别参奏。如粗恶不堪，至三万石以上，将总督漕运等官一并参来究治，其余依拟行。

九年覆准，河南粮解折收价银前来小滩买米，多被包揽插和。议将小滩水次晒场开辟广阔，令河南粮户多征本色，解赴该滩晒扬干洁交兑。如路远不便，管粮官押解粮长，或在邻近州县，或在小滩，务买干洁好米，若仍前包揽插和，听监兑官挈问参究。

又覆准，各处监兑官务将所属漕粮米色眼同各该州县掌印官并运官看验明白，必要干细洁净，不许黑秕湿泿，取具有司结状运官领状，备将紧要数目字样用印钤盖，各一样四本。一存监兑委官，一送漕运衙门，一送本部，一送总督衙门，案候收粮查验。如米色烂恶不堪，与领状不同，即系官旗插和，照例重处。若有司纵容势豪，粮长将烂米搪塞，不肯从实结报，听御史监兑官从重参究。如各官不行，参奏本部与总督衙门，查出指名参治。若地方灾伤，其应兑漕粮俱要干洁好米，方许入船，不得借口灾伤，贱买粗恶湿米混行交兑。巡漕御史回至通州行京通粮厅，查有原交米色粗恶，不系运官插和者，将掌印管粮官并行参劾，不得止参运官而遗州县，及量参佐贰而遗正官。

十二年覆准，凡京、通仓完粮违限三个月者，把总以下罚俸半年；五个月者罚俸一年。蓟、昌、密各仓完粮违限者递减一等，止行各该卫所罚俸，免其提问。违至次年二月终者，俱问罪、降二级。若又挂欠数多，把总名下三千石或银一千五百两以上，指挥及千户等官全帮领运者一千石银五百两以上，千户五百石银二百五十两以上，百户镇抚等官二百五十石银一百二十两以上，仍于违限上各递降一级。每一倍加一等，把总、指挥、千户降至总旗，百户降至小旗而止。不及前数者，照常发落。有能当年完补者，通免降及。如愿下年领运至京补完，许复原职。仍以十分为率，能完五分以上者，准复职一级。三年内尽数补完，亦准奏复原职。其一应提问官旗、各省及直隶江南卫所行、各巡按御史、南京并江北卫分行，漕运衙门，就近提问，以便完结。

十四年议得归德卫浅船七十七只，始于成化年间，因徐、泗二卫灾疲缺军，暂拨代运。原非正差，彼时尚有屯外余地少资帮贴。至嘉靖四十二年，清丈地土将前余地悉归有司，运军困苦，势难久累，酌派于山东总下临清、济宁、徐州、徐州左、德州、德州左、平山七卫旧例减存运军内分摊领驾，该卫减去运军名粮，照常支解淮库听备修船，以补各卫出运旗军应扣办料之数，永为遵守，本部覆准行。

十五年覆准，自万历十五年为始，将原派浙东、浙西总下宁波、处州、衢州、杭前、杭右、严州六卫所，原运淮、扬二府兑改正粮四万九千四百七十四石三升，军船一百五十只，俱改回本省照数拨运。其锦衣总下广洋、龙江右、豹韬左三卫原兑浙粮军船，照数改运苏州府吴江、嘉定二县漕粮。淮大、扬州二总下泗州、滁州、兴化三卫所原兑苏粮军船，今改回本处。淮、扬二府各照数领运，其泗州等卫所原运苏州粮米，每石有过江耗米六升，折银三分，听有司征给。锦衣总下广洋等三卫领用其广洋等三卫原兑浙粮，亦有过江银三分，仍令该省照粮征完。随同轻赍解淮补给泗州、滁州、兴化三卫所，修船支用，永为遵守。

十七年覆准，凡有灾伤地方，除抚、按二臣俱全，各照旧报勘外，如抚臣偶缺，按臣即许代报，如按臣偶缺原有别差御史者，抚臣一面具题，一面移文司道，呈详各御史先行督勘。如无别差御史者，抚臣即为代勘。其有灾伤重大，议及漕粮改折者，务在八月之前到京，听部题行漕司遵派，庶可无失九月填单之期，永为遵守。

又覆准，扎行临、德二仓主事将二仓预备米共收足五十万石，余者具数呈部，移咨漕运衙门。将湖广、江浙、远省漕粮照数摘拨徐、淮二仓上纳就便，派拨军船往临、德二仓支运，以足漕粮四百万石之数。其徐、淮二仓亦候积至五十万石以后，轮流出陈，庶免腐浥，永为遵守。

十九年题准，各省直有漕粮府州县如有米色粗恶，逐一委官验看，分别军卫有司罪状。明白的系有司怠玩所致，即将各府州县正官及管粮官务悉数怠玩疏虞之过，从实参奏。贤能有司亦要疏名荐举。至于督粮各道，亦查所属米色美恶及弊端分数，一体举劾。

又题准，重运粮船到淮，总漕衙门委官勘验米色。如有插和官旗，从重惩戒，即将应给行月二粮扣留在帮，以备完纳。仍编号印记分别赏罚。

二十年题准，督粮道并领运把总迟粮迟船俱以阖省通计，粮万石以上，船五十只以上，过限不完不到者，照隆庆四年新例一体参降。不及前数而有司运官违误者，司道把总参呈听漕运衙门参降司道把总姑从宽免。若司道把总既不严催，又不查参隐蔽者，仍照新例参罚。

又题准，各省直督粮道专管粮务，每遇开仓开兑，躬亲稽查水次起运，加意催攒。如粮米拖欠及浥烂不堪者，总计合省至万石以上者，抚、按等官据实题参，抚、按曲弊容隐，部科核究。

二十三年题准，京、通二粮厅并各仓监兑官，以后如遇各卫起欠挂欠，就将本旗严限追并，仍一面责令运官先行设处完纳回南。行令该卫掌印官将各该旗军家产变卖补偿，不许朦胧更运。其有脱逃者，严缉正罪。如掌印官徇情，宽假许讦，告漕司从重参究。

又覆准，京、通各仓监督等官如遇帮船抵湾，即与起运，进仓严督，官攒人等速行晒扬。收受完毕，即出通关赴缴，不许刁蹬留难。仍计投文，以致完纳。如无别故，出一月之外不给通关者，听仓场衙门从重查究。

二十四年题准，各该省直额办漕粮，果有重大灾伤，止许将被灾地亩分数、并应折粮石从实勘报。如不论灾害轻重，徇情改折者，听巡漕御史查实参究。

又题准，各省直额办漕粮，如遇秋灾，议题改折，务在七月具题，以便坐派。如题议后期及临时题改者，俱立案免覆。

二十五年覆准，各仓监督收受粮斛，每石明加尖米四升二合，俱用平斛收受。

二十七年御史李光辉题称，军船由瓜州出闸，涉百四十里长江之险。今查原兑水次，离泰州四十里，亦有小河剥运可通，合改于泰州出兑。倪港河浅隘，务令捞浚，通利于领兑，甚便。

又题，九江虽属直隶而卫治则列在江西界中，频年拨兑宁国、池州、安庆三府属南陵、建德、青阳、铜陵、望江等县粮米，百尔艰难，合将新安卫船只发拨六十二只，派兑宁、池等府。九江卫原兑宁、池等府船只改兑江西，各互换领兑。俱覆，准行。

二十八年，巡漕佴祺题，原定运粮一州一县，止许一卫交兑。兑支不尽，方许兑于别卫。不许将一州一县分作三四卫，亦不许将一卫分作三四州县，及以远派近，以近派远。今不照例，咸称不便，宜循故事从之。

四十一年题覆，漕粮输纳多出于巨室，往往有势豪之家粮不上仓，逼军私兑或插和糠水。旗军吞声而受。或折干随便，有司置若不闻，官旗势难与兢，遂中途凿船漂没，累及合帮。虽作弊在旗军，而本源由势家。如有势豪大户仍蹈前弊者，许各掌印管粮等官据实申呈。轻则径自拏问，重则题参以凭，从重究处，依例议遣。

轻赍脚耗

国初民运无脚耗等项，至宣德间，令民粮兑与军运。成化间，将徐、淮、临、德四仓支运亦改兑军，皆给路费，始各有耗米。兑运米俱一平一尖收受，故有尖米、耗尖米。除随船给运外，余折银谓之轻赍，备运军盘剥费用。改兑无尖米，以耗米二升折银，谓之折易轻赍。费不足，则于兑运轻赍内挖贴。后通惠河成，省脚价，始立减扣法。扣留者，以备修理通惠河闸。量减者宽民力。

兑运，加耗米一百七十五万一千一百九十五石九升八合。

两尖米，三十一万二千二百二十六石五斗三升。

轻赍银，四十四万五千二百五十七两零。

过湖米，九江府每石征米七升，饶州、广信、建昌、铅山、抚州五所兑本省粮者，每石亦征四升，折银一分二厘，给军作过湖脚耗及什物等用。

改兑，加耗米二十万四千九百三十七石五斗，浙江、江西每石俱加耗米四斗二升，应天、苏州、松江、镇江、广德每石俱三斗二升，凤阳、淮安、扬州每石俱二斗七升。

以上各加耗内，各折米二升，易银一分，名折易轻赍，余俱本色。

徐州每石二斗二升，山东、河南每石一斗七升，俱本色，无折银。

凡改兑，俱无尖米盘剥之费，折易轻赍如不敷，于本总属下各卫所兑运轻赍银内挖贴应用。

成化十三年题准，每兑运一石，该原兑耗米二斗五升；改兑一石，该原兑耗米一斗七升。随正数进仓，以备晒扬。其上仓鼠耗，每石兑运七升，改兑四升。遮洋船六升，支运一尖一平。若官军人等将原兑好米沿途粜卖，却粜陈米腐湿碎及搀和沙土、糠秕、粗谷等项抵数者，收粮官呈总督衙门，将旗军先送刑部指挥等官参奏，送问该部，查照侵盗事例问拟，仍换好米上纳。

河南米在小滩交兑，除一六轻赍外，每石该水剥耗米三升，折银一分五厘，随粮给军，以资卫河盘剥。山东东昌府属观城、朝城、莘县、冠县在小滩交兑者，亦再加耗米三升，折银给军与河南同。

正德十年并嘉靖十等年题准，兑运粮米，江西、湖广、浙江每正粮一石，外加耗米六斗六升，又加两尖米一斗，共米七斗六升，内除四斗随船作耗，余米三斗六升，折银一钱八分，谓之三六轻赍。江南直隶并江北庐州等府每正粮一石，外加耗米五斗六升，又加两尖米一斗，共米六斗六升，内除四斗随船作耗，余米二斗六升，折银一钱三分，谓之二六轻赍。江北直隶府州县每正粮一石，外加耗米四斗六升，又加两尖米一斗，共米五斗六升，内除三斗随船作耗，余米二斗六升，折银一钱三分，亦谓之二六轻赍。山东、河南两省府州县每正粮一石，外加耗米三斗一升，又加两尖米一斗，共米四斗一升，内除二斗五升随船作耗，余米一斗六升，折银八分，谓之一六轻赍。嘉靖七年，通惠河成，议减脚价，除一六轻赍数少照旧外，系二六者，减征米二升，止征二斗四升,折银一钱二分,改为二四轻赍。系三六者,减征米二升,止征三斗四升,折银一钱七分,改为三四轻赍。其减征米二升后,因有司征解如故,本部题准,折银一分,仍旧征收,解淮尽数给发运官领解,同扣省八项等银,一并送纳太仓银库济边。

改兑粮米,浙江、江西每石俱加耗米四斗二升,将四斗作耗,二升折银,一分给军。应天、苏松、镇江、广德每石俱三斗二升,将三斗作耗,二升折银,一分给军。凤阳、淮安、扬州每石俱二斗七升,将二斗五升作耗,二升折银,一分给军。徐州每石二斗二升,山东、河南俱一斗七升,俱本色。以上尖米轻赍,俱无完粮。于本总各卫所兑运轻赍银内,挖贴应用。其山东、河南运赴天津仓,亦照京通改兑例,加纳耗米四升。

嘉靖十年题准,京通仓歇家包囤,每石给银八厘五毫;小脚抗粮倒囤,[每石]四厘;雇人抱筹抬斛打卷,[每石]银七毫;晒夫饭米,每船银一两一钱;买垫囤苇把,每船银二钱;掀扫笆斗银,每船三钱。轮年本折其本色给银买纳,折色扣银以备铺垫支用。京通仓运官交粮纸札,每处银二两;房水银,指挥三两,千百户各二两;旗甲,每船京仓一两二钱,通仓一两。

又题准,扣省八项京粮,车户每石扣银在三六二分、二六一分,经纪每石扣银五厘,京通仓歇家包囤每石扣银一厘五毫,晒夫饭米每石扣银一厘,小脚抗粮倒囤每石扣银一厘,雇人抱筹抬斛打卷每石扣银三毫,买苇把垫囤每船扣银一钱,买补折罚席每船扣银二钱。

又题准,呈验轻赍之后,先将例该使用银两,各运官查算应用数目,送京、通二仓坐粮处收贮,置立印信文簿。遇有支领,在运官者运官领用,在仓中者歇脚领用,俱照定例。各项数目,不许仍前冒滥,虚费官银。其应扣银两,俱解入太仓银库。运官、旗甲照依今定则例支使,造将通缴查考。

十一等年题准，轻赍银两，每年类解漕司，分为三七。三分给本帮运官，以备沿途支费，如遇盘剥，俱要呈明。督押参政或管理河闸仓钞部属及兵备等官查无他弊，批与印信执照，方许动支。余银呈验通州坐粮郎中查算支扣。若无前项执照，即系虚冒，不准支销，以侵欺问罪。其七分银两，选定廉干解官秤验明白，各令入鞘，类至十万上下，装入标船。拨鸠兵三十名，星夜越帮前进，送通仓坐粮郎中，秤过寄库。候该帮船到，验给运官完粮。其山东、河南轻赍原不过淮，责成临清兵备，呈请抚按差官起解。

三十八年题准，通州郎中督理粮完，将扣省脚价解送太仓银库。除修理通惠河量动外，余接济边费。其支剩羡余，一分解准，二分给军。每年终造册奏缴，青册送部查考，三年满日，回部考核复职。

隆庆二年题准，二分羡余，运官新旧粮银完纳无欠，查将本总本帮下余银内，把总给银二十两，指挥十两，千户六两，百户四两，其余尽数给军。

三年题准，京通仓筹架每石银五厘，每厫一万二千石，见在副使每员银二两，攒典每名一两五钱，小甲每名一两三钱，军斗每名五钱。事故扣除，米不足额，各照数递减，俱解银库，充作小修仓厫工食。

密云漕粮赴隆庆等仓交纳，自通州水运至牛栏山，每石水脚银四分二厘五毫；自牛栏山至隆庆仓，每石银四分。

江北三总、南京、浙江、下江等总军船径赴水次领兑，每石应征脚米六升，折银给军为修舱什物之用。江宁、上元、江浦、六合、句容五县，脚米六升。万历元年题议，军船径赴水次领兑，有司免雇民船，通给运官，公同有司买办修船、物料等费。镇江卫、庐州卫兑本府粮各一分五毫，随粮给军，以资卫河盘剥。

万历元年题准，瓜、仪建闸通舟，浙东、浙西、下江三总军船俱免盘坝，每船扣省车盘银二两二钱，内漕司扣留五钱作洪夫工食，其余一两七钱解部济边。

二年题准,旧规河西务南北阻浅,起剥脚价,每粮一百石,桃花浅至湾二两二钱,杨村至湾一两九钱,蔡村至湾一两六钱,蒙材至湾一两五钱二分五厘,河西务至湾一两三钱,王家摆渡至湾一两。除轻赍一六数少不加外,其二四、三四每两加银二钱,每钱加银二分。里二泗至坝六钱五分,哑叭庄至坝五钱五分,郝家务至坝四钱五分,中心楼至坝二钱五分,俱照旧不加,若运船直达石土二坝,免剥。

四年题准,各处轻赍,有司官每年先期征完,随粮解赴漕司。迟违误事,照依漕粮违限事例,分别降罚。

七年题准,京、通二坐粮厅支给轻赍银两,总督衙门给印信、查收查给文簿各一扇,逐项登注,粮完缴查。

又题准,以后每年支剩轻赍等银,照例尽数解太仓银库,取库收呈,验其一应盘剥、完粮扣省等银。应扣应给,候运完之日,京、通二粮厅各将原领查收查给文簿,呈送总督衙门比对,必与例相合方准注销。仍查照旧规,年终造册,通呈本部稽查销算。其羡余二分,给军一分。修船银两,通粮厅每年运完,具呈本部。照例选差,部属官解淮给散。

又题准,每年将轻赍银凑留一万两贮通库,备各役借支。置袋、舱船等费,即于当年脚价内扣完,仍贮库。

又议覆,完粮轻赍,沿途盘剥,止给二分,以八分解贮通库,听候完粮。给军羡余,通候到湾,起粮无欠,先将一分,唱名给散,以资回南。如军已先回,扣贮通库,候次年查明,果系本军,呈详本部及总督衙门,方许查给。敢有冒领,以侵欺问拟。其所带砖瓶合用盘剥并上京车脚,照旧查给。奉圣旨:近来漕河无虞,起剥诸费虽觉稍省,然不可遽以为常。且运军罢困,亦当宽恤。这轻赍银两还照议单分为三七,以三分给本帮,备沿途挖贴等费。其羡余,先给回南旗军一分,余候完掣通关之日，查无挂欠，亦便与运官领回分给，不必扣贮其余。依拟，钦此。

又题准，通惠河经纪脚价，自石坝至大通桥，每粮一石银一分八厘；六闸水脚，自石坝至桥，每石共银九厘。

又题准，包揽起剥、揸勒加增脚价者，听巡仓御史及通州坐粮郎中访拏究治。

八年覆准，通粮郎中将各运轻赍银两，每总置一天匣交纳，止验成色，分两封钉入匣，应给完粮，眼同开匣，给与原银。应扣解者照数扣解，应给赏者照数分给。

又覆准，运官应给盘缠，除新旧粮完，不犯赃私参论及迟违等项全给外，其余但经以赃私不法参论者，盘缠尽行停给。完粮违限三月以上、而过淮先期、依期，与完粮不违期限、而过淮后期，及淮北领兑例不过淮、而完粮违限三月以上者，止给一半。过淮后期、完粮违限三月以上者，给与三分之一。完粮违限五月以上者，不论过淮先期，运官盘缠尽行停给。运军应得羡余，姑准给与。停扣银两，俱类解太仓内。过淮入仓违限者，仍照例分别罚俸，不得因已经领赏议减。

又覆准，锦衣、旗手、上江、下江四总照嘉靖二十六等年事例，于领兑江浙三四耗米，轻赍银两，每石量加一分，以为过坝旱脚、并帮修什物之用。每年漕司查明造册，送部查考。

九年题准，于奠靖仓内改拨边粮二万石，今实拨奠靖仓一十三万石。自通州水运至沙子营，每石经纪银三分七厘五毫；自沙子营陆运至奠靖仓，每石给车户银四分。水盛自沙子营径达安济桥，每石经纪银二分二厘五毫；自安济桥短盘进仓，每石给车户银六厘。十四年呈允加增二厘，扣省银九厘五毫，解送太仓。

昌平旧额粮自通州水运至牛栏山，每石银四分二厘五毫；自牛栏山陆运至黄花仓，每石脚价银一钱二分五厘；至渤海仓，每石脚价银八分；至广济仓，每石脚价银三分八厘；自通州水运至沙子营，每石三分七厘五毫；自沙子营陆运至居庸仓，每石脚价银五分；至延庆仓，每石脚价银九分；至白羊仓，每石脚价银九分。以上陆运脚价俱系本镇饷银内给发。

十二年覆准，京粮车户脚价自大通桥至东仓，每石银一分六厘，西仓每石银二分三厘。通粮车户自土坝至西仓西门、南仓北门银一分三厘，西仓南北二门、南仓东门银一分二厘，中仓三门银一分。

又题准，凡卫所官完粮后，备造支销数目呈报稽考。若有造报不明及侵欺等弊，查照律例，从重问拟。把总失于觉察，参问治罪。

十三年题覆准，给军羡余，浙东、浙西、湖广、江西四总，每船增银一两，给银四两。江南上江、下江、锦衣、旗手，江北淮大、扬州并中都七总，每船增银五钱，给银二两。山东、遮洋二总，每船照旧给银一两。

又覆准，通仓车户、歇家、小脚，京通粮车、船户、水脚、闸运、抗夫、经纪，原住通州及相去伊迩者，应得脚价，俱令各役赴通库亲领。其京仓、边镇、河西务等处，并运官房水、纸札、砖瓶、垫囤等银，仍令运官照旧赴库支领，随粮解给，永为遵守。

十五年覆准，粮船至河西务上下，照旧行河西务钞关主事、通粮厅郎中，遇浅阻即便测度水势拨剥，不必拘泥扣省旧例。

又覆准，河西务等处剥船剥价，除山东、河南、江北一六轻赍数少不加外，其江浙、湖广、南京二四、三四轻赍照依万历二年题准事例，每两加银二钱，每钱加银二分。如桃花浅至湾每百石原议二两二钱，今给二两六钱四分，余照地里远近加给。以上脚价俱算至张家湾止。自湾抵坝止给银五钱五分，不得与外河船户。自里二泗起剥者，同六钱五分之例，缘里二泗至湾脚价已在前数之内，不得重给，故减银一钱。

又覆准,粮船浅阻在卫河者,呈请督押参政,或沿途管理仓钞部属,及兵备等官查勘真实,取有印信执照,准于随帮三分轻赍银内动支起剥。其天津以北自桃花浅至王家摆渡等处,俱呈请钞关主事,自里二泗至两坝俱呈请通粮郎中。若卫河一带查无执照,白河一带不行呈请,俱不准支销。每船存米多者百余石,少者数十石,务令与剥船一齐抵坝。如有仍前逗遛不进仓,漕御史会同坐粮郎中即便从重究治。

又题准,临清等二十九卫所自万历十六年新运为始,行临清兵备道,每年准于山东、河南二省轻赍银内照蓟州事例,先挖一分付运官随帮备剥。其通州、盐城二所准于遮洋总下高邮卫银内借给,候于二所挖贴银内补还。至于南北挖贴脚价,每年仍附轻赍标解,永为遵守。

十六年题准,河西务剥船,除抵船价银照旧三七扣还外,通候十年限满总计。节扣不足,准于轻赍银内动支凑补,不必复于各役名下追陪,仍札通粮郎中自本年新运为始。河西务剥船抵坝,每百石照例给抗粮落崖银三钱五分。

二十年覆准,河西务船户苦累,每船每年于解准扣省银内给修舱银二两,免其追偿。其南粮每两加增银二钱,仍扣在官。

二十一年,该巡仓御史张应扬条议,轻赍银两三七分解,原备运船沿途盘剥支费,因运官毫芒未动,反有守候陪累之苦。议令标船一总解送。至万历二十二年,又该通粮郎中于仕廉条议,每米一石,给银一分,付运官亲赍以备沿途缓急,呈请支用,余剩查明,交还通库,类解太仓。

二十二年题准,解准一分,羡余银两,差官往返不便,每年将银数咨行总漕衙门,于次年轻赍银内照数扣除,前差停止。

又覆准,通仓粮米俱用剥船,由城河运至各门起运,进仓交纳。

二十五年覆准,居庸、延庆、白羊三仓漕粮,俱水运至汤山,方许

陆运进仓。

仓厫板席

嘉靖十年题准，蓟州、天津、昌平、密云四仓芦席，与京、通仓例同。

十一年题准，山东等总应纳斜席，浙江等总应纳方席，俱照题准式样，斜席长六尺四寸，阔三尺六寸；方席长阔俱四尺八寸，务合式方许兑交。如有司折纳官旗、克减价银，及所在权豪强逼收买，将不堪席运纳，悉听漕运衙门查验参究。

又题准，京、通二仓坐粮郎中各照式成造木格官旗，呈席比量登样方许收受，如不合式，将人席呈送总督究治。

十二年题准，席木则例每席一领，折银一分。每兑运米二千石，该纳楞木一根，松板九片，俱本色。每改兑米二石，该席一领，本色五分，随粮进仓交纳。折色五分，交纳太仓银库，以备修仓支用。俱随粮收受，出给通关。

万历元年题准，铺厫一座，全用新板，给工食银三两；新旧兼用，给银二两。于筹架银内支给。

三年题准，京、通坐粮郎中每年将应该大修厫座，开送工部修仓主事先期查估，旧料不堪，即行更换，场料不堪，即行另买。务要木植壮大，筑基坚厚，照依样厫规制鼎新建造，不许因陋就简，以图速完。仍听提督官不时阅视稽考。如有别弊，公同巡仓御史查参究治。

七年覆准，总督仓场衙门题议，随粮板木，全解本色。席片照昌平例，三分本色，七分折色。其席折银另项收贮，不必混入轻赍银内，以便查算。

京仓席板楞木随船带至大通桥，席令车户带运，以备阴雨。

八年覆准，随粮板木令各运官就于水次收买。合式松板，每片长六尺五分，阔一尺三寸五分，厚五寸五分。楞木每根长一丈四尺九寸，围二尺五分，呈监兑官验。果如式，印钤发运。先将验烙过板木尺寸厚薄造册二本钉封，预送本部并总督衙门发仓。查果相同，方准收纳。

九年，该总督仓场侍郎刘思问题称，厂座楞木日久朽烂，议用砖铺。本部覆奉，钦依。在工部大修就于额设银内，在本部小修即于筹架银内，各动支。续议每砖一个，价银一分六厘，窑户领银烧造。

京、通二仓估修厂座，每年酌量粮数多寡不等，动支太仓筹架银两，修完造册报部。

十年，漕运尚书凌云翼题称，各卫所运船随粮板木，自来有司折价兑与运官，随宜收买，不为负累。近奉例定以式样，买办艰难，官旗陪累，要令有司预买，听监兑验烙，交与官旗带运本部。议覆，若令有司自买，又恐苦累小民，仍令运官照旧买纳，至大通桥推运进仓。每木一根，板一片，各折米一石，通仓郎中于轻赍银内，各给脚价银一分六厘。

十二年，漕运都御史李世达题称，各处板木贵贱不同，如江西、湖广系出产之地，上江系聚集之区，原议楞木一根，价银四钱，松板一片，价银二钱五分，俱足买办，相应照旧。其浙直南京卫所运浙直司府粮米者非产木处所，其价甚高。要将木价四钱，再令有司加银一钱，共银五钱。板价二钱五分，加银一钱五分，共银四钱。本部覆准，依议加增，仍令运官自买，永为遵守。

十五年，工部咨称，旧规每年大修厂，京仓三十六座，闰月加三座；通仓十五座，遇闰[月]不加。近因陵工浩大，要量行减修。本部复议，京仓实在厂共一千四百五十四座，大约四十年方得周遍，难以议减，仍照旧修建。

二十二年覆准,各省折席并改兑耗米折银俱并入摽船,总解不得,复给运官。

四十年,总漕陈荐题称,各省直轻赍银除山东、河南不过淮,及扣收淮库支用外,余银三十四万八千余两解交淮库。类解通仓不便,应令各省直类齐给各把总领解通仓,而通厅照额扣一分,径给把总带回,交入淮库,以备各卫修船。在淮可绝挪借,在通仓可省文移。从之。

漕运船只

正德十四年题准,运船料价以十分为率,军办三分,民办七分。

嘉靖三年题准,轻赍羡余银,差官解淮安府,听漕司将漂流船只次第补造。查有缺船卫所,先将本卫补足,方通融于本总,定日给领。

十四年题准,将上运船只原定行粮三十三石,其有损坏,就将行粮存省,各船旗军俱令在卫,查照漕规办料,俱解赴漕运衙门,听作小修工费。

二十四年题准,军三民七料价,军卫有司依期征扣。八月以里,给发买料兴工,若船料不完,该厂官即呈布政司,一面将库贮堪动银两照数支给,一面严行欠料军卫府县追补。若延至九月终不完者,罚俸半年,十月终不完者罚俸一年。应造船只限十月终驾赴水次候兑。如十月以里造船不完,底船不到厂者,管厂并押底船,各委官罚俸半年。十一月终不完、不到,各罚俸一年。十二月终不完、不到,各降二级。

三十八年题准,清江造船主事每季备造文册,要见每处各原额银若干,已未解若干,该年见造船只并修补用过物料,该银若干,及先年官商借用若干,追过若干,每季终呈报工部并漕运衙门查考。

三十九年题准，各总原额浅船一万二千一百余只，分隶各厂管造。完日将委官、匠作人等姓名，打造年月，刻凿船尾。漕运衙门验明印烙，给军领驾。湖广等厂随帮过淮，一体查验印烙。或有板薄钉稀，造不如式，侵费料价，底板船不能完者，坐赃，从重问拟，干碍提调官一体参究。

四十年题准，南北直隶浙江、江西、湖广、山东各司府卫所掌印官，每年于放粮之期，务将减存运军应扣料价按月扣贮，限七月以里即差该卫所当年催料运官逐项封记，解赴漕司验发，漕库收贮，听漕司给付造船旗军支领。按季填报，循环稽考。

隆庆元年六年题准，上江总属建阳等四卫浅船俱在安庆厂打造，听新设副使提调。九江卫浅船仍在本处打造，听九江道提调。下江总属镇江等六卫所浅船俱仍旧苏州厂打造，听粮储参政提调。各选委廉明府佐管理，年终更换，原设把总、千百户等官尽行革去。

隆庆元年题准，各造船厂责成粮储道会同工部抽分主事，照例隔年督催料银，办料兴工。如稽迟冒破，一切奸弊悉听本官参究挐问。

五年题准，江西、浙江、湖广、江南各巡抚每年八月分委官赴淮接催空船。

又题准，漕务参政督押重运到湾，起粮完日，严令各把总先将本总空船押过天津，然后入京完粮，候空船尽南，参政就便回任。

六年题准，各卫所应造浅船工料俱完，止因底板不到，停待未造者，查将漕库见贮军料银内每分借给二两，提取旗军，发厂成造。所借银两即扣本军随船月粮，限以二年补足。

万历三年题准，遮洋海船每年专派德州上下外河领兑，回空船只寄泊临清故厂。年久损坏，该道兵备官计料修理，查照原限十五年一次改造。若官旗故意迟延，有妨河运，听漕司径以军法处治，把总运官参提问革。

五年题准,各运粮完,选委运官管押空船,定与期限令赴该省粮储道投验,迟违一月者照依故违钦限事例拟罪,一月以上者罪外罚俸三个月。管押船除漂毁等项,验有沿途印信执照外,审有通同盗卖等弊,照问刑条例追赃重拟。通粮厅将押空官员姓名呈部先咨各该巡抚查考。

六年题准,各卫浅船什物凡初造之年,总给银二十三两六钱五分,照数买办。以后九年陆续给银二十两九钱七分凑买。俟十年改造,将原置物件分别计算,准银九两六钱,贴送该厂找给银一十四两五分,从新置办,仍刻记物件银两数目。若旗军损失,责令赔补,盗卖依律问拟。

七年题准,漕司及各该巡抚等官备查各总下漕船若干,原缺若干,补造若干,见少若干,严督各粮储道催行该厂补造足额。一应公费将见在军民料价及追完节年拖欠银两应用,不许仍前雇觅民船及将损坏者凑数派搭本帮,以致船重难行。每年终备将各总船只数目造册送部,转咨总督衙门收候,粮船至日造册查对,如不足额及有雇觅民船者,将该厂督工官并粮储等官照例参奏。

八年覆准,锦衣、旗手、上江、下江四总浅船军料旗造一百三十一只,照旧支江、浙三四轻赍银四千六百六两七钱;厂造七十六只,照旧支南京户、兵二部盐引、柴薪银二千七百四十八两,每年漕司造册送查。

九年覆准,各总减存浅船见运官开单,交付掌印、委官、督军看守,彼此取结。每年新运过淮册报漕司。如有损失,委官缺十只者,照例降一级;掌印官缺至十只以上者问罪、降一级。每十只加一等,降至三级而止。船军照例问罪追陪。

又覆准,浙江漕船改用坚厚楠木,可用十年。每只除旧价八十四两五钱,底船作银二十四两止外,加银一十八两五钱,共银一百二十七两，如法成造，刻记官匠姓名。必限十年方许另造，合用料价查照彼中事例派征。

又覆准，山东、河南岁有额定折色一十四万石，将应兑前米山东总属浅船每年减造三十二只，所省料价底船改与江北等总作补造正额，湖广每年额折粮三万七千余石，浅船如例减造。

十五年题准，每年回空粮船漕储道，查照各船卸粮先后，挨次编定号数，明注单上，使所过官司按号稽查。如后船已过，前船不到，即沿河挨拏，私货入官，押空官照例参降。

十九年覆准，浙省运船改限九年一造。

二十一年题准，押空官务要随船尾押候船只到厂报修，方许赴督粮道投单。总押官缺船五只以上降一级，十只以上降二级。分押官各照所押船只，如至五只十只以上者，一体参降。把总官缺船至二十只以上者，罚俸五个月。若赴水次违限至四十只以上，及延至正月终，船只不齐者，降一级。

二十三年题准，江北永改折色漕粮四万三千二百七十石三斗一升，原派中都、淮大二总各卫每年额造运船一十三只四分，俱免打造。以后如有永折，悉照今例，一体减造。

又题准，遮洋海船照依山东总下浅船规式改造，每船减去运军三名，止用见军十名，领兑二名，行月粮银给领帮官，水次短顾水手驾运，日后万一海运，不妨再议。

二十七年御史李光辉题称，南京各卫所漕船自改隶南京工部分司，诸色烦费，不下三四十金。宜尽送淮安清江分司照旧如式成造，其不应造者停泊仪真。新运单到，运官即责各旗在彼修船赴兑，庶船只得以早完，旗军不至陪累。该郎中王在晋复议，呈堂题准，自二十八年为始，尽送清江厂如式成造。

三十六年题覆，漕船急需在木料，而楠木产于川蜀，来自商贩远涉波涛,而能如期赴厂者惟关津之无阻耳。近年税使四出,自川湖以至南京,在在榷征则在在停留。兼之爪牙市侩横肆科索,耽延逾时,故商木动经二三年不得抵淮,有由然也。窃惟漕木之税算国课不当锱铢之入,而误及漕事,于国计实受什伯之害。权度轻重,何容计小利而忘大害也。相应如议,除荆州、芜湖、南京三处并九江渡排船料原系额课不得议蠲外,其余各处新增税课,乞概赐蠲豁。漕木到时,但验有批文,即日放行。仍严论牙侩,不得掯索稽留。庶商困可纾,而漕木辏集矣。

四十年题准,回空船只令霸州等八道督率、将领等官尽地攒行,总兵漕储道督催尾押,备闻出境入境船只报新差御史,违误者参处提究。

剥船

三年题准,查得旧卷,成化丙申平江伯疏浚里河之后,漕舟直达大通桥。后因权豪欲专起剥之利,寻废抵桥。嘉靖初年,俱至通州二坝,无起剥脚价之费。后因三四月间水浅,权宜置外河剥船一百五十只。及五六月水涨,仍至通州。嘉靖戊子设工部郎中一员,浅夫六百名,专剥浚河以求必达二坝。隆庆四年,该总督侍郎陈绍儒等题,要照旧例令浅剥二船俱抵二坝,本部覆奉,钦依通行,钦遵讫续。该侍郎万恭题称,粮船到湾仍于李二泗起剥赴仓,免其顶坝挤塞。本部查议,粮船挤塞不在抵坝,而在大通桥之阻滞,桥运若速,自可流行。以后浅剥二船照嘉靖初年,俱抵二坝,著为例。

七年题准,剥船十年一造,通惠河自新坝至庆丰五闸,每闸船六十六只,共船三百三十。每只价银五十五两,新增箬蓬八扇,借支淮库银打造,抵价就于各役脚价内陆续扣还。河西务船八百只,每只价银三十五两。外河剥船二百只,每只价银五十三两一钱零。二项俱动支淮、扬二钞关税银打造,低价俱于各役脚价内陆续扣还。河西务船属钞关,外河船属通粮厅。如遇粮船浅阻,即与随地起剥。如水势稍可通行,粮船直抵二坝,不许剥遇浅,就令撑夫抗负,抵坝落崖。每百石于轻赍银内给脚价银三钱五分。通仓郎中不时看验水势浅深,不得执为定例。

密云原船四百只,万历十二年议减一百只,该船三百只。每只价银三十五两,动支密云镇造船银,于通州草厂打造,抵价银六年扣还。万历十五年议定,自十九年起至二十三年止,每年造船六十只,借银二千一百两,其银当年借给,次年扣还,以后逐年仿此更造。

昌平船二百八十八只,万历十二年议减三十二只,该船二百五十六只。每只价银三十五两,动支通州草厂子粒银,于草厂打造,抵价六年扣还。十六年定议,一照密镇例行。

十五年覆准,将石坝外河船户量增七名,并旧役十三名共二十人,将该坝见在剥船一百四十只,分为二十号令,每名分领七只,听候剥运通粮郎中精选,沿河殷实居民充役,巡仓御史照例给票,永为遵守。以后不许加增,以滋冒滥。

十八年题准,密镇原减准造剥船一百只,仍行漕运衙门,委官打造。抵价银两,听通粮厅郎中于各经纪脚银内,逐年扣解淮库。

四十一年覆准,漕船起剥,每至雇觅民船,应行通粮厅及河西务钞关,督率各该有司将船户逐名查审,补其缺额,修其破坏。至于石土二坝额设剥船二百只,又续添帮船七十只,仍应酌量添造,以免雇觅。及闸河见在排造船只,严查板木务要坚厚,勒限催督完造。

漂流挂欠

天顺八等年题准,旗军漂流船粮在大江漂流者为大患,河道漂流者为小患,许即时赴所在督押司道陈告,当日委官亲勘船粮有无俱尽漂没,或漂失粮米而船只尚存,或虽损失而捞救干湿米若干,逐一查勘的实,出给执照,仍申呈漕运攒运,密切访勘的实,会同具奏,听本部议覆处补。

弘治二年题准,漂流奏到之日,先将运到粮米照例上纳京仓者,减除通仓上纳。如漂流十石,减除一百石,每石省下脚米一斗,以补漂流之数。除正粮照例加耗,所省脚米,止刮铁两平收受。若通仓缺厥仍赴京仓上纳,如漂流一百二十石,免晒一千石,亦两平收受。每□□下晒折米五升、并耗米七升、共一斗二升,以补漂流之数。前项免晒及通仓所收省下脚米俱不挨陈先放,若减除免晒,处补不敷,将该帮官旗应给羡余银两扣除。该帮不足,将该卫该总扣除,务要补足原数。每石给银七钱,责令买米上纳,不许妄诿米色,不类希图折价,有亏额数。

嘉靖三十九年题准,羡余银两应该处补漂流者扣寄通库,务要当年补完。若拖延至次年者,即查解太仓银库。自查解后,虽有应补漂欠,俱不准处给。

四十四年题准,小患漂流止以二百石为率,该总勘结呈报,准行处补。若出二百石外,仍照大患漂流事例,具奏勘明,方与准处。

又题准,船粮到湾,查无起欠漂欠,即将羡余银两先给一分以便回南。其余验明贮库,候完掣通关照前给领。如有起欠挂欠,悉行贮库,不得一概混给。

隆庆二年题准,轻赍银两验后,总计某总下某卫某帮,大患漂流若干,免晒减除等项,补过若干。小患漂流若干,本船脚费等项应补若干。其各不敷,小患先尽本帮,次及本卫。大患先尽本帮本卫,次及本总。如数足于本帮,同卫别帮者照常给军。数足于本卫,同总别卫者照常给军。如遇非常大患,扣及概总,均派各卫所,数足亦照常给军。

三年题准,每年各抚按官及漕运衙门,遇有户部题参,运官漂流挂欠,粮银文移至日,责成粮储道严督见运把总、官旗,设法处补完足,与新运前来上纳。如故违不行,设法追处粮储把总等官,听户部及各抚按漕司参究。

四年题准,挂欠漕粮除奏到漂流外,运官千石以上,旗甲百石以上,即参送法司监追,移文漕司,另行会补。不及数者,严限比并,完有次第,押发漕司追处。其逃回者,运官四百石以上,旗甲五十石以上,俱属情罪深重,提解来京,送法司查照侵欺并弃撒船粮事例,问拟、监追。

六年题准,把总等官,原运粮二万石漂去一千石以上,或两千石漂去一百石以上,降一级。如原运粮一万石漂去一千石以上,或一千石漂去一百石以上,降二级。俱在祖职上实降,不得复职。若能自补完,不费别军处补者,免罪。

又题准,完粮运官,本卫虽有旧欠,不系经手,准给通关。若能代补旧欠,一千石以上,一体旌赏。新运官带解完补旧欠粮银,巡抚坐名报部。其不即完纳及挂欠者,除照例追问外,仍质留新运通关。

万历元年题准,凡遇奏到漂流粮船,照例减除免晒,处补不敷,方许动支。给军羡余,仍候本部转行。巡按御史严加查勘,若有假捏情弊,即行原籍,变产追完前银,照侵欺事例拟罪。若未经奏到,虽有印信执照,不许混支。其临仓挂欠明系侵欺,与漂欠不同,不得妄援前例。一帮内原无漂流挂欠者,即将应给羡余,照例唱名给散。若漂流数少，扣补完足，尽其所剩给军。后到冻阻者，纵无挂欠，不准支给。

三年题准，各总下积欠粮银运官，漕司抚按转行各粮储道，查果故绝，无从追并者，准与奏豁。如有子孙已经袭替，照例责限三年完报。若过限全不完者，仍从降例，终身不准复职，子孙亦止于降级上承袭。原欠粮银免追。其见在各官，已经问降者，立限严追，未经提问者，查照原参提问追并。年终完不及数，粮储等官从实参究。若不行查参，听本部该科纠举。

又题准，各把总官务将新运粮银年完。一年任内如分毫颗粒挂欠，纵遇升迁，不许离任。敢有朦胧赴任者，革任监追。远年旧欠悉免查比。其原给未完文簿，遵照旧例填注，完欠赴部倒换稽查。中间有能完及分数者，移咨漕司，照例奖赏。

又题准，官旗纳剩余米除旧欠扣留外，其余悉令照出。如官攒、甲斗人等留难诓骗，及棍徒揽买揓价者，听各监督官员查究。

五年题准，河西务官剥船起剥，漕粮遇有漂失，责令船户照数均陪。如系民船，将本船应得脚价，尽数追给旗军买补。若果人船漂没，无迹勘实，呈部覆勘，方准动支该帮羡余买补。

运船小有损失，打捞湿米，运官即分派各船食用，抵换原带食米上仓。

六年题准，如遇漂流在扬子江者，先赴催攒把总处具告。一面赴督押司道官处，告委有司。相去一百里者，限二日；一百里外者，限四日。勘实、呈漕司，即与具奏除豁。如有违限、扶捏等弊，即将勘官参问，官旗分别捏报漂欠虚数多寡，问拟重罪。其河道漂流者，责令本帮补纳。不敷，量动概帮润米摊补，不得一概奏豁。

十二年覆准，凡漕运官军，敢有水次折干、及中途枭卖，以致抵坝起欠、临仓挂欠者，即系侵欺。除正犯查照律例问拟外，其余官旗仍各总计名下欠数。总小旗欠一百石，问发嘹哨。百户镇抚欠二百五十石,千户欠五百石,指挥及千户等官、全帮领运者欠一千石,把总官欠三千石,俱问降一级,发原卫所带俸差操。有能临期设法买补完足,止坐折干粜卖正犯,各官旗免罪。其虽不系侵盗,(俱)[但]①有亏折,俱照前例拟断。若总欠数多,及粗恶不堪,至三万石以上,总督总兵等官,另行奏请定夺。

漕运粮米漂流万石以上,漕运都御史、总兵官听科道官纠劾该部,具奏定夺。三千石以上提问把总官,不及数者止提问本管官旗。各巡抚亦有漕运之责。系本境漂失数多者,照漕司事例一体参究。出境不必概及。

漕运把总、指挥、千户、百户等官,如有漂流数多,把总三千石,指挥及千户等官、全帮领运者一千石,千户五百石,百户镇抚二百五十石,俱问罪,于见在职级上降一级。有能自备银两、不费别军羡余、当年处补完足者,免其问降。若愿随下年粮运补完,及三年内尽数补完者,亦准复原职。

六年又题准,漕运官军如有水次折干、沿途粜卖、自度粮米短少故将船放失漂流,及虽系漂流,损失不多,乘机侵匿捏作全数,贿嘱有司官吏,扶同奏勘者,前后帮船及地方居民,有能觉察告首督运官司,查实给赏轻赍银十两。官军不分赃数多少,俱照例发边卫,永远充军。有司官吏从重问拟,仍行原卫所,将失事之人家产变卖抵偿,不得轻扣别军月粮,以长奸恶。前后帮船知而不举,一体连坐。仍将正犯所欠钱粮,责令帮陪十分之三。

运官补纳漂流挂欠,监督官俱要验系干洁新米,方许收受。若有陈米,即根究卖米之家,擎至总督衙门,将本犯就于本仓门首枷号一个月。满日参送法司,从重问罪。运官责令易买新米交纳,另行查参

---

① 据[明]李东阳《大明会典》卷之一百六十四"律例五·户律二"校。

重治。

十三年，暴雨漂损粮船，该户科都给事中田畴题本部复议，除石土二坝原旧号房外，再于石坝量买民地，增建号房二十七间，土坝十五间。浅剥船抵坝，随即搬入号房，不许停压船中过夜，以致骤雨漂没之虞。

十四年，留守左等卫于瓜州大江漂失正粮七千余石。本部覆准，借淮库旱脚银两，速令买米，赶帮前进完纳。所借官银，将各官军应得俸月粮银，多者限三年，少者限一年，扣还淮库。

十五年，石坝一带，漂流船三十二只，实失正米八千一百七十二石零。本部议照议单减除免晒事例处补。把总、指挥各于见职上降一级。奉圣旨：粮船已经抵坝，骤遇水冲，与在途漂流疏玩作弊的当有分别，孙逢吉等姑免降职，着各降俸一级，钦此。

十六年覆准，自十六年为始，凡官旗纳剩余米，如本名有旧欠数多而余米少者，尽数扣留，于下年再扣。余米多而欠数少者，扣完即止。其余悉令照出。本卫有欠，每十石扣留三石，亦扣完即止。

二十年题准，漂粮运官会勘的实，照例降级，不得援万历十五年把总孙逢吉等降俸事例，代奏，乞恩。

二十三年覆准，如遇江洋大患，漂流人船，淹没地方，有司及该道亲诣勘实，具呈漕司，照例奏豁。总运各官不能自备处补，照例查降职级。其河道小患损失，除捞获湿米，准令分派各船抵换食米外，不足米石，尽令失事旗甲变产陪补。不敷，次及运官，再次及把总，不许擅扣军粮。如系假捏，许本帮各帮军人及地方居民从实首举，照例给赏。官军问遣，把总革任。

《通漕类编》卷之四

漕运

官军粮钞

永乐十三年题准，官军行粮浙江、江西、湖广、江南直隶各总卫所，俱于本处仓关支。南京各卫于兑粮水次州县应解南京仓粮内扣算关支，俱米三石。江北总所属并安庆卫于本处仓支米麦二石八斗。凤阳等八卫所并直隶庐州、六安、滁州、泗州、寿州、仪真、扬州、高邮、淮安、大河、武平、宿州、颍川共二十一卫所，俱于淮安常盈仓支米麦二石八斗。邳州、徐州、徐州左、归德四卫于徐州仓支米麦二石六斗。前项江北卫所并安庆卫官军内摘拨江南水次交兑者，照依江南卫所事例，各于原定仓分支米麦三石。山东官军于临清仓，德州、天津等九卫官军于德州仓，各支米麦二石四斗。遮洋官军运蓟州粮者，各支二石八斗。

正统五年题准，官军该赏钞锭，每年指挥八锭，千户、卫镇抚六锭，百户、所镇抚五锭，旗军四锭。在浙江、江西、湖广卫所，于本布政司关支。南京并直隶淮安迤南卫所，于淮安、扬州二府课程等钞内关支。邳州迤北卫所，于临清课程等钞内关支。俱照例填入、勘合，投部缴查。

嘉靖十七年题准，运军月粮，各该抚按官先将应征存留粮斛，依期征给。如征不及，或灾伤停免，听各仓库别项钱粮通融处给，不许刁蹬留难。其行粮例该本处关支者，虽派别省兑运，仍旧本处支给。若原议水次随支者，俱要预期征完，同正粮并兑。不许先尽正粮、将行粮落后。

三十九年题准，各州县存留粮并卫所屯粮征收完足，先尽运军给领。如领运而月粮不给，许赴漕司告理。各省行粮储道、各府行管粮官提问追给，系淮扬、凤阳、徐州者，听漕司提问追给。

四十四年题准，运军行粮，例该本处关支者，虽派别者兑运，仍旧本处支给。如征收不齐，浙江、江西每石征银五钱。江北扬州等卫原系苏州四府，起运凤阳南仓支给者，每石征银四钱。官军一到，即与支给。如征收不及，将在库别项银两借支补还。俱以文书到日为始。一月不给者，掌印管粮官各罚俸半年；二月不给，各罚俸一年；三月不给者，各降二级；半年之上不给者，从重拟处。

万历六年题准，淮安、大河、邳州运军月粮十个月，在河南帮济漕税银内给六个月，存留屯粮内给四个月。山东、遮洋帮济漕税银内给七个月，存留屯粮内给三个月。泗州卫运军月粮，除该卫屯粮秋米抵给五个月，其余五个月该折银三千七百四十四两，分派泗州及天长、时①眙、五河、虹县出办。与该卫夏税屯粮折银一千一百六十两三钱四分，凑足前数，各该掌印管粮官每年依期征解，凤阳管仓主事收候。粮单派到，通融支给。迟违误事者，漕司分别参究，住俸降级。

七年题准，浙江等十二总卫所支领官军行粮，每正粮三十石七斗二合，扣军一名。查各运正粮若干，官军若干，照数支与。已支行粮

---

① 应为"盱"。

不行上运者,听南京户部、并各抚按官、漕司查究,从重问拟。

江南下江总所属镇江等卫月粮,俱于镇江、苏州、太仓等府州关支。

官军在运身故,官给银三两,军给银二两,仍存恤二年。本军该支月粮、羡余银两一体给领。

九年覆准,扬州、高邮、仪真、通州、泰州、盐城、兴化七卫所月粮旧例,苏、常二府解到扬州府关领。因征解不前,关领不得以时,今将苏、常二府领兑军造册送扬州府,算明领去,二府就便关支,余粮仍解扬州府,听给别军。

十一年题准,凡运军中途病故,预支安家月粮俱免还官,仍优恤二年。其遗下行粮,给本船旗军,以充雇募,免下年扣除。若途中脱逃者,获日问罪,仍追安家月粮还官。

十六年覆准,移咨南京户、兵二部,将水军左等三十四卫减存船只,有妻正军每月量给月粮五斗,无妻正军每月量给三斗;有妻余丁每月量给三斗五升,无妻余丁每月量给二斗。俱准免其办料,听候新运。以后年分如遇减存,俱照此例遵行。

二十八年,巡漕偊祺题,行月二粮,除扣留解帮入标外,其余并一应钱粮,务候船到,尽数给领。倘一时正饷不全,即于库贮别项钱粮严行借给,从之。

四十一年题准,申饬各该有司,凡旗军行月粮等银,务凿碎包封,唱名亲领,不许运官代领,致令扣除一切。领运沿河到京,各文武衙门,无论官职崇卑,但有需索常例,及纵役剥军者,许旗军到京日,揭告部院,以凭从重参处,即各部院吏书不得庇护。

又题准,官军行月二粮,不拘本折,船到时,即便给放,不得迟延逾旬,亦不许拨发兑支。如有兑粮已完,行月粮尚未全给者,督粮道即便参呈,依例议处。

选补官军

弘治十二年题准,各处监兑将所属把总卫所官,攒运官将各总把总运粮官贤否,每年七月以里开送户、兵二部案候。至三年之期,漕运都御史、总兵官通将各卫所官三年得失事迹开送户、兵二部,会同考察。见运官依期完粮与见在掌印官考语上等者,俱刻在掌印项下。违限不完与考语下等者,俱列在退黜项下。将开到别差贤能考语优等者填入掌印,照例更番。其随帮千百户、镇抚等官,把总官查访贤否,呈送漕司,照例考选。

十三年题准,各卫所奉文佥补旗军,俱责限一月之内,照名补完。若限外不完,百户十名以上,千户二十名以上,指挥三十名以上,各住俸督补。

又题准,南京兵部委主事、各巡抚、行守、巡道严督各卫所,备查原额旗军,通行补足。该部主事并各道,备将选补过各卫旗军姓名,造册送部查考。如各官不行,用心查选。滥取充数,临期每总缺旗甲五名以上,军百名以上,或中途在逃旗甲十名以上,军二百名以上者,卫所官问降一级,原选主事司道等官厅听漕司参奏本部,量议降罚。

正德五年题准,运官交粮完日,务严督军人将本帮船只督押回还。其军丁有恃顽不行上运、不候交兑,及虽交兑即弃船逃走者,将行粮赏钞尽追入官,仍问发边卫充军,另拘户丁补伍。

嘉靖八年题准,江北直隶等总,系南京卫分者,南京兵部选委主事一员。系布政司者,各该巡按御史,会同监兑守巡兵备等官,严督各该卫所军政掌印官,通查原额运军。逃故缺少者,另选正伍内精壮旗军补役,正军不足,于空闲余丁,或别差下选补。该卫所无丁,同卫所拨补,本卫无丁,于本总卫所拨补。发各把总官处审验上运。如有已拨上运，又复改差，及老弱不堪，诡名搪塞等弊，并听漕运衙门、巡按御史及各委官照例参究，仍将拨过姓名、数目造册送户、兵二部查考。

十四年题准，南京兵部及各省抚按衙门，遇有申告运官一切患病年老缘事等项，必须会行漕运衙门勘实，方许替换。若遇考选军政之期，查系户、兵二部原考定者，不得擅为纷更。各处卫所总官有缺，于领运及各卫所金书军政等官素有才力者选补。其余管事缺官，不许擅掣运官。其各该运官，如有科扰侵欺等项实迹，悉听漕运衙门、监兑官、并巡按御史指实参究，黜罚不在三年考察之限。

二十二年题准，旗军选补齐足，备造花名年貌，开列年月格眼文册。如某卫某所某甲于某年承管某字号浅船，某年该造，某年见运，某年减存，俱以造船之年先期审编。堪充者存留，奸顽误事者退回该卫别差，并未及限满、有为事及逃故者，照例金补，呈明漕司。每卫所造册二本，一本该卫所存照，以备漕司吊查；一本送该把总处，类造方册呈送漕运衙门稽查。各卫所掌印等官若有受嘱改差，及领运、指挥、千百户纳贿、私自更换者，俱问拟枉法赃罪发遣，立功满日带俸差操。把总官不行查举，一体参究。

三十七年题准，把总官必得谙练运务者，方克有济今后。员缺查照漕司、巡仓荐举，指挥、千百户内推升。三年以内粮无挂欠，拟升署职，仍旧领运。三年之上方许迁转。如有不职，照例劾罢。

四十四年题准，各卫所掌印官先期料理下年粮运，不得规避延捱，违者照避运事例参治，终身不许叙用。其旧运官完掣通关，查无违碍，即令掌印。间有挂欠，参提不得。一概冒滥，另选贤能官掌印，以备更番。

万历十一年覆准，南京各卫掌印、指挥专留该卫，修举军政，祗选廉干。左右金书更番代运。其余外卫不得援以为例。

十四年巡仓御史喻文伟题称，南京各卫金书、领运事权不专，以致奸旗玩弄，运事废弛。本部覆准，仍将锦衣等三十四卫掌印金书官照旧更番领运，永为遵守。

十六年题准，每遇金补旗甲，在京卫则南京兵部委司官督同应天府佐，在外卫则各道呈详巡抚行委各府佐贰官，会同该卫掌印官选补。至十七年，本部覆准，以后金补旗军遵照原题，各慎加拣选，不许卖富差贫。其军士故绝者，即于各官户下承佃屯田、殷实舍余，选补足数。如府卫各官仍前虚应故事，听总漕巡漕衙门指名参究。

二十年题准，运官如有粮运不完，见在设处完补者，不得滥冒掌印金书。革退官员，务遵节次题准事例，不许仍前贪缘掌印领运。如敢故违，取用粮储兵备等官，本部从重参治，本官仍行重处。

二十三年题准，金选运粮旗甲，各府掌印官径同应该赴运官员查选。

二十五年题议，运粮把总俱于领运、指挥、千百户内，屡经总漕、巡漕、巡仓等衙门荐举者，方行推用。

官军犯罪

嘉靖二十二年题准，两京各衙门及各处抚按司府州县等官受理军民词讼，除人命强盗重情照例备行漕司、知会委官会问，其余赃私小事，备抄原词行漕司，候粮运完日，发理刑主事问理，不得径自拘系。

三十年题准，凡户部类参运官及违犯漕规应提问者，通行漕司及各都司守备文书。到日应住俸者，一面住俸，问完方许开支。其山东等总不系过淮及各该减存运军、并原不在运者，查照地里远近，到淮归结。若迁延三月以上，即将经管官吏住俸半年以上，听各类呈漕司参奏重治。

四十一年题准,南京兵部并直隶江浙、湖广、山东、河南抚按官,严行各该运粮都司卫所。如有袭替指挥、千百户等官,务要严加查核。但系管运曾经漕司参提,应追入官,还官赃银或挂欠。京通仓库各项粮银曾否完纳,原问罪名曾否归结,果无违碍,方许保送。如未经完绝,仍查实数,严限监并,通取关收。至日申明,漕司始准保送。如不系充军降级,而家产已尽,不能办纳者,掌印等官各具结详允,始准袭职,仍将应得俸粮陆续扣解完卷。朦胧保送者,许该卫所首领官、检举掌印等官,谕以枉法参提。立功欠赃人犯,监追完日发遣。首领官知而不举,一体连坐。

隆庆二年题准,把总官除合用座船、应用军伴外,不许多占船只,多带门厨、书识,派累贫军供应,违者听漕司攒运等官指实,从重参究。

势豪举放私债,交通运官,挟势擅挐官军,绑打凌辱,强将官粮准还私债者,军发边卫充军,民发口外为民,运粮官参究治罪。

光棍指称势要名目、诈骗漕运军船财物、横行索取者,许被害旗军挐送巡仓御史、管仓官员及所在官司究问明白,照例送问,从重议拟。

万历十二年覆准,凡各卫所管军头目人等,关出粮料布花等物,若指以公用为由,因而扣减入已,粮料至百石,布一百匹,棉花六百斤,钱帛等物值银三十两以上者,问罪追赃。完日军职发立功,五年满日降一级,带俸差操。旗军人等枷号一个月,发极边墩台守哨,五年满日疏放。

漕运把总、指挥、千百户等官,索要运军常例,及指以公办等费为由,科索并扣除行月粮与船料等项,值银三十两以上者,问罪立功,五年满日降一级,带俸差操。如未及三十两者,止照常科断,其跟官书

算人等，指称使用，科索军人财物入已，计赃论罪，如至二十两以上，发边卫充军。

凡漕运钱粮有侵盗银三百，粮六百石以上，俱照侵盗本律，仍作真犯，死罪。系监守盗者斩，系常人盗者绞。奏请定夺。

运军有欲陈告运官不法事情者，许候粮运过淮，或完粮回南之日赴漕司告理。如赴别衙门挟告诈财者，听把总官就拏送问，犯该徒罪以上调发边卫充军，另拘户丁补伍。

砖瓶土宜

隆庆二年题准，凡粮船应带临清城砖，每船照例四十八块，随到随行。不许托言该厂短少，搬移致误运期。

万历七年题准，各省粮船由仪真闸者，每只顺带光禄寺酒瓶三十个。

十二年题准，凡运军土宜每船许带六十石，沿途遇浅盘剥，责令旗军自备脚价，例外多带者照数入官。监兑、粮储等官水次先行搜检，督押司道及府佐官员沿途稽查。经过仪真，听攒运御史盘诘，淮安、天津听理刑主事、兵备道盘诘。六十石之外俱行入官，经盘官员徇情卖法，一并参治，其余衙门俱免盘诘。

十三年题准，各总卫所回空粮船私揽商货，沿途易卖，屡稽新运，许沿途司道等官着实盘诘、拏问。货物入官，押空官通同分利，参降一级，发回原卫，带俸差操。

十八年题准，运军土宜每船除六十石外，若有多余，或违禁。仍载竹木沉重等物及沿途收买货物者，仍将货物尽数入官，仍将违犯运官指名参治。如经管地方盘验官员徇情卖法，听河道衙门参处。开兑之时，粮储道加意检查，违者亦同参治。

民运规则

浙江

供用库白粳米三万二千石,本色。

酒醋面局白糯米六千七百石,本色。

光禄寺白粳米一万九千石,本色九分,折色一分,每石折银一两。

白糯米八千五百石,本色八分,折色二分,每石折银一两一钱。

苏州府

光禄寺白粳米一万五千石,本色九分,折色一分,每石折银一两。

白糯米二千五百石,本色八分,折色二分,每石折银一两一钱。

宗人府并五府六部等衙门,米二万一百九十五石四斗一升二合九勺五抄三撮,本色八分,折色二分,每石折银一两。

酒醋面局白糯米三千三百石,本色。

供用库白粳米一万五千九百石,本色。

内官监白粳米四千二百五十石,本色。

松江府

光禄寺白粳米一万三千六百石,本色九分,折色一分,每石折银一两。

白糯米二千二百石,本色八分,折色二分,每石折银一两一钱。

酒醋面局白糯米二千二百石,本色。

供用库白粳米一万七千三百五十二石四升七合,本色。

宗人府并五府六部等衙门神乐观米一万六千四百四十四石六升一合七撮,本色八分,折色二分,每石折银一两。

常州府

光禄寺白粳米五千四百石,本色九分,折色一分,每石折银一两。

白糯米八百石,本色八分,折色二分,每石折银一两一钱。

供用库白粳米一万七千二百石,本色。

内官监白细粳米一千七百石,本色。

白粳米六千八百七十五石,本色。

五府六部等衙门米七千五百七十七石二斗七升七合二勺,本色八分,折色二分,每石折银一两。

牺牲所糯谷二百五十石,本色。

成化六年十月,户部会官议巡抚、漕运等官所陈事宜,其一,苏州、松江、常州及嘉兴、湖州五府轮运内府白熟粳糯米并各府部糙粳米,每岁十六万石,俱官给以船。今经沿途砖厂钞关,必欲如民船带砖纳钞,兼遇水涸,守闸又为运军凌逼,及抵扬州等处,则揽头包揽,巧肆刻削,是以留滞日久,困于负贷。请罢带砖纳钞之例,及禁包揽之害,仍移文漕运官,令军民船皆鱼贯而行。其有漂流粮米,以该纳京仓者改纳通州,省脚价以补其数。上从之。

隆庆二年题准,两浙巡盐御史会同巡按御史行浙江、苏松粮储参政严督,有司将坐派起运内府各监局及吏部等衙门细熟白糙粳糯等米,每年十月终征收完足,十二月以里尽令开行。掌印管粮官依限完报者奖劳,违限者查照漕粮事例参究,即以原管粮府佐一员、总部县佐一员,协部管押粮长运至瓜州,听攒运御史、漕务参政攒入军运帮内,一体督催,到京完纳。如总协部运官在任稽延及谋改别差,滥委首领等官代运,即将推避官员参奏罢黜,掌印官查参罚治,沿途催督勤惰,漕司攒运,一体分别举劾。

又题准,民运粮行各抚按,委府佐贰官一员,为总部。州县佐贰官一员,为协部。正月以里督行开船,定限六月以里完纳。如部运官不依期催解,违七月终限者,住俸三月;违八月终限者,住俸半年;违九月终限者,住俸一年;违十月终限者,降级;岁终不到者,比罢软例罢斥。各掌印官递降一等。

四年题准，每年收受禄米仓粮，米一尖一平，每石加耗五升，支放脚米三升。不用楞木，惟松板，本色。席照京仓例。其席板等件，隆庆四年减半征解，万历七年又议题停征五年。俟万历十二年后，将应征之数再减免一半，以宽民力。同白粮解纳该仓备用。

又题准，浙江、嘉湖、直隶苏松常五府起解白粮，细开某县部解官粮户、管运粮米若干石，雇觅船户某人责限日期投递，漕司查给帮牌勒限运纳，销缴其前项船只，止许受载五百石为率。如或船大载少，夹载私货过多，及将帮牌不行销缴者，从重究治。

六年题准，白粮经过洪闸，各夫役与军船一体挽拽，如运军、船户、洪闸等夫挟骗，许粮长就告攒运该道处治。沿途管仓官处转限及到京上纳，各衙门人役不得抑勒刁难，如违，听部粮官指名呈告。

万历元年题准，民运照军运，每船许量带土宜四十石，经过钞关，验无多余夹带，即时放行，免其纳税。

七年题准，每白粮一石，里河脚价银一分五厘，水脚银九厘，经纪银五厘，扣省银四厘五毫，解银库。

又题准，歇家、包囤、晒夫、饭米、小脚、抗粮、买苇把、抱筹、抬斛、打卷、房水、纸札、掀扫、筹架，俱照京仓例。

白粮起剥转运俱照旧例，军七民三，不许军卫恃强争嚷，违者重治。

九年题准，漕司及各巡抚将江南五府应运白粮，令各粮长仍雇五百料中船。应得水脚，当官议定，先给一半，其余印封。船过徐州，总部验给。

又题准，每岁解京白粮，务点殷实粮户，正身解纳。不许棍徒包揽船只，许令粮长自雇五百料中船，每百石定给银三十三两。埠头等役悉行查革。经过钞关,如果止于土宜四十石,免其纳税。粮至丁字沽以北,河西务主事即照军粮所定脚价,拨船起剥,径交经纪搬抗过坝,不许仍前寄囤。如有积棍揽解、歇家科扰等弊,听巡视科道参究。粮完之日,解户批单,给发部运官,领回类缴。各有司不必监比家属。

十二年题准,车户脚价银,进北安门仓者,每石给银二分三厘八毫四丝二忽七微;进东安门仓者,每石给银一分六厘。

十五年覆准,土石二坝及普济等闸号房,如漕粮已尽,凡遇苏、松、常、嘉、湖等五府运到白粮,一体寄顿号房。如号房不足,各解自赁民房,其价听从两便,仍禁不许掯勒。

又覆准,河西务剥船如遇运到白粮,漕粮未尽,照依军七民三挨剥。如果漕粮已完,将剥船尽数给与。其船脚之费,仍令各解出给,原船过坝稍迟,准免罚税。

拨运

成化二十年题准,遮洋支兑三十万石,除天津等仓六万石外,将蓟州二十四万石内,改拨十万石丰润仓交收,以备山海远卫官军支给。

弘治九年题准,运本色十万石赴蓟州仓上纳,折色十四万石运送永平库收贮,以便官军月粮。

嘉靖二十九年,命拨漕粮二十万六千余石,接济密云、昌平兵马。

三十年题准,蓟州班军六万七千员名,该行粮十三万四千石,于漕粮内拨运。

三十四年题准,密云主客粮米内,量改六万石给昌平支用。

三十五年,减免密云、昌平原拨漕粮五万石。

三十九年题准，令运官将漕粮运密云镇七万石，昌平镇三万石，并行粮一十四万四千三石三斗，径运该镇，岁以为常。

四十四年，以蓟永分镇拨蓟镇本色十万石，折色八万四千石，拨永平折色五万六千石。

隆庆三年题准，除原派蓟镇仓粮船只照旧外，仍将临清各水次应兑漕运，坐派昌、密二镇，以便北卫所军船就近派兑。工部设厂，户部委官监收，就与领运，以免进仓出仓繁费。其应用脚价盘剥，该扣米一万一千六百一十二石，每石五钱。行令有司征银一万八百六两，随[粮]起解，以备挖运。

四年题准，挖运石匣、古北等远仓者，两镇管粮郎中、主事于春各照地里远近，给发脚价。责令该县官督率车户运至各仓分，或将脚价给军，就彼关支，各从其便。

六年，以潮、白二湖通令密云镇，除旧发一十万石外，加赠五万石，由新修河道运赴该镇、隆庆等仓交纳。仍于该镇客兵年例银内，每石扣银七钱，存留太仓。

本年题准，长陵等八卫拱护陵寝官军月粮，旧在京仓，关支不便。自万历元年为始，岁拨漕粮一十五万石，运赴奠靖仓交纳。以便前项官军，就近关支。

万历九年题准，奠靖仓原拨漕粮十五万石，内将二万石，自沙子营陆运改拨居庸仓收贮，凑放居庸、黄花、横岭三路官军月粮，以免召商劳费。

十一年议准，营州左屯卫官军月粮，远赴通仓不便。自万历十二年为始，每年漕粮到日，通州管粮郎中拨发二千五百石，就令昌镇运粮经纪，自通州水运至顺义县小东庄，每石给脚价银三分七厘五毫；自小东庄陆运至城，每石给银五厘。俱在随粮轻赍银内动支。该卫官军逐月关领。

议民运

总漕王宗沐云:国初漕运立转般之法,民与军各任其半。今改为兑运,则全责之军矣。欲以苏军,非复民运不可。然今行之巳一百七十余年,欲复民运,谁敢复言之,而亦谁忍复言之。故非朝廷虚悬不费之权,以阴代民运之实,则运士之元气,必不可复,而漕计终将复坏矣。

议改折

按:漕运总兵万表疏云:臣愚以为理财之道,莫要于本折通融。如丰年米贱全运本色,遇灾伤量减折色。而本折相兼为用,国计亦不为无补。漕运粮斛除河道工役之费,其轻赍耗米、并修造浅船粮银、官军行月等粮,率四石致一石。艰难险阻,实不易得。如今年支运京军月粮,每米一石,不过易银三钱,难得而贱用,似为可惜。若以先年所收折银,每石七钱者,作二石放支,候至米贵之年,方放本色,则军沾实济矣。总漕王宗沐奏称:漕属有粮司府,惟湖广、江西为远,而二省所属惟永州、衡州、长沙、赣州四府为尤远。且经过洞庭之险、赣石二十四滩之恶,四处之到水次,几同淮安之抵京师,而风波不与焉。故往岁四府属邑粮米催征既难,水次又远,军船四月毕兑过淮,必系尾帮,与黄水相值,往往淤阻。邳、徐白河守冻,此固积玩成风,亦由地远人疲,势必至尔。今岁湖广漕粮过淮虽早,缘由改折。况今例限十二月开兑,则此时江水消而北风急,城陵矶里港浅涸难入,长滩、上滩风帆不可逆张,非坏则迟,尤所当念。臣查湖广、衡永、长沙府属共该粮九万一千四百八十七石一斗,江西、赣州府属赣县、宁都二县共粮一万三千二百九十六石七斗。二省通共止该粮一十万四千七百八十三石八斗，为数不多。臣乞陛下，每年坐准改折，随同本色解纳于穷远之民，既苏其困，又免其患。此臣所谓远地之当处者也。国家财赋仰给东南，然兑军之粮六省同供，而白粮之困则惟苏松常嘉湖五府为重。江南物产繁盛，故祖宗派运独多。然承平已久，生齿渐繁，而地方有限，则今之江南，又岂永乐、宣德时之旧哉。以苏州一府言之，兑运至六十九万，而南粮白粮不与焉。其余各府类是可推。夫江南，朝廷之厨也，失今不稍加优恤，乃用其力，以至于不可索而后委焉。此臣所以迂阔而深为国患计也。臣乞陛下，每年坐将十万石分布五府，照白粮之多寡，分摊而改折之，以稍休其重累，著为定规。臣查得山东、河南原粮止得三十余万，不当苏州之半，仅抵松湖之全，尚蒙朝廷坐折七万，以示优恤。而今江南军粮白粮交征重困而不可加一念哉。此臣谓重地之当处者也。如蒙敕下户部再加查议，将此二十万四千七百八十三石八斗定为改折以处，此数郡在朝廷不过居四十分之二，而在列郡则诚得一分之宽。今新条派拨责在漕司，容臣将此二十万石零轮流歇运，以恤无军无船之卫所而休息之，则不惟郡民之供运者获省数之利，而卫总之疲困者亦蒙休养之恩，此所谓一举两得者也。

议搬运仓粮

刘大夏疏云：臣惟京储之充足，固资乎漕运，漕运之通塞，亦由乎天时。若导泉、浚渠、筑堤、捞浅之类，皆可以人力为也。至若雨泽之愆期、泉脉之微细，则由乎天时，似非人力所能为也。思得扬州一带河道别无泉源，止藉高邮、邵伯等湖接济。去年湖水消耗，河道浅涩，运船阻滞，比到张家湾等处，却值秋雨连绵，脚价高贵，每银一两装京粮八九石,原领耗米雇脚不敷,以致军士借债,卖船凑补上纳。至十月终,方得回还。所以多在沿途守冻,迄今尚有未到卫者。今年扬州地方仍前干旱,河道愈加浅涩。虽已设法挑捞,车水接济,止可补其所耗,岂能增其所无。虑恐今年粮运又似去年,不无负累军士。访得即今张家湾等处脚价比之去年有雨时月颇贱,所宜议处,乞敕户部公同总督粮储内外官员从长计议。出榜招募有车之家,给与勘合。趁今路干之时,令其支运通州仓粮赴京仓上纳。管粮主事等官躬亲监临,平斛出纳。仍令巡仓御史禁革奸弊,就与该仓支与粮米,准作脚价。每十石比街市时价多加与米四五升,则人嗜利而乐为之运纳。运勾京仓粮数而止待粮船到日。若遇天雨却令将该运京仓米粮照斛照数于通州仓上纳。每石仍照今次纳过,脚价米数令其抵斗,稍加斛面交纳,则军得其便而愿为之出备。合用垫仓芦席等项,就于该仓领用。如此,非惟京储不致迟误,而军士亦得以便息矣。

议复临德仓粮

徐栻疏云:国家都燕雄镇西北密迩边陲,藉兵为守,故岁漕东南米四百万石,聚之京师以充粮饷固根本而为强兵之资。复于临清广积仓、德州德州仓,每年会派秋粮夏税麦折米共一十九万四千四百石,分贮二处以广积贮。计十年当积一百九十四万余石,而仓廪实矣。设遇该运地方灾伤重大,例当蠲免,无处拨补,就将二仓粮米照数支运,务不失四百万额数。载在漕运议单,可考此。我祖宗立法备患,意至深远也。嘉靖初年遇有灾伤,奉旨蠲免起运,旋于临德二仓拨补。后因会派地方告歉轻减,及二处囤积损腐,一时偶见窒碍,辄有建改折之议者。自改折之议行,而二仓额粮渐减,积贮渐耗矣。矧闻京通二仓,鲜三年之积,万一卒然有警,胡以备之。臣诚抱杞忧焉。

窃思欲裕国安民，为有备无患之计，必须求复祖宗旧制。先将临德二仓修葺添增，俾可积贮十年会派额米。顾由今渐积，则十年之间安能必各该地方之无虞，河渠之不阻哉？又须设处籴补，而后可。若专令会派该运地方设处，似尤有难焉。盖各省库藏自隆庆元年查盘起解之后，搜括殆尽。中间纵余一二，似当稍积，以备地方不时之用。为天下长计者，不可使天下库藏皆空虚也。臣愚窃谓宜行临德二仓管仓官查历年见贮仓粮若干，改折银若干。以十年所积计之，尚欠粮若干，悉听将前改折银给发于产米地方收买。如数少不敷，并行漕运河道各衙门量支，无碍官银凑买。或每运耗米有余，随便与之转籴，俱摊搭运船载至二仓交纳。其二仓会派以万历二年为始，遵照近例，俱征本色。期以三年，连前籴补，务足十年会派之数。如二仓囤积不足，即徐州、天津等仓一水联络相通，分贮尤便。若虑米有腐烂，听管仓官每年量将附近卫所该运漕粮照数抵换，出陈易新。必于原额约二百万数有余，方许改折。会派其改折银两，须专贮听候籴补，不许别项支用。以后如遇地方重大灾伤，照依原奏报核。实分数将起运粮米特赐减免，以示宽恤。即于各仓内先行支运，候该地方岁丰，量给银籴买补还。或漕渠阻梗，亦可预为支运，候运到之日，如数扣补，务足支运额数。如此仓有余粮，帑有余银，一可以沾蠲恤之洪恩，一可以备河渠之不测。且二仓地方相去边境疾驰之骑不过旬日，卒遇缓急，亦可接济边饷，以固根本。而每岁四百万石之运常保不失正额。垂之数年，京通二仓当余六年之积矣。

议优恤运士

王宗沐疏云：国漕自永乐十二年开浚会通河，于时佐成祖定法者，都督陈瑄也。其法江南民运至淮安，江北至徐州，山东、河南至临清，而军士递运焉。是千里之途，民行其四，而军行其六。当时瑄岂不念百姓哉？为求可继而久也。自是之后，诸臣辄有改更，虽因时制宜，无非恤民之意。然积久生弊，逐成偏累之规。侍郎周忱未改之先，尚全民运，而今则直达矣。都御史滕昭未改之先，尚一分之运，而今则全兑矣。全兑而又直达。于是军士始困而诸弊百出也。夫惟正之供，本民之职。自三代汉唐宋以来，无以军运者，民据田庐，收租税，出升斗之输，以兑于舟次。则一岁之计已毕，还家掩扉而卧，傍妻子享安逸，而不知军士之苦，方自此始也。曝挽于赤日之下，则背肉生鳞，力牵于急溜之中，则哀呼声惨。运官有剥削，衙门有支费，洪闸有需索，到仓有经营。经年劳瘁还家，席未暖而官司已点新运矣。夫一日三餐一升五合而饱人之情也。今但使其求足于九合之中，是亦无怪乎冒禁鬻法，而漂流挂欠之相寻而未已也。一船既坏，分摊众陪，甚至漫及一总，是不坏者以坏者困，不盗者为盗者偿。相胥而溺，此待尽之术也。今承极弊之时，不以法制勒之，则其弊不已。而不先有以稍给之，则其法不行。臣查得弘治五年，指挥蒋鉴奏军士欠债，户部题奉孝宗皇帝圣旨：许将太仓库银借与军士还债，取印信结状，来年一两止还一两，不取利息。祖宗念恤，军士如此。故先年运额不告坏缺。臣查得轻赍原系耗米，以其太多而折为轻赍，以待剥浅，固军士之物也。近年以来，始又折一分以解太仓。臣乞陛下轸念运士疲困，捐此三数升之额于其应给之中，而先与之以为饱食之具，使其不耗不凋，不侵不盗，以为可久之图，不致仰崖宵旰，则其利为甚溥矣。

议操练漕军

巡漕御史马从聘奏为振积习以裨国计事：窃惟国家挽漕用军而

统之以材官,总之以勋帅,盖示寓兵于漕之意,为虑至深远也。迩来承平日久,此意浸微,官军全不知兵敌,器咸称虚具。此在平居无事,既不思为未然之防,一遇中途有警,将何以御卒然之变?是不几于以漕予敌哉?如正德年间,流贼出没,江洋粮艘大半煨烬,此往事可鉴。已矧,今岛夷匪茹,震邻之恐甚切,矿徒潜伺,腹心之患更殷。一切防御事宜,诚不容缓。臣见旗军外水中强健者甚多。若教以兵法,角以艺能,总计全漕可得胜兵十万人。但器械责以自备,恐疲兵力。有难支,终属虚文,无裨实用,似当官为处给者。如蒙敕下该部咨行漕运衙门,通行七省直兵粮道,查议动支何项官银,将所属卫所每帮办给牙旗,每船给利刀、长枪、铳炮、弓矢,务要可用。并在船锣铃鼓吹,置立文簿,岁令运官交接,稽查督责旗军,时加修整。仍听巡漕御史督责各把总运官,或遇守闸阻风,乘暇训练,教以击刺之方,作其勇敢之气。如是,则随帮有备,到处皆兵。无事则为鸣桡击楫之夫,有事则为荷戈挽强之众。无论漕糈永保,而折冲亦有赖矣。此在平时尚当讲求,其于今日尤为急务,诚不可泄泄缓视之也。

王鸣鹤曰:漕运之制,军驾运艘,原意行则撑挽,止则操练。一遇地方有变,保此漕粮于无虞也。今则不然,额军逃故,不思勾补,乃以军粮募市人代驾。其应募者谓之外水,倏然有事,则无所顾忌,祗有弃船而走耳,能攘臂争出以护粮运者谁耶?正德中,河北之寇焚舟劫粮,往事可鉴。今尚沿袭故弊,未加振刷,既不实军伍,又不备器械。自瓜仪抵京,计二千四百余里。姑值倭虏外扰、矿盗可虞之会,敢复因循。顷读漕台奏疏,谓能教练漕卒,计七省可得胜兵十万有奇,真足食足兵之胜算,振起二百年既颓之气,补于国家岂小小哉?

议太仓存耗

万表云：太仓起剥则例，一廒兑正粮一万二千石，每石加耗米七升，共计八百四十石。约定四百八十石，作正支销。余准作耗数内，扣五十石或一百石。其欠二百石以上，经历官攒甲斗级照依欠数多寡责治。有差数外，间有余剩者，则是多收之数，不敢别作支销。节年于仓中隙地掘窖埋之，后主收者日苛，剩余者渐多。嘉靖十三年周侍郎叙初督仓场，见余米岁埋岁多，心切惜之，乃言于太司徒梁公材。公曰：此出耗米附余四百四十石之外，若欲其题作正支销，主收放者法应参究，况起此附余之端，他日害大计矣。宁复弃之，不敢作俑也。周乃贮之空廒，以数作一手本，报部。公亦不受，令总督听自计，乃知老臣固识体耳。夫每廒明交耗粮八百四十石，以其不得尽耗，责以四百八十石，附余作正支销。然或缺少，亦止于责治而已，不为深究。盖恐后之流弊，至于多收也。宣德年间，京通二仓收受斛米一尖一平，尖斛淋尖，平斛概行。后将淋尖斛外余米俱要入官，有亏旗甲。至元年参将袁佑奏要，每石不分平尖，明加一斗，俱各铁斛收受。户部题奉，钦依。只加耗五升。此佑之见惟目前之图，而无长久之虑。彼当事者有存宽厚之意耳。至二年又该户部题准，加八升。今载入议单，每石兑运，加耗七升。则原为尖斛而增，今于加耗之外，复收斛面以为附余，则是耗外又有加耗矣。正德十六年，表总浙运时，每石只加七升以进仓，便觳交纳，常有余剩之米照出。今每石加二五进仓，尚有挂欠。若不革去耗外斛面行概平收，则军逃运敝，虽有善者，亦无如之何。盖虽取之斛面，余米不多，而国计根本所系，为害者大。此只十数年来之弊，老成筹国者，固当革弊以存大计。可也。

议复支运

邵宝曰：我朝运法，所谓法者，即今支运是也。故有淮、徐、临、德水次四仓，以受民间输纳。运官者，于斯领焉，归于京、通二仓。虽遇灾伤，民有免征而军无免运。支者不必出当年之民纳，纳者不必供当年之军支，盖通数年以为衰益。虽岁有丰歉，而常数不缺。及支变为兑，继而又有改兑。向者转输，今也直达，派征兑纳，丛于一岁之中。于是军无余力，而缺于常数，岂得已哉？若今南有非常之水，北有非常之寇，则又不待论也。当是之时，所谓变通者，无他，不过渐复支运之法而已。支运之难，难于脚价不足，则粮不自行，其理然也。苟能预处脚价，以拟兵荒之事，于旧例支运七十万石之外，每遇兑缺，则支以补之，岁不失四百万石之数。此于国计为便，不可不虑而处之也。

议军官借补

成化九年奏准，运粮官军盘剥费用，正粮不敷，总督等官出给印信文凭，付把总官于太仓折草等项银内借与完纳，下年照数送还。

二十一年又令运粮把总等官，每年粮完，清查欠债旗军，开报巡仓御史及本部监督委官处。不分远近年分，止依律加息三分，偿还其各卫所。借银千两以上者革去冠带，五千两者住俸，万两降一级，不许管军管事。若运粮俱完，不欠债，至六年之上者，许总兵等官具奏，把总、都指挥及卫所千百户等官俱量升一级。

弘治五年，令运粮官旗借债，但系三年以前者，尽为革罢；近年者止照律出息。若放债之家倚势逼放，及擅执官军官掠粜卖官粮准折者，军发边远卫充军，民发口外为民。果有穷困卫所缺少脚价者，许于太仓量借银两完纳,下年照数送还。

十二年奏准,自天津该运京、通二仓粮储,脚价不敷,许令太仓银库借用。如把总等官纵容旗军花费,及私下还债,以监守自盗论罪。立功满日带俸差操,债主以盗官物论罪,势豪官员奏请发落,家人伴当发广西烟瘴卫分充军。

晋按:官军借贷之例,今已废格不能行矣。祖宗廑念运军有家人一体之谊,怜其缓急,多方轸恤。今轸恤之意全虚,而惟一意督责,此运军所以益贫,而漕务所由日替也。今而后将不知其所税驾矣。

《通漕类编》卷之五
河渠

漕运河道

国初都金陵,则漕于江。其饷辽卒,犹漕于海。自永乐都燕后,岁漕东南四百万石。由江涉高、宝诸湖,绝淮入河,经会通河,出卫河、白河,溯大通河以达于京师。诸洪、泉、坝、闸以次修举。至于今,纤悉具备,故并载焉。

胜国海运之制议停于永乐十三年,而东南粮饷所以实京师而给边镇者,悉由会通河故道以达于都城。南北不啻数千里,总命为漕河,其实有六,为白漕,为卫漕,为闸漕,为河漕,为湖漕,为浙漕。大抵河势迥异,而治法亦各有缓急之殊。六漕之中唯河漕、湖漕最急。河漕为有源之水而迁决靡定,湖漕为无源之水而冲啮可虞。圣天子厪宵旰,与公卿大夫和歌瓠子,唯今时为然矣。

里河自通州而至仪真、瓜州,水源不一,总谓之漕河,又谓之运河。神山泉等水自西山来,贯都城,过大通桥东,至通州入白河,开渠置闸而漕舟不行。自通州西南至直沽,会卫河入海者,白河也。自临清而北至直沽,会白河入海者,卫河也。自汶上县分水河口分流而北至阳谷县,绝黄河,又至临清州会卫河,南至济宁州会汶、泗、沂三水者,汶水也。自济宁州城东北来,南流至徐州会沁河者,汶、泗、沂三水也。自徐州城西北来,东南流至清河县入淮者,沁水也。北至清江浦通淮,南至仪、瓜洲坝临江中,为漕渠者。诸湖无源之水也。

大通河

大通河即潞河,旧为通惠河。其原出昌平州白浮村神山泉,过榆河会一亩、马眼诸泉,汇为七里泺,东贯都城。由大通桥而东,五十里至通州高丽庄入白河,长一百六十余里。元初所凿赐名"通惠"。每十里为一闸,蓄水通舟以免漕运陆挽之劳。国朝永乐以来,诸闸犹多存者,仍设官夫守视。然不以转漕,河流渐淤。成化正德间,累命疏之,功不果就。嘉靖六年,遣漕运总兵锦衣卫都指挥及御史曾浚之。自大通桥起,至通州石坝四十里,地势高下四丈。中间设庆丰等五闸以蓄水。每闸各设官吏共编夫一百八十名每名工食银八两,造剥船三百只每只价银三十五两。分置各闸责经纪领之。使制布囊盛米,雇役递相转输以达都下,居民称便。盖元郭守敬尝行之而弗果,至我国家决策修复为万世利。

白河

白河南去通州二百里,其原出胡地。经密云县,合大通、榆、浑诸河,凡三百六十里,至直沽会卫河入海。源远流迅,河皆溜沙。每夏秋暴涨,最易冲决。每决辄发丁夫修筑,屡筑屡决。正统三年,命官相视地势,自河西务经二十里改凿顺下,河遂安流。每淤浅处,设铺舍、置夫甲,专管挑浚。舟过则招呼,使避浅而行。嘉靖中霍韬建议,通河源出河南辉县之苏门山,东北流,会淇、漳诸水。过临漳分为二,其一北出，经大名，至武邑以入滹沱；其一东流，经大名东北，出临清合汶水，至直沽会白河入海，长二千余里，今为运河。自临清至直沽，凡五卫十七州县，浅一百五十七处。初卫水、临清之境去海尚远，两岸亦高，未见冲决。自德州而下，渐与海近，河狭地卑，冲决甚易。沧州以下水发易盈，冲决益易。每决辄发丁夫修治。嘉靖十三年议准，恩县、东光、沧州、兴济四处各建减水闸一座，以泄涨溢之水。若于入海故道再加修浚深广，其利永矣。

刘天和曰：通州上达都城，近已修闸，转般漕运脚费大省，为万世利无容议矣。若白河经密云诸山，且全受浑、榆诸河之水。夏秋暴涨，堤防不能御。源远流迅，水势漫散，河皆溜沙，深浅通塞不常，运行甚艰，殊无策以治之。惟用兜杓数千具，治河官夫，遇浅即浚。此外运舟各携四五具，二三百舟，即可得千余具，合力以浚，顷刻而通，盘剥大省矣。惟运卒利于盘剥方可开支脚价，如即以盘剥之费偿运卒浚浅之劳，则运卒受实惠不愈利归剥船耶？兼官置剥船千艘，粮运不滞矣。近有议于白河建闸者，河广水盛，涨必有决，底皆淤沙，闸必易损。且河徙无定，闸难改移，盖未达水土之宜也。运河数千里，惟白河堤防大坏。历观河底两岸，率皆淤沙，以故易于冲决。迁改治堤，宜远宜坚宜植土柳。卫合淇、漳诸水，故其流盛。临清而下，去海犹远，而岸亦高，冲决犹少。德州而下，河身既狭，去海渐近，两岸复卑，沧州以下尤卑，易盈易决矣。近恩县、东光、沧州、兴济连建四闸，诚足以泄涨溢之水，但入海之道须修浚深广，无隳成功也。沧德、天津之间，河决无岁无之，亦有水之不甚盛，河不甚盈，两决者非尽由堤岸卑薄也。一则盐徒盗决以图行舟私贩，一则赢薄地土盗决以图淤肥，一则对河军民盗决以免冲决。彼岸巡守当严、而防察当预也。临清板闸，运河入卫处也。卫河水涨即壅入闸，或漫闸面以入故闸，上下常淤，运舟每为停阻，宜增培闸面。旱涝俱须下板启闭，盖启则闸下之淤,每日冲洗可尽,闭则卫水不入闸,河之水积盈,及启则二河水势相当,淤亦不入矣。元人遏汶分流,北出阳谷以通卫,南出济宁以通泗,名"会通河"。然分水之处,地势犹高,仅胜小舟。永乐九年,宋司空礼筑戴村坝以遏汶,导之西南流四十里,出鹅河口南旺湖中,地势下矣。然后分流南北,方可胜巨载,漕运永利焉。夫人知宋道汶浚河之功而不考其故,为著于此。

卫河

卫河旧名御河,源出河南辉县之苏门山。东北流,会淇、漳诸水,过临漳分为二,其一北出,经大名至武邑以入滹沱;其一东流,经大名东北,出临清,至直沽会白河入海,长二千余里,今为运河自临清至直沽五卫十七州县,浅一百五十七处。此河自德州而下,渐与海近,河狭地卑,易于冲决。辄发丁夫修治。嘉靖十三年议准,恩县、东光、沧州、兴济四处各建减水闸一座,以泄涨溢之水。

霍韬议云:元人漕舟,涉江入淮至于封丘,陆运一百八十里至于淇门,入于御河,达于京师。御河即今之汲县卫河也。今由河阴、原武、孟津、怀庆之间,择地形便道河水注于卫河。东春水平,漕舟由江入淮、沂,流至于卫河,沿临清、沧州至于天津。夏秋水迅,仍由徐沛达于临清,至于天津,是一举两得之道也。开一卫河,可杀徐沛上流之患,可免凤阳州邑溃溢之虞,可得运舟兼济之利有如此。

会通河

会通河自临清迤南至济宁州。元初,由任城即济宁开渠至安民山即安山一百五十里，复自安民山之西南开渠，由寿张西北至东昌，又西北至临清，凡二百五十里，引汶绝济、直归漳卫。洪武二十四年，河决原武县黑阳山，由旧曹州郓城县两河口漫过安南湖，而会通渐淤。永乐九年，因海运艰阻，遣尚书都督等官疏凿元人故道，乃于东平州戴村汶水入海处筑一土坝，横亘五里，遏汶水使西流，尽出南旺分流。四分往南，接济徐吕，六分往北，以达临清。自后添设新闸，修筑旧岸，大为漕运之利自临清抵徐州七百里间全资汶、泗、沂、洸诸水，接运总曰"闸河"。旧为闸四十有三。前元建者二十余，永乐以来先后增建者二十余，而减水通河诸闸不与焉。两闸之间每存稍浅一处，约数丈，多不过十余丈，用留泄水，令积易盈。今建设改革益多，见闸坝条下。

国初，会通河故道犹在今济宁在城闸。洪武三年晓谕，往来船只不许挤塞，碑石故在北岸，可考也。二十四年，河决原武，漫过安山湖，而会通河遂淤。往来者悉由陆以至德州下河。永乐初，粮道由江入淮，由淮入黄河，运至阳武，发山西、河南二处丁夫由陆运至卫辉，下御河，水运至北京。厥后，济宁州同知潘叔正因州夫递运之难，请开会通旧河，朝命工部宋尚书礼发丁夫十余万疏凿以复故道，又命刑部侍郎金纯自汴城北金龙口开黄河故道分水，下达鱼台县塌场口，以益漕河。十年，宋尚书请从会通河通运。十三年始罢海运，而专事河运矣。明年，平江伯陈瑄又请浚淮安安庄闸一带沙河，自淮以北沿河立浅铺、筑牵路、树柳木、穿井泉，自是漕法通便。窃惟运东南粟以实京师，在汉、唐、宋皆然。然汉、唐都关中，宋都汴梁，所漕之河皆因天地自然之势，中间虽或少假人力，然多因其势，而微用人为以济之。非若会通一河，前代所未有而元人始创，我朝修理而拓大。之前元所运岁仅数十万，而今日则逾四百万，盖十倍之矣。宋人论汴水谓大禹疏凿，隋炀开通，终为宋人之用，以为上天之意。呜呼！夏至隋，隋至宋，中经朝代非一，而谓天意颛在于宋，非也。若夫元之为此河,河成而不尽以通漕,盖天假元人之力以为我朝之用,其意彰彰明矣。

汶河

汶河之源,一出新泰县宫山之下,曰小汶河;一出泰安州仙台岭,一出莱芜县原山,一出县寨子村,俱至州之静封镇合流,曰大汶河。出徂徕山之阳,而小汶来会。经宁阳县北堽城,至汶上东平东阿,又东北流入海。元于堽城之左筑坝,遏汶入洸,南流至济宁,合沂、泗二水,以达于淮。自永乐间,筑戴村坝,汶水尽出南旺。于是洸、沂、泗自会济,而汶不复通洸。今沂州亦有汶河,一出蒙山东涧谷,一出沂水县南山谷,俱入邳州淮河。

按:汶水东北入海,以人力遏转济漕,非其性然也。成化以后,或村坝以下,河淤塞平满,故水易涨溢。即此下东平故道盐河入海,运河不得其出,频年挑浚颇劳费。历岁滋久,坝或圮坠。时以全流漫衍而西,夏秋伏发。南旺以北,舟胶不行,则漕渠病。东原之田,或苦羡溢膏坏,亩钟化为沮洳,则民亦病是。左涸漕渠,右荡平陆,而以利盐筴也。然障而不泄,漕亦苦溢,故斟酌挹损,制河渠之盈虚,在汶之上流耳。隆庆中就坎河口坝以积石,石如累丸,沙流其下,久之亦溃,而坎河之工始此。

汶水出泰莱诸山,伏秋流亦混浊,率皆虚浮。沙积两岸,风起飞扬,仍归河内,运河命脉全赖兹流。虽勺水当惜,众议两岸筑堤以约栏之。又议开减水闸、滚水坝各四以泄暴水。嘉靖十三年秋,筑东堤,尚需培补高厚。十四年秋,筑西堤,去河远而高厚。闸坝亦计料修建,嗣而治之,运道永顿矣。又汶水自泰莱至南旺几三百里,咸谓汶泉水微,盖盈河淤沙深广,春夏亢旱,沙极干燥,汶水经之,多渗入河底，所经既远，安得不微耶？有献议者云：汶水自春城口以下，河流迂远，宜于春城口置石坝一道，中为数硿洞，创开小河八里余，取径入鲁姑、龙斗二泉，渠量加浚广，凡六十三里余，而至黑马沟。伏秋水盛流浊，则闭硿洞，俾由故道。春夏之间，及天旱，水微流清，则遏水由硿洞下出马沟口，即可避汶河百数十里之沙渗。余大奇之。随因中道五泉隔绝不能入，遂止。如将五泉者横汶开沟以入，亦无不可。自徐州北至临清七百里间，为闸四十有三。自元建者二十余，圣朝永乐至今先后增建者二十有余，故闸面闸底高下不一。黄河南徙，诸闸有仅露闸面者，有没入泥底者。惟枣林闸露闸面三尺，南阳已没入泥底，闸面泥淤仍四尺六寸，八里湾闸面泥淤仍五尺。宜悉培而平之，以时启闭，仍各测其深浅。其闸底过深者，则量留底板，均止以十二板，启闭则闸上之水益深。苟非久旱水微，固可直达上闸，舟行其永利矣。南旺迤北诸闸亦可行之，而大劳甫息未遑也，闸河自鲁桥以下为黄河冲洗以渐而广。乙未浚河止以底广五丈为准。盖南旺上源也，分水处河底仅四丈，下流愈广则愈浅矣。闸河仅取通舟非务为观美。元人有因水散，至以板为岸，逼水行舟，可验也。尝闻之先辈，两闸之间须留稍浅一处，盖中道皆深，下闸一开，上闸之水尽泄。闸近者积水犹易盈，闸远者倍费时日矣。故中道留浅，船行至此，虽少待，然积水不必盈闸，即可越之而直达上闸，舟行速矣。

洸河

洸河乃汶水之支流，出宁阳县北三十里堽城，西南流，又循县南流三十里，会宁阳诸泉，又六十里经济宁城东与泗合，出天井闸河。

沂河

沂河原出曲阜县尼山西南，分流为二。一西流至金口坝上，即与泗会；一南流亦与泗会。出堽里河，又有出沂水县艾山者，会蒙阴沂水诸泉，与沂山之汶合流，至邳州入淮。

泗河泗水西流，挟洙水经曲阜，北为洙，南为泗。

泗河原出泗水县陪尾山。四泉并发，西流至兖州府城东，又南流经横河，与沂水合。元时于兖州东门外五里金口作坝建闸，遏泗之南趋。国朝因而修筑。每夏秋水（长）〔涨〕，则启闸，放使南流，会沂水，由堽里河出师家庄闸。冬春水微，则闭闸，令由黑风口，东经兖城入济，又南流，会洸水，至济宁出天井闸。

济河

济河出王屋山，至河南济源县，二源合流。其水或伏或见，东出于陶丘北，又东北会于汶。今在汶上县北，一名大清河。元人作金口坝，傍有河即黑风口。西通济流，并入会通河。

沁河

沁河出山西沁源县绵山东谷，由太行山麓至河南原武县黑阳山，与河汴合流。至徐州入运河，以济徐吕二洪。每年水势浅深尺寸，管洪官按季奏报。前代尝引沁以通卫。正统以前，其支流犹自武陟山原村东北,由红荆口,经卫辉,凡六十里,与卫通。天顺七年,河趋陈颖入淮,乃开沁以达徐,复引河以合泗,而入卫之故道始湮。

成化二十年,大学士万安等言:我朝建都于北,而上下供用多取给于江南。然必藉船而后可达于京师,是道道水利所系甚重。如河南怀庆地方筑堤障沁水,以济徐、吕二洪及邳州、宿州、桃源运道,山东、兖州等处导引汶、泗、洸河诸泉,以济济宁上下运道。今沁水冲决堤岸,流入黄河,汶、泗、洸诸泉岁久不浚,亦各壅塞,以致河淤浅涩,粮道稽迟,请加修筑疏浚。

刘天和《问水集》有云:将导沁入卫,卫辉,宗藩已因水患奏塞上流矣。且临清下至天津,河道甚狭,濒年已苦冲决,不可复益以水。遇干则微汇水,诸湖以淤而狭。若于武陟境内沁水,横建滚水石坝,于东岸开三斗门,引沁自原武阳武北界大堤之外,经延津,循大堤,而东至长垣界,入黄河旧冲张秋故道,又东至曹州境旧分水处。黄河旧于此分流,一大支径冲张秋,一小支下济宁永通闸月口北。向张秋之道别设一闸。张秋以下水涸则沁水尽东,全济运河;涝则半由滚水坝,仍归黄河。是运河复增一汶,为永远无穷之利,黄河亦可少杀矣。而沁则易于节制,不亦大愈于引黄河耶?

按:胡氏世宁议:欲因沁引河入卫。今以天和之议参之,引河有三难:防宗藩,一也。临清下至天津河身狭,难受,二也。河性流移,或导之冲淤会通,三也。似天和所言差强。

南阳新河

新河在昭阳湖之东,起南阳至留城,一百四十一里八十八步。嘉靖六年,以河决,命官开浚,垂成而止。四十四年复决,乃因旧迹疏凿。又起留成至境山浚复旧河五十三里,凡役夫九万一千有奇,八阅月而成。隆庆元年,山水冲决,复淤新河之三河口薛河、沙河、赶牛沟会此,故名。乃经理沙薛上流,各开支流。筑黄家口豸里沟等坝,引薛河由吕孟湖出地浜沟。筑宋家坝,引沙河,由尹家湖出鲇鱼口。筑黄甫坝,引沙河,由满家湖入南阳河。次年工成,又为三河口石坝一座,南阳湖石堤三十余里。凡建闸九,筑坝十三,减水闸二十,开支河九十六里。三年,又于昭阳湖以东,沙薛二水所从入旧河处,开鸿沟废渠,达李家口回回墓,而东出留城闸,计六十余里。积水俱有宣泄,腾沛利之。

漳河

万历中,科臣王德完奏:漳河水患蔓延,故道宜复,其变有二,其患亦有二,其策则有三。二变者何?盖漳水经临漳三台口回龙镇及大名南关,至小滩入卫济,毕漳之故道也,一变于十七年,则河决小屯,东经魏县元城抵馆陶入卫,其害小。再变于二十五年,则河决高家东吕彪河,合流,经广平、肥乡、永年,至高周入洚水,同流至青县口,方入运河,其害大。所谓二患者何?盖洚水不胜漳而今纳漳,则狭小,不足收束巨浸,病溢而患在民。卫水昔仰漳,而今舍漳,则细缓不能扫卷沙泥,病涸而患在运所。所谓三策者何?一塞高家河口,导入小屯河,费少利多,为上策;一仍回龙镇至小滩入卫,费巨害小,为中策;一筑吕彪河口岸堤障水,固不资利,亦不罹害,为下策。此漳河徙治之大较也。

卢沟河

出北代州,泛溢辄坏民田庐。宣德以来,每河岸冲决,不时修筑。

弘治二年,命内官及文武官给事中、御史各一员,同管理工役,发军民夫修治。

滹沱河

出真定府西山。天顺以来,每决辄修筑。弘治二年,命真定等府卫,发军民同筑。

蓟州河

蓟州军饷,国初每岁用遮洋船出海转运而至,风波甚险。弘治初,议发军夫万人,凿河四十里,以免海运。每三年一次修浚漳河、卢沟、滹沱、蓟州河,《会典》不载。今并附于运河之后。

诸水通漕

诸河之水,自清河县淮河口迤南三百六十里至江都县,又南四十五里至瓜州,又西南七十五里至仪真。诸湖之水大汇于高邮、宝应之境。穿渠引水,南北通江淮,东筑长堤,以为陆行牵挽之路。湖名不一,附见于后。

诸河发源,远近不一,而下流相合。循其合流之道,而为漕运之河。自通州至仪真,凡三千里。河之所经,军卫有司,分而属之。

徐州洪

在徐州,为运河要害。乱石峭立,凡百余步,故又名百步洪。成化四年,命官凿石以利舟楫。又甃石路,长一百三十余丈,以便牵挽。二十年,置石坝,长八十丈。遇有损坏,管河官随时修筑。嘉靖二十年,于洪下置石闸一座。

吕梁洪

在徐州东南六十里,有上下二洪,相距七里,亦运河要害。成化八年,命官甃二石堤,共长七十余丈。十六年,筑石坝,长一百六十五丈。复于坝西筑堤二十余丈。洪东甃石路四百二十丈。遇有损坏,管河官随时修筑。嘉靖二十年,于洪下置石闸一座。

羊山新河

万历十一年议准,由昭灵祠南黄河出口,历羊山、内华山、梁山接境,开河置闸,以避戚港之溜。

泇河

泇河,自夏镇李家巷起,至邳州直河口出止,计长二百六十里。内平地创开河渠八十二里四分,展浚旧河八十七里五分,筑堤二十七里,建闸七座,估该工价二十余万。又开朱吉庄、巨梁桥、万家庄、孙怀德庄、台庄、梁城、王市、直河口,各月河一道加浚。直河沙浅二十三里,加筑直河两岸堤防二十里三分。纪家集、张村河口护坝各一道。于万历三十一年十二月开土兴工,至三十二年四月内,各筑坝、挑河、辟沙、浚浅、起凿山石、增修堤岸等工陆续完毕。自黄河患溜,沂湖患浅,粮艘流滞邳宿之间,势诚可虑。幸泇河工完,舟楫通行。

既脱二洪之险,兼省百里之程。官民称庆□□□应龙、刘东星挑浚,李化龙竣工。

三十二年五月,风雨大作,王市坝西干土蛰陷。缘其地皆沙底,上实下虚,水从地下涌出南奔,以致河流复浅,乃于新河浅处多建草闸,调集人夫,捞浚沙浅,船得通行。

漕河纪原

春秋时,吴城邗沟通江淮。秦欲攻匈奴,使天下飞刍挽粟,起于黄、腄、琅邪负海之郡,转输北河。汉高祖时,漕山东粟以给中都官。武帝时,因郑当时言引渭穿渠起长安,并南山下,至河三百余里,转漕甚便。明帝永平十三年,汴渠成,河汴分流,复其旧迹。魏正始四年,司马宣王使邓艾行陈、项以东,至寿春,乃开广漕渠。东南有事,兴众泛舟而下,达于江淮,资食有储,而无水害。晋武帝太始十年,凿陕南山,决河东注洛,以通运漕,竟未成功。又谢玄湼水之役,乃堰吕梁水以利运漕,公私便之。隋文帝开皇四年,诏宇文恺率水工,凿渠引渭水,自大兴城东至潼关三百余里,名广通渠。转运通利,关内赖之。七年,于扬州开山阳渎,以通运。炀帝大业元年,发河南、淮北诸郡民、前后百余万,开通济渠,自西苑引谷、洛水达于河。复自板渚引河历荥泽入汴,又自大梁之东引汴水入泗,达于淮。四年又发河北诸军百余万,穿永济渠,引沁水,南达于河,北通涿郡。唐高宗咸亨三年,于岐州陈仓县东南,开渠引渭水入升源渠,通船筏至京故城。则天垂拱问开安东漕渠,南通淮,北通海、沂、密等州。明皇时,李杰奏浚汴州梁公堰,以通江淮漕运。明皇事边功,运青莱之粟浮海以给幽平之兵,故置海运使。后周世宗显德四年,诏:疏汴水,北入五丈河。由是齐鲁舟楫皆达于大梁。宋朝定都于汴。是时,漕运之法分为四路:东南之粟，自淮入汴至京师；陕西之粟，自三门白波转黄河入汴至京师；陈蔡一路之粟，自惠民河至京师；京东之粟，自广济河至京师。四河惟汴河最重。太祖建隆元年，命陈承昭督丁夫导闵河，自新郑与蔡水合，贯京师。南历陈、颖，达寿春，以通淮右。舟楫相继，商贾毕至，都下利之。于是以西南为闵河，东南为蔡河。天禧二年，张纶为江淮发运使，筑漕河堤二百里于高邮北，旁锢巨石为十跶，以泄横流。哲宗元祐四年，知润州林希奏：复吕城堰，置上下闸，以时启闭。其后京口、瓜州、犇牛皆置闸。又京东转运司言：清河与江浙、淮南诸路相通，因徐州吕梁、百步两洪湍浅险恶，多坏舟楫，由是水手、牛驴、牵户、盘剥人等，邀阻百端，商贾不行。朝廷已委齐州通判滕希靖、知常州晋陵县赵疏度地势穿凿。今若开修月河石堤，上下置闸，以时开闭，通放舟船，实为长利。乞遣使监督兴修。从之。元符元年，知润州王念建言：吕城闸当宜单水入澳，灌注闸身以济舟。若舟沓至而力不给，许量差牵驾兵卒，并力为之。监官任满，水无走泄者赏；水未应而辄开闸者罚。守贰、令佐当觉察之。诏可。重和元年，前发运副使柳庭俊言：真扬楚泗、高邮运河堤岸，旧有斗门水闸七十九座，限则水势常得其平，比多损坏。诏检计修复。宣和二年，以真、扬等州运河浅涩，委陈亨伯措置。三年春，诏发运副使赵亿以车戽水运河，限三月中三十纲到京。宦者李宗[①]言：真州乃外江纲运会集要口，以运河浅涩，故不能速发。按南岸有泄水斗门八，去江不满一里。欲开斗门河身，去江十丈筑欹坝，引江潮入河，然后倍用人工车戽以助运河水。发运使曾孝蕴严三日一启之制，复作归水澳，惜水如金。比年行直达之法，走茶盐之利，且应奏[②]权幸，朝夕经由，或启或闭，不暇归水。又

顷毁朝宗闸,自洪泽至召伯数百里,不为之节,故山阳上下不通。欲救其弊,宜于真州太子港作一坝,以复怀子河故道。于瓜州河口作一坝,以复龙舟堰。于海陵河口作一坝,以复茱萸、待贤堰,使诸塘水不为瓜州、贞、泰三河所分。于北神相近作一坝,权闭满浦闸,复朝宗闸,则上下无壅矣。元都于燕,至元初,粮道自浙西涉江入淮,由黄浮逆水至中滦旱站,陆运至淇门,入御河以达于京。十九年,伯颜建议:造平底海船六十艘运粮,由海道至京师。二十年,以转运弗便,乃自任城开河,分汶水,西北流,至须城之安民山入清济故渎,通江淮漕,经东阿至利津河入海。后因海口沙壅,又从东阿陆转二百里抵临清,下漳、御,输京师。二十六年,又以寿张县尹韩仲晖、太史院令史边源相继言,复自安民山开河,北至临清,凡二百五十里。魏村闸改名惠和,籍东闸改名庆丰,郊亭闸改名平津,通州闸改名通流,河门闸改名广利,扬尹闸改名溥济。初海运之道自平江刘家港入海,经扬州路通州海门县黄连沙头、万里长滩开洋,沿山㠗而行,抵淮安路盐城县,历西海州、海宁府东海县、密州、胶州界,放灵山洋,投东北路,多浅沙,行月余,始抵成山。计其水程,自上海至杨村马头凡一万三千三百五十里。至元二十九年,朱青等言:其路险要,复开生道,自刘家港开洋,至撑脚沙转沙嘴,至三沙、洋子江,过匾担沙、大洪,又过万里长滩,放大洋至清水洋,又经黑水洋至成山,过刘岛,至芝罘、沙门二岛,放莱州大洋,抵界河口,其道差为径直。明年,千户殷明略又开新道,从刘家港入海,至崇明州三沙放洋,向东行,入黑水大洋,取成山转西至刘家岛,又至登州沙门岛,于莱州大洋入界河。当舟行风信有时,自浙西至京师,不过旬日而已。视前二道为最便云。三十年九月,漕司言:通州运粮河全仰给白、榆、浑三河之水,合流名曰潞河。舟楫之行有年矣。今岁新开闸河引浑、榆二河上源之水,故自李二寺至通州三十余里,河道浅涩。今春夏天旱,有止深二尺处,粮船不通,改用小料船般载，淹延岁月，故亏粮数。仁宗延祐元年，以大船阻碍新开会通河路，余船不得往来，乃于金沟、沽头两闸中置隘闸二，临清置隘闸一，各阔一丈，以限大船，止许一百五十料船行。其后愚民嗜利无厌，为隘闸所限，改造减舷添仓长船至八九十尺，甚至百尺，皆五六百料。入至闸内，不能回转，动辄浅阁，阻碍余舟。又于隘闸下约八十步河北立二石，中间相离六十五尺，如舟至彼，量长如式方许入闸，长者罪遣退之。三年，命丞相脱脱开龙山河。至大元年，江浙省令史裴坚言：杭州钱塘江近年以来为沙涂壅涨，潮水远去，离北岸十五里，舟楫不能到岸。商旅往来，募夫般运十七八里，使诸物翔涌，生民失所，递运官物，甚为烦扰。访问宋时并江岸有南北古河一道，名龙山河。今浙江亭南至龙山闸约一十五里，粪坏填塞，两岸居民间有侵占。迹其形势，宜改作运河，开掘沙土，对闸般载，直抵浙江，转入两处市河，免担负之劳，生民获惠。省下杭州路相视。自是开之河，长九里三百六十二步，造十桥①，又立上下二闸接通运河，公私大便。是年三月七日兴工，至四月十八日工毕。本朝太祖高皇帝定鼎金陵，四方贡赋供需悉由大江而至，供给辽东边饷则由海道运之。先是黄河变易，济宁之南阳西暨周村洼淤窒壅，数坏舟楫。洪武二年，济宁府闻于山东行省，发丁夫疏浚河道，又于耐牢坡口置石闸一座，蓄水行舟，凡役夫匠四百八十五人，五十日而成。九年，命扬州府所属州县，烧运砖灰包砌高邮、宝应湖堤岸六十余里，以捍风涛。初，宝应县槐楼抵界首沿湖一带皆淤泥，堤岸屡修屡圮，民甚苦之，操舟者亦不便。洪武二十八年，以本县老人柏丛贵建言，发淮扬丁夫五万六千余众，就于湖外直南北穿渠四十里筑一大堤，长与渠同，期月而成。引水于内行舟，自后堤无溃决之患，而民亦获休息矣。文皇帝肇建北京，永乐初，粮

---

① ［明］宋濂等《元史》卷六十五"志第十七上""河渠二"作"造石桥八"。

道由江入淮，由淮入黄河。水运至阳武县，由阳武县陆运至卫辉府，由卫河入运至北京。海运则从直沽，接运至京焉。永乐四年，以河庄闸闸官裴让陈江南漕运之利，命通政赵居仁等，率常、苏、松三府丁夫，浚导孟渎河，凡十昼夜讫工。比旧倍加深广，转输商贩便焉。

　　按：漕河合榆、沙、大、白、卢、浑、漳、卫水汶、泗、沂、黄、汴、淮而流，北自通州，南抵仪真，凡三千余里。河之所经所属军卫有司共七十九处。济宁迤北至通州为北河，所属五十二处；济宁迤南至仪真为南河，所属二十七处，俱有夫役。钱粮官员管理而郎中各提督之。我朝名之曰漕河，即元会通河也。洪武年间淤塞不通，至永乐九年，太宗皇帝命工部尚书宋礼同都督周长开浚之，仍命刑部侍郎金纯开黄河故道。由是，漕河大通，海运始罢。

运河疏筑

　　永乐九年六月，会通河成，河合汶、泗。汶水出宁阳县，泗水出兖州，至济宁而合。置天井闸以分其流。南流达于淮，而新开河则其西北流，由新开河通东昌入临清，计三百八十五里。自济宁至临清，置十五闸，以时启闭，舟行便之。

　　八月工部尚书宋礼等言：会通河以汶、泗为源，夏秋霖潦泛溢，则马常泊之流亦入焉。汶、泗合流，至济宁分为二河，一入徐州，一入临清。河流深浅，舟楫通塞，系乎泊水之消长。泊水夏秋有余，冬春不足，非经理河源，及引别水以益之，必有浅涩之患。今汶河上流，自宁阳县闸已筑坝堰，使其水尽入新河。东平州之东境，有沙河一道，本汶河支流，至十里口通马常泊。比年泊沙淤塞河口，宜趁时开浚。况沙河至十里口，故道具存，不必施工。河口当浚者仅三里，河中宜筑堤计百八十丈。从之。

十三年开清江浦河道,凡漕运北京,舟至淮安过坝,渡淮以达清河,挽运甚劳。平江伯陈瑄自淮安城西管湖至淮河鸭陈口与清河口相直凿河,引湖水入淮以通漕舟。置四闸曰移风,曰清江,曰福兴,曰新庄。以时启闭,人甚便之。

宣德四年,平江伯陈瑄奏:自徐州至济宁,河水多浅,转运甚难,今遣官巡视。谢沟、胡陵城、八里湾、南阳浅及东昌梁家浅、师家庄、仲家浅皆常置闸。其徂徕诸山泉源所出,旧有湖塘,今多淤塞,乞加修浚,庶有停蓄,通利往来。从之。

七年,置吕梁漕渠石闸。初陈瑄以吕梁上洪地险水急,漕舟难行,奏准,令民于旧洪西岸凿渠,深二尺,阔五丈有奇。夏秋有水,可以行舟。至是,复欲深凿,置石闸二。时其启闭以节水,庶几往来无虞。事闻,命附近军卫及山东布政司量发民夫工匠协成之。

成化四年,巡抚江南都御史邢宥修复运河坝闸。先是,正统初,巡抚周忱经理运道,武进奔牛、吕城设为坝闸,俾漕舟由京口出江,最称便利。迨景泰间,坝闸渐颓,水道淤浅,有议从蔡泾孟渎出江者,因迫海洋漕舟多覆溺,天顺己卯,巡抚崔恭奏请从周忱故道增置五闸,至是成之。

淮安运道

自汉以来,即有高家堰在淮安之东南。永乐间,通淮河为运道,筑堤堰上,以防淮水东侵,又自府北凿河,蓄诸湖水,南接清口,凡六十里,曰清江浦。乃运船由江入淮之道,建清江等闸,递互启闭,又筑土坝,以遏水势。后闸坝禁弛,河渠淤塞。嘉靖八年,疏治复旧。隆庆中,高家堰废,淮水由黄浦口决入,漫衍民田。万历四年,开草湾河渠,长六十二里,分杀黄河以缓清口之冲。七年复筑高堰,起新庄至越城，长一万八百七十余丈。堰成，淮水复由清口会黄河入海，而黄浦不复冲决。又以通济闸逼近淮河，旧址坍损，改建于甘罗城北。仍改浚河口，斜向西南，使黄水不得直射。因废拆新庄闸，又改福兴闸于寿州厂适中处所。其清江板闸，照旧增修。又议修复五坝，惟信字坝久废不用，智、礼二坝加筑，仍旧车盘船只。仁义二坝与清江闸相邻，恐有冲浸，移筑天妃闸内。八年用石包砌高堰，九年又于府城南运河之旁，自窑湾杨家涧，历武家墩开新河一道，长四十五里，曰"永济河"。因置三闸，以备清江浦之险。十一年，建清江浦外河石堤，长二里，矶嘴七座。又建西桥石堤，长九十八丈，以御淮河之冲。

南昌万恭云：淮安隆庆中水，万历壬申又水。或云海口淤，宜浚之。郡有司为探海口，则广三十里，望之无际。冬中州渚微见海中，潮长则烟雾波涛极目耳。舟从何系，人从何依，工从何施？且清河之流甚驶海口，即淤清河，当上行矣。古无浚海者有由然哉，而怨淮水罪海口者谬矣。

扬州高宝运道

自清口引淮为清江浦，至乌沙河汇管家、白马二河。堤黄浦八浅，及宝应县槐角楼南，诸湖相接，西抵泗州盱眙县界，皆运道所经。湖东有堤，长三十余里。洪武九年，用砖修高家潭等处。成化二十一年，造石堤，渐修至二十余里。其南高邮邵伯等湖，皆有石堤。运船触堤，往往败溺。弘治三年，命官于高邮河迤东，开新河以避其险，曰"康济河"。中为圈田，南北置闸，以时启闭。两岸俱砌以石。嘉靖五年题准，于氾光湖东，傍旧堤开新河，长三十里，遂弃康济河。又宝应至界首，凡有沟可通，注于海者，造平水闸十座。十年，又自宝应湖东筑月堤，长二十一里。万历五年，淮水由黄浦口决入，石堤多坏。七年,命官修筑改建减水闸四座,加高闸石九座。自是宝应诸河堤岸相接。十二年题准,于石堤之东,傍堤开新河三十余里,以避槐角楼一带之险,曰弘济河。

南昌万恭云:汉唐以前至春秋战国,大江由六合溯邗沟,取道于高邮、宝应诸湖之西北达长淮。江南之漕俱由邗沟而苦浅阻。陈平江乃堤扬州以及于淮西,遏诸湖之水遂汇为一。湖港相通,三百七十里达于黄河。饷道大通,邗沟遂绝。今不必泥古,妄图恢复,唯浚之泄淮则可。

成化中,总理河道侍郎王恕疏论:淮扬一带河道,南临大江,北抵长淮,别无泉源。止藉高邮、邵伯等湖所积雨水接济湖面。虽与河身相等,而河身比之湖面颇高。每遇旱干,湖水消耗则河辄浅涩,不能行舟。若将河身比湖深浚深三尺,则湖水自来,河水自深。虽遇旱干,亦不阻船。高邮湖自杭家嘴至张家港,南北三十余里,每遇西风大作,波涛汹涌,损坏船只,失落钱粮、人命不可胜记。前项堤岸之外,地势颇低。若再浚深三尺,阔十二丈,起土以为外堤,就将内堤原有减水闸三座改作通水桥洞,接引湖水,以内行舟。仍于外堤造减水闸三座以节水利。虽遇风涛,亦无前患。又扬州湾头镇迤东河道内通泰等四州县二千户所,富安等二十四盐场,其间有鱼盐柴草之利。在前河道疏通之时,二千户所运粮船只俱在本所,修船客商引盐装至仪真,每引船钱不过用银四五分。扬州柴草每束止卖铜钱二三文。近年以来,河道淤浅加以天旱,河水干断,舟楫不通,盐鱼柴木等项俱用旱车装载,二所运粮船只不得回还本所。牛车脚贵,柴米价高,以致客商失陷本钱,军民难以过日。前项(何)[河]①道自湾头起至通州

---

① 据[明]王恕《言开河事宜并乞先修旧塘水闸奏状》校,收录于[明]陈子龙《皇明经世文编》卷之三十九。

白浦止，三百四十余里，俱应挑阔。雷公上下塘、句城塘、陈公塘俱系汉唐以来古迹，各有放水减水闸座。年久坍塌，遗址尚存。近年止是打造土坝拦水，随修随坍，不能蓄积水利。若每塘修造板闸一座，减水闸二座，潦则减水，不致冲决塘岸，旱则放水，得以接济运河。舟楫流通，永为军民无穷之利矣。

万恭云：高邮诸湖西受七十二河之水，岁苦溢，乃于东堤建减水闸数十，泄水东注。闸下为支河，总汇于射阳湖盐城入海，岁久悉湮。弘治中，乃开仪真闸，苦不得泄。治水者岁高长堤，而湖水岁溢。隆庆初，水高于高宝城中者数尺，每决堤即高宝、兴化悉成广渊。隆庆六年、万历元年，建平水闸二十一，于长堤又加建瓜州闸，并仪真闸为二十三。湖水大，平淮涨，不能过宝应，又复浅船浅夫，但许深湖，不许高堤。旧制初建，瓜州花园港通惠闸得故。今焚韩世忠船板改广惠闸，又得故闸基，椿石椿大四围基，因之则花园港故网关也。而或恐二十三闸泄高宝八百里七十二河之水，欲闭瓜、仪蓄诸湖利饷道，误哉。

各湖水南注者，仪河窄而浅，瓜河广而深。余惧瓜之夺仪也，乃于三汊河建洋子桥。桥口如闸，制以节束之，仪河不病浅矣，而瓜闸江潮近六十里则早至而迟落，更便于仪闸镇江截流。官舫径趋江都、真州，省续食征夫之役，又利仪闸云。

高邮湖，弘治三年，白公以七十余万金成康济河，商诚便也。第不当东绕，围民田一万八千亩，康济与湖通，水如城田。若孟不得已于新河之底沉三涵洞，穿月河而东泄，船行洞之上。方末七十年，松板洞室不复能穿月河。水汇田中，是老堤之东又益一万八千亩之田湖也。左哉左哉，老堤如线，浸万顷中，八面受敌，而大堤坏，中堤故卑薄，大湖拥田湖，风涛击之，而中堤坏。二堤俱坏，则康济东堤直弱缯当万石之弩耳，岂不危哉。今议固老堤、塞金门、决康济、涸湖田，乃循老堤之东去十丈为之东堤，一护老堤，一成月河。岁加修筑，则运与民与商舶万世之利也。

万历二十三年三月，南京礼科给事中朱维藩疏浚高宝二湖。其略云：臣窃维高宝二湖界在淮泗之下，既仰受上流之水，又旁接诸山之水。众湖联络，汇为巨浸。中间所恃者惟一线之堤耳。堤之内涓滴皆漕渠也，稍损之则病。漕堤之外，尺寸皆民膏也，或溢之则病民。二者皆非所以为国也。治河者但知筑堤为要，以堤日高而河身亦与之俱高，矧堤土之版筑，一经风雨之淋，则即此堤上之土又反为填河之害矣。如是则内之容受者不多。暴水一至，不得不涨，堤口之决，始以寻丈，既而数百丈，其势焉能御哉。去岁高邮清水潭决，湖水东注，数月不塞。二州五县之沃壤悉为沮洳之场，补葺未已，又复报决。且比闻漕渠之水亦渐艰涩，可不为寒心哉？夫此二湖者虽善泛溢，然皆通江达海可以宣泄，仍有原设诸塘可以容纳。为今之计虑。其壅溢莫若导其下流之处，何也？水必有归，而后不为害。查得二湖之在上流者，北可入江，皆有故道可循。在下流者，则有蒙龙、喻口，尤为入海要路。闻有旨，疏浚而复辍。臣诚不知其故也。尤有要者，欲其容蓄，必当预复其翁，受之所何也？穴必有容而后不横溢。查得该隶江都者，则有上雷、下雷、小新之三塘，隶仪真者，则有陈公、句城之二塘。缘兹二湖既受诸山之水，必此五塘斯有容受之处。原设石闸确有定例，溢则由塘而南导之入江，旱则引之入漕河以济运。此又先臣平江伯陈瑄规画之至计。今竟不闻修复，何也？乞敕工部再议。如复挑浅以疏积土，复闸规以杀冲流，皆有旧制，似可无难。惟浚下流并厚五塘二议尤为吃紧耳。

祖陵

总河潘季驯题称：嘉靖十四年，总河刘天和议得祖陵在泗州城东北,相距一十三里。坐北向南,地俱土冈。其冈西北自徐州诸山发脉,经灵璧虹县逶迤起伏数百里而来,会秀含灵至兹聚止。陵北有土冈联络倚负,南有小冈横亘依凭,小冈之北,间有溪水涨流。先年置桥利涉,凡谒陵官员俱至此下马。是西北二面,土冈联属,永奠无虞。其南面小冈之外,即俯临沙湖,西有陡湖之水,亦汇于此。沙湖之南为淮河,自西而来,环绕东流。上有塔影、芦湖、龟山、韩家、柯家等湖。但遇夏秋,淮水泛涨,则西由黄冈口,东由直河口,弥漫浸溢,与前项湖河诸水通连会同,间或淹及冈足,及下马桥边。惟正德十二年,大水异常,涨至陵门,遂侵墀陛。此则旷百年而一见也。今欲遵奉原题,东西南三面量筑土堤一节。职等浅见,欲自下马桥边及林木左右筑堤,则板筑震惊,锸斧掘伐,关系匪细,固非职等所敢轻议。欲自陵前平地筑堤,则积水长盈,群工难措。抑且远无所御,近有所防,亦非职等所敢轻议。又欲东自直河口,西自黄冈口,上下五十余里间,远筑围绕,但恐此堤一成,淮河一时泛涨之水,虽稍能障弊傍溢,而陵前湖河诸水又将阻遏北侵。名虽防河,实则蓄水,远流未及为患,而近水先有可忧者矣。尤非职等所敢轻议也。又据匠役王良等量得,自淮河见流水面至岸地,北水高七尺,又自岸至下马桥边,地高八尺四寸,桥边至陵门地高六尺,陵门地至陵地高一尺七寸,共高二丈三尺一寸。况基运山虽俱土冈,百余年来,每岁水溢未闻冲决,寔我三祖陵寝万年根本之地,百祥肇始之区,委的事体重大,未敢遽拟等因。到职随该职公同各官恭诣祖陵,伏瞻环仰,博访备询,亦与各官会议相同。窃惟祖陵数百年来奠安已久,今一旦添筑土堤,虽水患固当预防,而工役岂宜轻动。委的事体重大,非职等所敢轻议等因。职按前疏系嘉靖十四年所题,地势水势颇为明悉。据称陵地迥高二丈三尺一寸,则虽极大之水亦无高出玄宫者。且陵前湖河诸水向来伏秋涨溢,如此,要知非筑高堰后始然矣。

万历五年,工部勘得水势汹涌,风浪冲击,崖岸逐渐坍塌,逼侵柏林,包砌石工,计长二百二十六丈,至万历五年工完。巡按邵陛亦于此时行州,将护城堤用石包砌,至今赖之,称为邵公堤。

地理心学云:祖陵龙脉发自中条,王气攸萃。前潴水成湖作内明堂,淮河、黄河合襟作外明堂。淮上九峰插天为远。案:黄河西绕,元末东开会通河绕之,而圣祖生矣。

黄、淮二河合襟谓之水会天心,实祖陵钟灵毓秀之吃紧处也。今欲纵淮出高堰,是分两河为二道,且过宫反跳,为堪舆家大忌。臣子何敢轻议。

淮水发源河南桐柏山,挟汝决穷颖肥濠等处七十二溪之水,至泗州下流龟山横截河中,即《祖陵赋》云:"下口龟山不等闲,湾如牛角,势样非凡者"是也。故至泗则涌且淮涨于泗,即淮涨于河南徐邳也。每岁伏秋皆然。万历六年前,黄决崔镇而北,淮决高堰而东,泗州苦水石护祖陵东麓及泗州护城堤以此。

仪真瓜州运道

仪真上下江口及瓜州便河皆由江达淮,运道襟喉。宋时,仪真尝建三闸。洪武中,即其地筑为坝。弘治元年,始建东关、罗泗二闸。十二年,复于滨江建拦漕闸。嘉靖五年题准,潮涨开闸放船,潮退盘坝,不许候闸延久。万历四年于朱辉港、鑰匙河、清江等处,各开河以便停泊。

瓜州江口旧建土坝。江北粮船空回,撤坝以出。而江南重船,反令盘坝搬剥艰难,风涛守候。隆庆六年题准,自时家州以达花园港,开渠六里有奇。建瓜州通江闸二座。自此漕艘始免车盘之苦。

万历四年,于瓜州开港坞以泊运船。

丹阳运道

常州至丹阳河道浅淤,岁费功力开挑。嘉靖十九年夏四月,丹阳河道淤,漕舟由孟渎渡江,江阴大盗黄艮、秦璠劫舟粟七艘,杀运卒数百人,执捕官,縶樯竿,射杀之,南科以闻。上曰:江寇猖獗,守土巡江官职谓何? 令夺俸置理有差。

漕河职掌

永乐初,江南粮饷,一由江入海,出直沽由白河运至通州;一由江入淮,由淮入黄河,至阳武县,陆运至卫辉府,由卫河运至通州。九年浚元会通河。宋礼奏:三年海运两次,于徐州、济宁州置仓收粮,造浅船五百只,拨附近卫军领驾。从会通河攒运,每年三次,以补海运一年之数。十三年,户部奏罢海运,悉转运于里河。

正德年□工部题,奉武宗皇帝圣旨:京储重事,今运河水少,又被往来马快座船人员挟势越帮,强开闸座,走泄水利。诚恐阻滞粮运,你部里便,申明旧例,行都察院出榜禁约。今后再有似这等的重治不饶,钦此。

工部分差主事严督闸坝管河等官,每年各要先时挑浚淤浅,慎蓄水利。粮船到闸,即便开放,不许停留守候。

嘉靖三十八年题准,各该河道大小官员,自通州至仪真及扬州、高邮各地方,俱要及时修筑堤岸,疏浚河渠,以济粮运。如遇非常冲决,亦要多方设处,亟行修筑。临期误事者,军卫有司官员,悉听漕司河道衙门及巡仓巡河御史参提,照依运官参降事例。阻浅十日,该管有司军卫罚俸半年;阻浅二十日,罚俸一年;阻浅一月,军官降一级,回卫差操,有司降一级,赴部调用。管(可)[河]郎中照才力不及事例降一级调外任,河道都御史听南北科道巡盐巡仓御史参奏定夺。

四十一年题准,常州、奔牛、丹阳、黄泥坝、镇江京口至瓜州一带河道,江南巡抚行镇常兵备道,严督各府州县掌印等官,每年十月中旬查勘浅阻去处,立限挑浚。临时若觖阻重运至十日,该府州县管河官俱听巡抚漕司照例参究。

隆庆三年题准,河道都御史每年委官查勘小滩河道淤浅去处,速责管河官设法挑浚。果天旱水涸难行,许运官即呈河道衙门行大名兵备道临清管闸主事严行府县委官督雇民船,刻期起剥,运官给与脚价。如该道司府迟延致误粮运,即行参奏。其豪民盗决泉源者如律究治。

五年题准,苏州、宁国等府,南陵、泾县、太平三县及海宁、崇德等处运河淤浅,府县掌印管河官每年先期踏勘挑浚,俱限十月内工完,违误照例查参。其丹徒蓄水练湖清复还官。

又题准,漕河一带,自仪真至北通州俱有额,设浅铺浅夫。每年沿河兵备及管河郎中主事备细清查,照额编补,不时查点,责令专在地方筑堤、疏浅、拽船。事完照例采办椿草,违者参究。

万历元年题准,蓟州运道自王家浅至冀家窝一带,蓟州兵备道督令各该有司掌印管河官,每年务要先期疏浚修筑,以待粮运。如怠玩致临期阻误,漕司照例参奏降罚。

又题准,直隶徐邳上下黄河经由去处,如有军民盗决故,决河防、干碍漕运,照例将为首者,民发附近卫所充军,军调边卫。

六年覆准,将淮南并浙江、江西、湖广各属兑改漕粮,分别灾疲,地方通融,改折二百万石,共该折粮银一百三十七万一千四百二十三两二钱零,又减存运军省下行粮等银约该二十二万四千两有奇,通共银一百五十九万五千四百二十三两有奇。于内,以一百万解户部,以五十九万五千八十两协济河工。

七年题准，每年粮运过淮之日，高邮管河郎中驻扎仪真，张秋郎中驻扎济宁，通州管河郎中驻扎河西务，以便督理。一遇浅阻，亲督人夫，及时挑浚。

又题准，通仓郎中会同管河郎中，至浅阻处所，多方疏浚，仍责令运船依限前进。将攒过运官船只每十日开揭递报，南去空船一并催攒，依限早回。若各运官旗故意迁延规避者，究治仍呈部查参。其临河各仓主事亦要留心催督疏浚，不得迟违误事。

天津以北一带河道属巡仓御史及管通惠河工部郎中分理。其河西务桃花浅等处浅溜，务要督率军卫有司管河官严责。原设堤浅夫役常川疏浚，如有阻误，查照单例计日参治。

天津至蓟州一带，敢有居民、弓兵、官校人等，在河路张布罾网、阻碍船只，及称盘诘因而抢夺财物者，许运军即赴抚按衙门及邻近管粮管河郎中主事陈告拏问。

经纪把持闸坝索钱者，听巡仓御史、通州坐粮郎中拏问治罪。

九年题准，将河西务至通州一带河道分为四节：河西务至舒难浅，委武清县管河主簿；谢家浅至李家浅，委香河县县丞；白阜圈浅至马房浅，委漷县典史；王家浅至石土坝，委通州同知。各领浅夫一百五十名，兼用军民浅夫，照地严督挑浚。遇船阻浅，并力挽拽，送过信地，周而复始。如有卖放军夫，管河郎中即行查参，勤能出众，移文吏部纪录。

二十八年御史方大美题，天津迤北一带河道，河西务至通州分为四节。每节各浅委州县官一员，分地挑浚。又杨村通判一员专督浅工。原以白河浮沙易淤易浚，全赖人力疏通。乃今官则觊觎别差夫，则包揽积棍冒名搪抵，终日挑浚不过捞集浮土，粮船一至率皆四散奔逃，致误粮运。该郎中王在晋议覆，呈堂题准，每年定于冬季务如额挑浚，如有蹈习前弊者，抚按不时参究。

漕河总论

按:历代建都于西北者皆仰给东南之漕。都长安者阻(塞)[关]①陕之险,漕运极难,所资者江淮河渭。都洛阳、汴梁者兼资汴、洛、汝、蔡而已。惟我朝建都幽燕,东至于海,西暨于河,南尽于江,北至大漠,水涓滴皆为我国家用。其用最大,其功最巨者。其运河由江而入邗沟,由邗沟达淮而渡上清口,经徐吕二洪、沂、沁、泗水至济宁。济宁居运道之中,所谓天井闸者,即《元史》所谓会源闸也。泗、沂、洸、汶诸水毕会于此,而分流于南北。北至安民山入于新河,地降九十尺,为闸十有七,而达于漳御。南至沽头,地降百十有六尺,为闸二十有一,而达于河淮。此盖居两京之间,南北分中之处。自是而南至于河淮,顺流也。河淮东流至清口而入于海,乱流而渡,由邗沟渡江而达于南京。自是而北,至于漳御,顺流也。御河北流至直沽而入于海。溯流而上,由白河抵潞而达于北京。迤南接济之水,有自武陟来之沁,有自琅琊来之沂,迤北接济之水,有自金龙口之河,有分漳沱河之水。通论诸闸,天井居其中,临清总其会。居中者如人身之有腰膂,总会者如人身之有咽喉。腰膂损则四肢莫运,咽喉闭则五脏不通。国家都北而仰给于南,恃此运河以为命脉。济宁居腹里之地,州县栉比,居民鳞次,而又多有旁出之途。惟临清乃会通河之极处,诸闸于此乎尽,众流于此乎会,且居高临下,水势泄易而涸速。是凡三千七百里之漕路,此其要害也。东控青齐,北临燕赵,且去边关不远,疾驰之骑不浃旬可到焉。为国家深长之思者,宁有而弃,毋无而悔。屯兵以为防守,是亦思患豫防之一事也。

---

① 据[明]邱浚《大学衍义补》卷三十四"漕挽之宜"(下)校。

《通漕类编》卷之六
河渠

湖

湖泉之水，导引蓄泄，皆以济漕为运道所关。徐沛山东诸湖在运河东者，储泉以益河之不足，曰水柜；在运河西者，分涨以泄河之有余，曰斗门。而淮扬诸湖即为运道，其山东新旧各泉可引以济漕者，派分为五：入汶水者为分水派；入泗、沂、济及天井开漕河者为天井派；入白马河及南阳枣林鲁桥闸河者为鲁桥派；入南阳新河者为新河派，即沙河派；入邳州河者为邳州派。今备载焉。

安山湖在东平州，周围八十三里零一百二十二步。旧有二闸，底高于河，水不能入，湖之下口无闸，水不能出。嘉靖六年，止于湖中筑堤十余里，而湖益狭，后乃渐复焉。

南旺湖在济宁州即七十二泉所汇，周围一百五十余里，漕渠贯其中。西岸为南旺西湖，东岸为南旺东湖。汶水自东北来，界分东湖为二。二湖之下，北为马踏湖，又北为伍庄湖。南为蜀山湖，又南为马场湖。各湖通连无间。凡与西湖尽处相对者，即为东湖。东西湖中为长堤二。西堤设斗门，为减水闸十有八，随时启闭，以济运河。遇有淤浅，随时挑浚。每二年一大挑。隆庆中开南旺月河二十里有奇，以便大挑。北至王家洼，南出尹家洼。稍北里余，各建通河大闸一座。马场湖周围四十里，旧有堤坏，与运河相通。河水稍盈即泄入湖，每致浅涸。嘉靖十四年，筑堤长六十里，内外各植柳以护之。更置减水闸五座。运河易盈，湖水亦有蓄泄。

蒲湾泊武家湖在汶上县。

南阳湖在鱼台，即独山坡，汇为湖。周围七十六里，引沙河，经其中入新河。

昭阳大湖长十八里，小湖长十二里，二湖相连。北属滕，南属沛，周围八十余里。纳诸县水。湖口置石闸，放水入薛河，由金沟口以达旧运河。后以河决，弃沽头，于湖东开新河。则南阳在东，昭阳在西，去黄水益远，运河乃安。

赤山湖、微山湖、吕孟湖、张庄湖，四湖相连，长八十里，在徐州。引薛河，出地浜沟，入新河。

蛤蟆湖长二十里，连汪湖长一十五里，周湖长二十里，柳湖长一十五里，在邳州。

落马湖（《县志》作骆）长六十里，茅茨湖长六十里，黄墩湖长二十里，侍丘湖长三十里，仓基湖长三十里，埠子湖长八十里，在宿迁县。

大庄湖长十里，崔镇湖长三十里，在桃源县。

杜村湖长十里，万家湖长十里，在清河县。

管家湖在淮安府城西门外，旧有堤。永乐十四年，命官于湖中筑长堤，以便运舟，随时修筑。

白马湖长三里，氾光湖即宝应湖长三十里，界首湖即津湖长三里，在宝应县；新开湖长三十五里，在高邮州；邵伯湖长十八里，在江都县。诸湖延袤高宝，以抵扬州，上下相接。

按：济漕不出于南旺、昭阳二湖也。《南畿志》载：淮扬诸湖之水涣散无纪，乃筑堤束水界为漕渠。而田亩运道始利。都御史陈公濂又于邵伯湖作石堤二十余里，而堤始固。湖多风涛，舟复损于石。弘治三年，都御史白公昂又于高邮之北五十里作外堤，长四十里。南北作石闸启闭，名康济河，而湖患除。惟氾光湖在宝应尚为舟患，知县闻人诠尝请如高邮治外堤，得可其奏，而有司未竟其事，似不可终辍也。

霍韬议云：前议起河南、山东丁夫数万疏浚淤塞，以通运道。然淤泥自高而下，势无限极。日役万夫，力亦不足。今沛县河淤，运舟皆由昭阳湖入鸡鸣台，至沙河。宿迁路①不过百里，惟湖西②宽阔，夏秋水溢，波涛汹涌，或有覆溺之虞，冬春水涸，复有胶浅之患。若沿湖侧畔筑砌长堤，浚为小河，河口为闸，以时蓄泄，可备风涛水涸，易为通浚。目前，运道可以无阻，三月即土堤可成，一年即石堤可成。用力少，取效速，黄河愈溢，运道愈利，较之役夫丁以浚淤土，愈浚愈淤，劳逸大不侔矣。

按：昭阳湖跨沛之境，南北与漕道贯脉，顾当时始开漕者，不藉于昭阳，而别为一漕道者，只以昭阳有覆溺胶浅二患耳。今如湖侧可筑堤，是或一说也。

泉

齐鲁地多泉，故闸河自徐达卫，地七百里，赖泉以济。刘天和曰："运道以徐兖闸河为襟喉，闸河以诸泉为本源"。今查泉源共一百七十六处，散在泰安等州、汶上等县。先年兖州府专设管泉同知一员，近年虽有浚河之名，全无实效。将泉源浚而修治之，庶漕渠有济矣。

东平州泉十四旧九新五

---

① ［明］陈子龙《皇明经世文编》卷之一百八十六，霍韬《议处黄河疏》为"至于沙河。所迁之路，不过百里"。
② ［明］陈子龙《皇明经世文编》卷之一百八十六，霍韬《议处黄河疏》为"面"。

安圈泉	吴家泉
张胡郎泉	小黄泉_新
大黄泉_新	王老沟泉
席桥泉	净泉_新
源泉_新	冽泉_新
杷头泉	独山泉
铁钩嘴泉	坎河泉_{俱入汶}

旧有徐家庄灰芦三泉，今废

汶上县泉三_{旧二新一}

龙斗泉	泺当山泉

鸡爪泉_{新，俱入汶}

旧有马庄泉，今废

平阴县泉一_旧

柳沟泉_{入汶}

滋阳县泉八_{旧四新四}

东北新泉	阙党泉
古沟泉_新	负假泉
上蒋诩泉_新	下蒋诩泉_新
西北新泉	驿后新泉_{新，俱入济}

邹县泉十二_{旧八新四}

鳝眼泉	程家庄泉_新
孟母泉	陈家沟泉
白马泉	冈山泉
黄港沟泉_新	渊源泉
柳青泉	马山泉_新
胜水泉_{新，俱入白马河}	三角湾泉_{入鲁桥河}

旧有白庄泉，今废

曲阜县泉二十旧十七新三

横沟泉	埠下泉
新安泉	变巧泉俱入泗
青泥泉	柳青泉
车辋泉	逵泉
茶泉	双泉
曲水咏归泉	温泉
连珠泉	新泉
曲沟泉	濯缨泉
邹村泉新	文水泉新

柳庄泉新，俱入沂

蜈蚣泉会鳝眼泉，入白马河

旧有潺声泉，今废

泗水县泉五十三旧三十新二十三

趵突泉	珍珠泉
淘糜泉	

黑虎泉四泉俱出陪尾山林泉寺左，会为泗源

繁星泉	白石泉新
莲花泉	新开泉新
响水泉	红石泉

甘露泉七泉在林泉寺南，会趵突等泉入泗

下庄泉	三台泉新
涌珠泉	石露泉新
甘露新泉新	奎聚泉新

琵琶泉新，七泉俱会趵突等泉入泗

潘波旧泉	潘波新泉_新
黄阴泉	吴家泉
杜家泉	曹家泉
蒋家泉	里涝沟泉_新
石井泉_新	鲍村泉
合德泉_新	赵家泉
龟阴泉	龟眼泉_新
龟尾泉_新	东岩石缝泉

珍珠泉_{在县东南尚舒社}

黄沟泉	丘陵泉
石河泉	璧沟泉
小玉沟泉	大玉沟泉
芦城泉	西岩石缝泉
三角湾泉	雪花泉_新
新开第二泉_新	天井泉_新
醴泉_新	醴前泉_新
七里沟泉_新	马庄泉_新
马跑泉_新	魏庄泉_{新，俱入泗}

滕县泉十八_{旧十五新三}

北石桥泉	三里桥泉
大乌泉	绞沟泉
赵沟泉	荆沟泉
趵突泉	刘家沟泉_新
南石桥泉	玉花泉
魏家庄泉_新	三山泉
黄沟泉	白山泉_新

温水泉

黄家沟泉俱转入南阳新河

三界湾泉　　　　　　　　龙湾泉二泉挑入新河

峄县泉五旧三新二

许有泉　　　　　　　　　温水泉

搬井泉新，俱转入南阳新河

许池泉　　　　　　　　　龙王泉新，俱入邳州河

宁阳县泉十二旧

龙鱼泉　　　　　　　　　龙港沟泉

鲁姑泉　　　　　　　　　泺当泉俱入汶

蛇眼泉会诸泉入漕河，经洸、济出天井闸

张家泉　　　　　　　　　井泉

三里沟泉　　　　　　　　古泉

柳泉俱会蛇眼等泉入漕河

金马庄泉　　　　　　　　古城泉俱入漕河

鱼台县泉十四旧五新九

东龙泉　　　　　　　　　平山泉

古泉新　　　　　　　　　廉家潭泉新

西龙泉　　　　　　　　　圣母泉新

黄良泉　　　　　　　　　庙前泉

滕家泉新　　　　　　　　河头泉新

高家东泉新　　　　　　　高家西泉新

陈家泉新　　　　　　　　中溢泉新，俱入南阳新河

济宁州泉三旧

芦沟泉入南阳闸河　　　　拓基泉入枣林闸河

马陵泉入鲁桥闸河

泰安州泉三十八旧三十五新三

板桥湾泉	皂泥沟泉
鲤鱼沟泉	范家湾泉
铁佛堂泉	清泉
周家湾泉	风雨泉
马儿沟泉	梁子沟泉新
木头沟泉	龙湾泉
张家泉	梁家庄泉
上泉	马蹄沟泉
臭泉	朔港沟泉
水磨泉	狗跑泉
报恩泉	陷湾泉
胡家港泉	马黄沟泉
龙王泉	浊河泉
斜沟泉	羊舍泉
颜谢泉	北滚泉
顺河泉	韩家庄泉新
力沟泉	东柳泉
神泉新	西柳泉
龙堂泉	水波泉俱入汶

新泰县泉十四旧十二新二

南陈泉	魏家泉
南师家泉	名公泉新
张家泉	公家庄泉
孙村泉	西周泉
名湾泉新	和庄泉

西都泉	古河泉
刘杜泉	灵查泉俱入汶

旧有北鲍泉及北流泉、万岁泉,今废

肥城县泉九旧五新四

清泉	拖车泉新
盐河泉	董家泉新
藏家泉	吴家泉
王家泉	开河泉新

马房泉新,俱入汶

莱芜县泉十六旧十一新五

小龙湾泉	湖眼泉
莲花池泉	郭娘泉
牛王泉	鹏山泉
乌江岸泉	镇里泉
赵家庄泉	王家沟泉
半壁店泉	海眼泉新
雪家庄泉新	水河泉新
鱼池泉新	新兴泉新,俱入汶

蒙阴县

旧有泉河、顺德、伏牛峪、官桥、卞家庄五泉,俱入邳州河,今废

沂水县

旧有单家、铜井、芙蓉、上泉、盆泉、灰泉、大泉、小水、雪王台、龙王堂共十泉,俱入邳州河。今废

泉源分派

南庄诸闸仰汶、泗以为漕,而汶、泗上源有泉,跨三郡十八州县。其幅廓最广,流

委最长,乃设官督理焉。

汶河派计一百四十五泉

济河派计九十六泉

泗河派计二十六泉

新河派计二十八泉

沂河派计十六泉

《东泉志》曰:山东凡发地皆泉,其为漕河之利者,不过三府十八州县,二百四十四泉也。大派有五。三汶争趋,势如飞泻。出新泰、莱芜、泰安、肥城、东平、平阴、汶上、蒙阴之西,宁阳之北,经南旺以南北其流者,曰分水派,故首志之。泗、沂西下夹鲁而南,出泗水、曲阜、滋阳、宁阳、会汶与洸,以入元人所谓会源闸者,曰天井派,故次之。邹县、济宁、鱼台、峄县之西、曲阜之北,诸泉通乎塌里,黄良而下各入漕渠,其济鲁桥一也,则曰鲁桥派,故又次之。邹、鱼、滕、峄之流自昭阳湖分入沙河八泉入上沽头,统与沙河相近,合也,则曰沙河派,故又在其次。沂水、蒙阴及峄县、许池泉会沂、汶二河而下,径入古邳,与黄河入淮,曰邳州派,故以是终焉。关系虽有重轻,其实皆能利泽万世者也。故各疏其所出及其派所由来,以备参考云。

自分水而入者皆汶也,当为汶河派。自会源而入者,泗、沂交流,合为济,会于洸,当为济河派。自鲁桥而入者泗故道也,而济、鱼之泉注之,当为泗河派。滕、鱼、峄之泉入于留城者,今为新河,当为新河派。其流于下邳者,自沂而入,当为沂河派。

国初泉无专官,永乐中定北都,始浚会通河,以通漕。徂徕诸泉之在北者,由汶河以分达之,沂、泗诸泉之迤南者,由沂、泗而散达之。由是东泉始为漕河上源蓄济之用。

济州据齐鲁之交,南北道里之中受泗、沂、洸、汶诸水分流。其地斗峻,势若建瓴,厥流湍激,易涸。乃疏诸泉源,以壮其源,增修诸闸,以节其流。漕道斯通，公私利之矣。

闸坝

宛平县闸五

青龙闸　　　　　　白石闸

广源闸　　　　　　高粱闸

澄清闸

大兴县闸三

庆丰闸　　　　　　平津上下二闸

通州闸五坝一

普济闸　　　　　　南普闸

土桥闸　　　　　　广利闸

通流闸　　　　　　石坝

旧普济、通流俱有上下二闸，今各废其一

临清州闸五

南板闸　　　　　　新开上闸

沙湾减水闸　　　　潘官屯减水闸

观音嘴减水小闸

旧有会通、临清二闸，今废

清平县闸三

戴家湾闸　　　　　李家口减水闸

魏家湾减水闸

堂邑县闸四

梁家乡闸　　　　　土桥闸

土桥进水闸　　　　新开口进水闸

旧有土城中闸二减水闸，今废

博平县_{闸五}

第一至第五五减水闸

旧有老堤头北减水闸，今废

聊城县_{闸十}

通济桥闸　　　　　　　李海务闸

周家店闸　　　　　　　龙湾西柳行二进水闸

官窑口、裴家口、方家口、李家口、耿家口五减水闸

阳谷县_{闸六}

七级上下二闸　　　　　阿城上下二闸

荆门上下二闸

宁阳县_{闸二}

洸河东西二闸_{嘉靖六年建}

旧有堽城石坝、堽城闸，今废

滋阳县_{闸一坝一}

金口闸

金口石坝_{成化八年，因元旧，易为石堰}

旧有土娄、杏林二闸，今废

邹县

旧有港里积水闸小闸，今废

东阿县_{闸一}

通源闸

寿张县_{闸一坝一堰一}

沙湾积水闸　　　　　　师家坝

野猪脑堰

东平州_{闸七坝二}

戴村闸旧　　　　　　　戴家庙闸嘉靖十九年建

安山闸成化十二年建　　靳家口闸嘉靖四年建

袁家口闸　　　　　　　安山湖东西二小闸

戴村坝　　　　　　　　坎河口堤坝

旧有鱼营减水闸,今废

汶上县闸十六

闸河闸　　　　　　　　南旺上下二闸

寺前铺闸　　　　　　　界首石口二积水闸旧

焦栾、张全、刘玄、彭秀、孔家、邢家、常家口、关家口、李泰口、田家口十减水闸

巨野县闸一坝一

长沟减水闸嘉靖十九年建

蓬子山坝

济宁州闸十四

天井闸　　　　　　　　在城闸

赵村闸　　　　　　　　石佛闸

新店闸

新闸六闸俱因元旧,嘉靖间重修

仲家浅闸宣德四年建　　师家庄闸

鲁桥闸二闸永乐间建　　上新闸

中新闸

下新闸三闸俱成化十一年建

枣林闸永乐间　　　　　四里湾减水闸

旧有分水闸、广运上下二闸、永通上闸、耐牢坡闸、宫村闸、吴泰闸、片玉闸、碎玉闸,今废

济宁卫闸四

永通减水闸 五里营平水闸

十里铺平水闸 安居平水闸

鱼台县闸十六坝一

南阳闸宣德二年建

利建闸即宋家口闸，隆庆元年建

新河十四减水闸嘉靖四十五年建

苏家坝

旧有谷亭、八里湾、砚尾沟、阳城湖、泥河五闸，今废

滕县闸一坝五

佃户屯减水闸 东邵坝

王家口坝 豸里坝

宋家坝

黄甫坝以上闸坝俱隆庆二年建筑

沛县闸七坝三

珠梅闸 杨庄闸

夏镇闸 满家闸

西柳庄闸 马家桥闸

留城闸以上七闸俱隆庆元年，以旧河孟阳泊、沽头上中下、胡陵城、庙道口、谢沟七闸改建

沙河口坝隆庆元年筑 薛河口石坝隆庆二年筑

欢城坝嘉靖四十五年筑

旧有新兴闸、金沟口、飞云桥、鸡鸣台、昭阳湖中东、西六积水闸，今废

徐州闸四坝二

黄家闸天顺三年建

梁境闸即境山旧闸，万历二十年复

内华闸

古洪闸二闸万历十一年建

徐州洪石坝　　　　　　吕梁洪石坝

旧有徐州洪闸、吕梁洪上下二闸，今废

邳州闸一

匙头湾减水闸万历八年建

桃源县闸一坝四

马厂坡减水闸万历八年建

崔镇、徐升、季大、三义四减水石坝万历七年筑遥堤建

清河县闸一坝一

通济闸嘉靖中建，万历七年，改建甘罗城出口之处。题准每年六月初旬水涨，筑坝拦截。九月初旬水落，开坝行舟

天妃坝万历七年建

旧有新庄闸、天妃闸，万历七年俱废

山阳县闸七坝六堤一

福兴闸万历七年，改建寿州厂

清江闸　　　　　　　　板闸

龙汪闸　　　　　　　　永清闸

窑湾闸三闸，万历十年永济河建

黄浦减水闸万历二年建

方家坝　　　　　　　　新建坝

仁义礼智四字坝　　　　高家堰石堤万历七年建

旧有移风闸、砖闸、新城上下二闸，及万历元年建泾河、平河桥二减水闸，又有清江东西、淮安、满蒲、南锁五坝、信字坝，今俱废

宝应县闸十三

弘济河南北二闸　　　　长沙沟减水闸

朱马湾减水闸

刘家堡减水闸五闸,俱万历十二年建

江桥北等八减水闸嘉靖万历年间建

旧有七里沟、菜桥口、鱼儿沟三减水闸,白马湖、七里沟、槐角楼滚水坝,今俱废

高邮州闸九坝一

康济河南北二闸万历四年建

城南河堤三减水闸嘉靖中建

新中堤四减水闸万历五年建

蛤蜊坝

旧有观桥上下二闸、车逻王琴二减水闸,今废

江都县闸十六坝十一

广惠闸

通惠闸二闸隆庆六年瓜洲建

邵伯九减水闸

芒稻河减水闸万历十一年建

沙坝、裔家、马家渡、南潭四平水闸万历元年建

瓜洲十坝旧十一　　　　　湾头滚水坝

旧有朝宗上下、通江、新开、大同、潘家、大桥、江口、留潮九闸,及新庙等十一减水闸、邵伯小坝、扬子桥古坝、瓜洲减水跶、雷公上下二塘、小新塘、句城塘,今俱废

仪真县闸四坝六

向水闸　　　　　　　　通济闸

罗泗闸一名临江闸　　　　拦潮闸

一坝至五坝　　　　　　新坝

旧有清江等八闸、里河口闸,及东门新高桥二减水闸、刘塘茅家山北山陈公四塘、蒋家沟张家沟二减水跶,今俱废

丹徒县闸一

大犊山闸万历十一年建

丹阳县闸一

黄泥坝闸万历十一年建。以上二闸俱为挑复练湖设

漕河水程

漕运水程自通州至仪真三千里，凡为驿四十有二

通州潞河水马驿至本州合和驿一百里

合和驿至武清县河西驿九十里

河西驿至本县杨村驿九十里

杨村驿至本县杨青驿八十里

杨青驿至静海县奉新驿一百里

奉新驿至青县流河驿七十里

流河驿至兴济县乾宁驿七十里

乾宁驿至沧州砖河驿七十里

砖河驿至交河县新桥驿七十里

新桥驿至吴桥县连窝驿七十里

连窝驿至德州良店驿七十里

良店驿至本州安德驿七十里

安德驿至本州梁家庄驿七十里

梁家庄驿至武城县甲马营驿一百一十五里

甲马营驿至临清渡口驿七十里

渡口驿至本州清源驿七十里

清源驿至清平县清阳驿六十里

清阳驿至东昌府崇武驿七十里

崇武驿至阳谷县荆门驿八十五里

荆门驿至东平州安山驿六十里

安山驿至汶上县开河驿七十里

开河驿至济宁州南城驿一百一十里

南城驿至本州鲁桥驿五十五里

鲁桥驿至兖州府沙河驿六十五里

沙河驿至沛县泗亭驿六十里

泗亭驿至徐州夹沟驿七十五里

夹沟驿至本州彭城驿六十里

彭城驿至本州房村驿六十里

房村驿至邳州新安驿六十里

新安驿至本州下邳驿六十里

下邳驿至本州直河驿六十里

直河驿至宿迁县钟吾驿六十里

钟吾驿至桃源县古城驿六十里

古城驿至本县桃源驿六十里

桃源驿至清县清口驿六十里

清口驿至淮安府淮阴驿六十里

淮阴驿至宝应县安平驿八十里

安平驿至高邮州界首驿六十里

界首驿至本州孟城驿六十里

孟城驿至扬州府邵伯驿六十五里

邵伯驿至本州府广陵驿四十五里

广陵驿至仪真县仪真驿四十五里

今瓜州近造通江闸,江南兑运漕船由闸径通广陵驿,无过坝之劳。广陵驿至瓜州四十里。

《通漕类编》卷之七

河渠

黄河

《山海经注》:河源出昆仑之墟《山海经》曰:昆仑山纵横万里,高万一千里,去嵩山五万里,有青河、白河、赤河、黑河环其墟。其白水出其东北陬,屈向东南流,为中国河。河百里一小曲,千里一大曲,发源及入中国,大率常然。东流潜行地下,至规期山;北流分为两源,一出葱岭,一出于阗。其河复合,东注蒲昌海,复潜行地下,南出积石山,西南流,又东回入塞,[过](炖)[敦]煌、酒泉、张掖郡南,与洮河合。过安定、北地郡,北流过朔方郡西,又南流过五原郡南,又东流过云中西河郡东,又南流过上都河东郡西,而出龙门汾水从东于此入河,河东即龙门所在。至华阴潼关,与渭水合。又东回过砥柱砥柱,山名。河水分流,包山而过,山见水中若柱然。今陕州东河北陕县三县界。及洛阳孟津所在。至巩县与洛水合,成皋与济水合济水出河北,至王屋山而南,截河渡,正对成皋。又东北流过武德,与沁水合。至黎阳信都信都,今冀州,绛水所在。绛水亦曰渍水,一曰漳水。巨鹿之北,遂分为九河巨鹿,今邢州,大陆所在。大陆,泽名。九河,一曰徒骇,二太史,三马颊,四覆釜,五胡苏,六简,七洁,八钩盘,九鬲津。又合为一河而入海齐桓公塞九河以广田居。故馆陶、贝丘、广川、信都、东光、河间以东城池,九河旧迹存有。汉代河决金堤，南北多罹其害。议者常欲求九河故迹而穿之，未知其所，是以班固云：自兹距汉已亡其八枝也。河之故渎，自沙邱堰南分，屯氏河出焉。故《尚书》称：导河积石，至于龙门今绛州龙门县界。南至于华阴，北至于砥柱，东至于孟津在洛北，都道所凑，古今以为津。东过洛汭，至于大伾洛汭，今巩县，在河洛合流之所。大伾山，今汜水县，即故成皋。山再成曰伾。北过绛水，至于大陆其绛水，今冀州信都。大陆，泽名，今邢州巨鹿。又北播为九河，同为逆河入于海是也同，合也。九河又合为一，名为逆河。逆，迎也，言海口有朝夕潮，以迎河水。初禹自黎阳东北界，分河为二渠以引水，一南出会隰川，今河所流也今河滑州以东，是旧隰水。一出贝丘，即九河之上河。王莽时废塞，故俗谓之王莽河《史记·河渠沟洫志》并云：河之为菑①害，中国尤甚。禹导河自积石，历龙门，又酾二渠以引。如淳注：二渠一出贝丘，一则隰川。王莽时河遂塞，但用隰耳。隋炀帝于卫县今卫县。因淇水之入河淇水亦曰清水。立淇门以通河，东北行，得禹九河之故道，隋人谓之御河。

古今河源之说异，《禹贡》云："导河自积石"，未穷其源也。汉张骞云："河有两源，一出于阗，一出葱岭"。唐薛元鼎云："得河源于昆仑之水，赤、黄、黑、青，色以方异"。《穆天子传》言："阳纡之山，河伯所居，是惟河宗"。佛书言："阿耨达山有大渊，水即昆仑也。其山名往往不同者，或古今变易，或番汉异称耳"。按潘侍读昂霄《河源志》：今朝之究河源，盖得之目睹，非传闻者也。太祖尝征西夏，过沙陀，至黄河九渡，九渡者，在昆仑西南。宪宗命皇弟旭烈征西域，凡六年，拓地四万里，而河源在域内矣。至元庚辰，世祖命臣都实往西域，将城其地，以通互市。自河洲行五千里，抵河源。及还，图城墩位置以闻。上悦，以为吐蕃都元帅。领工徒以往，使其弟阔阔出驰奏，大臣阻之。次年，还。河源在土蕃西鄙，有泉百余窦，地方七八十里，皆沮洳不胜

---

① 古同"灾"。

人迹。泉不可逼观，登其旁岭，下视[泉]①窦，历历如列星然，故名火敦恼儿。火敦者，汉言星宿也；脑②儿者，海也。星宿海合流而东，汇为二泽，复合流，始名黄河，然犹清可涉。河析为九，即九渡也。广五七里，下复合流，渐远，水益浑。土人抱革囊骑过之，其聚落之处，多编木如舟以济，附以毛革，中仅容二人。又东，则两山峡束，广可一二里或半里，深莫测矣。昆仑腹顶皆雪，盛夏不消，河过其南，距山麓仅五六十里。又南为四达之冲，地多盗，常镇以兵。昆仑之西，人民少，山居。其南，山峻，兽有旄牛、野马、狼、狍、猿、羊之属。东则山益峻，而地渐下，岸至狭，或狐可跃渡。河至贵德州，始有官治。历积石至河州，东北流，历兰州、鸣沙州、应吉里州，流正东，自星宿海至汉地。河南北小水旁注者众。其山或草或石，至积石始林木畅茂。世言：河九曲而彼地有二折云。《汉书》言："葱岭河至蒲昌海，水潜流而出临洮"。今洮水自南下，非蒲昌也。土人言："于阗葱岭，水下流散之沙碛，则其潜流"，信然，然其后③出者莫知矣。或又云："黄河与天通"，又云："昆仑去嵩高五万里，阆风、玄圃、积瑶、华盖，仙人所居"，皆妄也。世多言河出昆仑者，盖自积石而上，望之若源是矣，而不知星宿之源，在昆仑之西北，东流过山之南，然后析④而抵山之东北，其绕山之三面，如玦焉，实非源于是山也。然凡水者，山之血脉也，山高而广，则其水必众而巨。昆仑至高、广者也，而谓无一水源于其间耶？其不言之者，盖欲破昔之谬。著今之奇，故略之尔。延祐中，阔阔出为翰林承旨，潘侍读与同寮稔得其深言云：黄河水东北流，历西番，至兰州凡四千五百余里，始入中国。又东北流，过房境，凡二千五百余

---

① 据(元)潘昂霄撰《河源志》校。文渊阁《四库全书》本。

② 应为"恼"。

③ [元]潘昂霄撰《河源志》为"复"字。文渊阁《四库全书》本。

④ [元]潘昂霄撰《河源志》为"折"字。文渊阁《四库全书》本。

里,始转河东,又南流至蒲州,凡一千八百余里。通计屈曲九千余里。而张骞所访,乃在其西万里外,盖为吐蕃遮隔,不得假道故也。

黄河修筑

黄河发源合陕西、山西诸水而始大,至河南始散漫泛溢,至山东势益峻急,冲决无常。

洪武二十四年,决原武,淤安山。正统十三年,河溢荥阳县,自开封府城北经曹、濮二州、阳谷县,以入运河。至兖州府沙湾之东,决大洪口。诸水从之入海。

景泰四年,命官塞之,乃更作九堰八闸以制水势。复于开封府金龙口即荆隆口、筒瓦厢等处,开渠二十里,引河水东北入运河。

弘治二年,复决金龙口。东北至张秋镇入运河,而红荆口并陈留、通许二县俱淤浅。命官治之。

三年复决原武,命户部左侍郎白昂往治之。时河决分三支,一出封丘县金龙口,漫祥符、长垣,下曹、濮,溃张秋长堤;一出中牟县,下尉氏县;一出泛兰阳、仪封、考城、归德之境至于宿州。廷议遣昂挑浚通许河、江荆口二处,弗绩。乃首筑阳武长堤,以防张秋;筑塞金龙口,挑浚荥泽县之杨桥,以分导河流;浚宿州古汴河,以达泗;挑开归德之小坝,分河流入睢宁县之小河,名为睢河,以杀之;又自小河西抵归德饮马池中,经符离桥一带,皆深广矣。又疏月河十余,塞决口凡三十六。由是河入汴,汴入睢,睢入泗,泗入淮,以达于海,役夫凡二十五万。

五年,决杨家金龙等口,擢浙江左布政使刘大夏为右副都御史,往治之。大夏曰:“不治上流,则决口不可塞”。乃发丁夫数万,从黄陵冈浚旧贾鲁河四十余里,由曹以出于徐,分杀水势;又浚河自孙家渡口七十余里,别开新河一道,由陈颖导水南行,以入于淮;又浚河由中牟扶沟陈颖二十五里至宿迁东入于淮;又浚淤河,由陈留县至归德州分二派,一由宿迁县小河口,一由亳州涡河会于淮;又筑长堤起河南胙城,经滑、长垣、东明、曹、单诸县,尽徐州,长三百六十里。

刘天和曰:"刘忠宣治之役始惟治张秋,久而弗绩,乃开上流孙家渡,及导河下流。由梁靖口出徐州,继治黄陵冈决,而张秋之口自塞。可以为法矣"。又总督漕运都御史张伟云:"黄河、沁水自大潭口合流东下,先年此河于通许县分流,一股入凤阳涡河,接连淮河,又于江荆口分一股流于卫辉河,又于金龙口分一股流下张秋,其徐州止是小黄河一股流下,所以水不为患。近年以来,通许县河及江荆口二股,俱已淤塞,而金龙口又经先年侍郎白昂筑塞,况上流身宽阔,水势散漫,及至徐州城边,河道窄狭,所以汹涌,冲决为患"。

正德四年,溢皮狐营,决曹县之温家口、冯家口等处,又北徙至仪封县小宋集而决,冲黄陵冈埽坝,溢入贾鲁河,败张家口等处缕水小堤。循运河大堤东南行,而贾鲁河下流淤塞,亦出张家口,合而南注。遂决杨家口道①曹、单二县城下,直趋丰沛,命官塞之。

是年河决沛县飞云桥,入运河,势甚盛。

十二年溢武城县,坏城郭田庐,命官修浚。

嘉靖五年,上流骤溢。东北至沛县庙道口,截运河,注鸡鸣台口,入昭阳湖。汶、泗南下之水,从而东,而河之出飞云桥者,漫而北。泥沙填淤,亘数十里。管河官力浚之,仅通舟楫。

六年复塞老和尚寺、八里屯、张家庄等处。命官发丁夫数万,于昭阳湖东北,起汪家口,南抵留城口,改凿新河,以避黄河冲塞之患。寻以灾异罢役。命官即故道浚之,修筑单县林台,至沛县旧城堤百四十余

①《山东通志》卷十八写作"迳"。

里,以塞入湖之道。又浚赵皮寨孙家渡口,杀上流之势,沛漕复通。

九年,自沛北徙,横流金乡鱼台,出谷亭口。命官浚赵皮寨,抵宁陵故道,及筑睢州张见口,至归德州,长堤百余里,以御泛涨。寻以河流改迁,罢役。十四年,筑岔河口缕水堤一道,长三里。又于曹县八里湾,抵单县侯家林,筑长堤八十里。

十二年,冬十月,河决亳、泗归宿等处。自济宁南至徐、沛数百里运道遂淤。命右副都御史刘天和往治之。初,嘉靖戊子,河流东溃飞云,治者疏开封赵皮寨口,导之南,由亳、泗归宿入淮,以杀其势,至己丑、庚寅两年间,飞云桥之流益北徙鱼台之谷亭,势将及济宁,一时舟行闸面,颇称快。顾决溃堤岸,冲广河身,废坏闸座,阻隔泉源。先见者惧有他虞。及是年冬,赵皮寨河南向亳、泗归宿之流骤盛,东向南靖之流渐微。梁靖岔河口东出谷亭之流遂绝。济宁南至徐、沛数百里间悉淤。廷议天和往督浚事,至访群议,或谓引黄河,或谓浚漕河。天和遂躬度,自赵皮寨东流故道,淤凡一百二十余里,而至梁靖河底,视南流高丈有五尺。又自梁靖岔河口东流故道,淤凡二百七十余里,而始至谷亭。遂定计浚南旺淤浅,以免盘剥,筑曹、单长堤以防冲决,施植柳法以护堤岸,浚月河以备霖涝,建减水闸以司蓄泄,筑缕水堤以防冲决,置顺水坝以来漫流,运道遂通。

十六年,凿地丘店、野鸡(同)[冈][1]等上流支河四十余里。

十九年,浚睢州孙继口,至丁家道口淤河五十里。

二十一年,又凿野鸡同[冈][2]上流、李景高等口支河三。导河东注,以济二洪。

二十四年,由野鸡冈决而南,至泗州,合[淮][3]而入海,遂溢蒙城、

---

① 据[明]李东阳《大明会典》卷之一百九十六“河渠一”校。
② 据[明]李东阳《大明会典》卷之一百九十六“河渠一”校。
③ 据[明]李东阳《大明会典》卷之一百九十六“河渠一”校。

五河、临淮等县。

二十五年，又决曹县，溢入武城、金乡、鱼台、单县。漂溺甚众。命总理河道都御史，会同南北直隶山东、河南抚按官议筑曹县等处，不果。

三十一年，又决房村，至曲头集，凡决四处，淤四十余里。命官浚之，役夫五万余。三阅月而成。

三十七年，淤新集、趋段家口，析为六支，入运河。又由砀山趋郭贯楼，析为五支，出小浮桥，会徐州洪。

四十四年，黄河泛徐州，将溜沟以上运河，淤凡一百六十余丈，以下淤七十余丈。又自境山至茶城五里许，小闸至沛金沟口一十三里许，俱淤。其沛县黄河赤径，冲鲁村浅西岸，循谢家庄至上闸上浅，仍东北冲，由三教湾一带一十五里尽淤。乃以朱衡为工部尚书往治河。衡议开南阳口至留城一带新河，以备运道。又开留城口至洋浅一带旧河以接新河。费银四万有奇，粟三万有奇。功犹未就，言官劾奏衡等。乃浚自南阳口至仲家口，俱底绩可行舟，但三河口至夏村口二十余里微浅涩。是年六月，黄河水发，遂决长堤二百余丈，其所挑旧河与沽头闸数里复淤。百中桥至留城一带新河堤又决百十余丈，及留城至白洋浅运道仍淤，言官复劾奏。

万历元年，茶城复淤。修建境山闸，并护房村等处堤岸。又筑遥堤。四[年][1]开草湾，导河自安东县，至金城五港入海，然泛滥如故。曹丰徐沛之间，随塞随决。

五年，秦沟复淤，自崔家口历北陈雁门集等处，至九里山，出小浮桥。其一支自九里沟谊安山，历符离，出小河口。而崔镇大决，散漫湖泊间。桃榇以下，故渠多浅。

---

① 据[明]李东阳《大明会典》卷之一百九十六"河渠一"校。

六年，命官修治，乃议塞崔镇口。因筑遥堤，束水冲沙。其南岸，自三山头至李字铺，长二万八千五百五十八丈。又自归仁集筑横堤，至孙家湾，长七千六百八十余丈。又于桃源县马厂坡筑堤，长七百四十丈，以遏南奔入淮之势。其北岸，自谷山至直河，长九千四百六十四丈。又自古城至清河，长一万八千四百十丈，建崔镇等滚水石坝四座，以缓泛溢之水，使不能溃堤而出，河流始安。

二十年，淮河涨溢，特遣科臣勘议开腰铺抵周家庄四十里，使黄让淮而安祖陵。开韩家庄及訾家营，以泄闸河之水，而保运道，实由河身日高，易于淤梗耳。后户部题称，黄流猛悍，逼阻清口，壅塞运道，欲开复老黄河上流，深浚草湾下流。部科咸谓黄水阔深，若挑故道，须与相等，计长六十里，烦縻可虑。且大河口去清口仅五里许，强黄仍逼弱淮，恐终不能泄之东注，而渔家沟一带，土地可耕，捐弃拂民。又有议开浦口至徐州，延亘七百余里，费约五六百万，部谓泗凤陵寝所在，王气讵可少泄，并行报罢。

二十三年，巡按高举疏黄、淮受病之原，其略云：臣于去年奉命巡按淮扬，比五月入徐时，徐州月河新成，积水尽泄。臣一望黄流，见城外有堤，几与城齐，堤外有河水，与堤齐。且水日益涨，堤日益增，将不知其所终。是黄水之日高，为徐城害者如此。既由徐而泗，一望淮水，见城墙以内，积水占之，城墙以外，淮水环之，倾颓民舍，淹没民田。是淮水之日高，为泗城害者如此。又由淮安历扬州，见扬州迤逦漕渠三百余里，所恃一线长堤，乃其所以为堤者，皆岸上加土，水高平地，多者丈余，少亦不下五六尺。夫堤高则渐薄，薄则易溃。今日报决青水潭，明日报决濠家湾，又明日报决邵伯口。筑土砌石，岁无虚日，聚料鸠工，日无停晷。闾阎日疲于奔命，田舍悉汇为巨浸。是漕水之日高，为地方害者又如此。臣尝得之咨诹，盖黄河之水自星宿海历关陕，奔腾万里而入于海；淮河之水自桐柏涉寿颍，夹七十二溪之水，由泗会黄而达于海。夫此沉潆两河纳百川，需此一海口以沛其朝宗之脉，则海口其咽喉也。海口沙壅，咽喉作梗，斯则河泥日结淤而高，泥高于河，水涨于上。向所称吕梁一洪，至为险峻，今则履为坦途，而不知有洪。于是乎黄涨而徐城坐困矣。强黄外抗，弱淮中停，况又截以高应堤以张福。即向所称洪泽等河，各有界限，今则汇而浩淼无涯，淮涨而泗城告急矣。淮不此出，势必南注，故每遇夏秋，都管塘、周家桥等处，茫乎四十余里，水漫而南，于是乎水涨而漕堤决矣。于此而按其势揆其源，则凤、泗、淮、扬之陷溺，病在淮；淮停，病在黄；黄之泛涨，病在海口。是故疏海口以导黄，抑黄水以泄淮，此诚首务。第恐茫茫海口，工力难施，则于今昔所议三，又镇耿公庙、訾家营、鲍家口等处，另开支河。驱由灌口而注之海，以治其本。黄水既分，淮无壅遏。或又尽决张福之堤。大辟清河之口而纵之，以治其标，则祖陵以奠，运道以安，而凤、泗、高、宝之民可措之衽席矣。

是年冬十月，工部复议得分黄导淮大工事宜。

一议钱粮河工用银六十八万，各役该领银两，责成各道督率、各府佐官每十日一验，依期给领，不许稽迟，致误工程。

二议官夫该夫八万余名，每夫给银一两五钱。凡科索苦累，夙弊尽行禁革。赴工之日，照行伍之法，每十有长，每百有率，各设旗牌以便识认稽查，分界止宿以杜争闹，设局施药以疗疾病，调兵巡逻以防意外之虞。

三议分委以便责成河工，重大工费不赀，所赖以督率夫役稽查钱粮者惟大小官员也。各府推官等监督各州县官，分理周桥、武墩、泾河、子婴沟等处。五港口、三岔墩工程，专属之海口分司官并黄家坝三大工，每工以部司及兵道各一人管理，催募人夫及放钱粮措备器具，照查夫役，责之各部司与各道查催工程，核验土方，给散工食柴米等项，则属之府佐官。一应收放河工钱粮，属之淮安府掌印官。查盘分黄钱粮属之庐州府推官。各官如遇升迁,不许离任。

四议肃法纪以整肃人心。大工肇举怨谤易生,所赖以整肃人心,鼓舞众志者,惟法纪严明也。宜甄别劝惩有钱粮明白工程。如式者定行纪劝,否则纪罚。总河以此甄别司道,司道以此甄别各委官,如横生疑畏致毁大工者,许指名具奏重治。诏从之。

二十四年三月工部奏:祖陵运道事本兼重,分黄导淮势实相须。向者淮流壅遏,由于清口河身垫高,黄流倒灌,淤沙阻塞,渐成门限,以致水积盱、泗,患及祖陵。今之议者有谓开黄家坝以分黄辟清口沙以纵淮,而又开周桥、武墩以消淮、泗积水者;有谓于运河口起至甘罗城北拐角对正东岸边另挑小渠一道暂以行运者;有谓沙在所当辟为目前第一务者,即今粮运过淮在迩,事势燃眉,虽运口新挑小渠暂可通漕,然非永赖长策,则清口沙之辟,诚有不容缓者。至谓运船出清口从鲍王口转入黄河,不如移口于江浦上,与鲍王口对直出入。仅渡一河,相距止二里许,既无远涉挽输之劳,又免旧口浅滩之患,为运道永便。乞命漕臣定议奏报。如此,不惟运道无梗塞之虞,陵泗亦可免壅溢之患矣。诏可之。至六月尽而功成。

闰八月,工部覆奏:高、宝诸河为淮、泗旁泄之路,先因淮水泛溢,清口阻碍,宣泄无自,议开周桥等处,急泄淮涨以安祖陵。又恐淮身不容纳,故议浚泾河、子婴沟以泄河入海,辟金湾、芒稻河以引湖入江。即今分黄导淮已告成功,而犹当广其入海入江之路以防伏秋之溃,伏乞下漕臣杂议。

二十七年工部尚书杨一魁题覆云:迩年黄河之南徙也,徐邳运道有浅阻之虞,归仁堤防有侵啮之虑。彼时议论纷纷,计划无出。欲塞黄堌而千丈之狂澜恐难力遏,欲浚浊河而百万之金钱又难力办,遂致筑室三年竟无成功。今自开挑三仙台、赵家圈母河及挑浚运河各工告成,黄流东注,出小浮桥入运河,水势盈漕,已挽全河十分六七顷,运事已依期报竣。即今秋冬水涸之时,水势浅者八九尺、一丈,深者丈六七尺不等。东向大势已定,官民船艘通行无阻,可为明效大验,总计费银止十万有奇,较之本工原估一十九万已省其半。若与浊河工费相提而论,省盖不啻数倍矣。都水司郎中王在晋潜心水经、加意河道,所应并赍,奉旨。管河官各叙赍有差。

二十九年四月工部覆河道尚书刘东星本有曰:河淮交变,北遏茶城,南侵陵寝,故议开黄家嘴分杀下流以导其去,复因黄堌口决至九十余里,工不可必费不可继,故议开赵家圈、三仙台等处,疏瀹上流以道其来。今值天道亢旱,经岁不雨,原头既微,来流日少。此浊河之役旋挑旋淤,非人力之未至,实水性之不可强为耳。惟徐邳一带运道咽喉,目今粮船浅阻,关系匪细,相应移咨总河衙门及各官,作速踏勘赵家圈、三仙台、李吉口上流,不及有无旁溃,果否壅塞,应否开浚,或另寻别道引水润漕以救目前之急。今伽河工程既有次第,一面添夫并力速成,期克济。

九月工科给事中张问达题称:总河尚书刘东星于赵家圈告竣,后复采旧议,开伽河舍黄流,引汶泗山川泉源之水以为运道便宜,经久谋之,心亦良苦。顾连二汪、黄泥湾以至万家庄、韩庄地多石块沙礓,畚锸繁兴,工尚未就,而赵家圈日淤日塞,因而断流,以致徐邳间三百里之河水止尺余,益浅,粮船停阁不行者几一月。虽皇皇焉,复决李吉口以引水,而随即壅淤,非一时天雨连绵,水势陡涨,深三五尺,船可挨帮渐渡而至闸河乎。及入闸河,而中间又多浅阻,临清以北如八里圈、半壁店、武城等处五闸水微,河流甚细,且河底流沙,走动不常,左挑则右塞,前开则后壅,而漳河之水不由故道,经三台口回龙镇至小滩入卫济运,此一万二百七十有余之船,相与争一线之水而不能进之速也。夫粮船抵坝迟,故交纳迟,交纳迟故回空又迟。无船何以兑支装载,而河不先时挑浚,何以通运行舟,仓庾之积贮日空,又何以接济取给。是诚国家之咽喉,命脉绝续,安危所关,何可以因循迁延,而泄泄然漫视为耶?

御史张养志题称:治河之策,不越理黄河、开泇河之两端,而黄河之说其目有四,泇河之说其目亦有四。一曰:塞黄堌口以杜泄水之隙。盖运道河身原浅,故蓄水不深,全赖黄水接济,方可通运。自黄堌口一决,湍流汹涌,全河势已南徙。见今口阔八十余丈,水深二丈四五尺、三丈不等,以致东流微细,浊河干涸。徐邳一带年年浅涩,前年开赵家圈、三仙台,业已通运,今复淤平。今岁开李吉口,亦已通流,旋亦淤塞。职此之由,故欲运河充盈,粮船通利,须将此口预为堵塞,使水不南泄,尽向东注,庶运河之水可以常盈而粮艘可以免阻滞之患矣。二曰:浚李吉口以通引水之源。夫自赵家圈既淤,所赖以引导黄水接济运道者惟此口耳。况黄堌冲决日久,势已深阔,须将此口大加挑挖,深阔相等,始得分夺其势。但此口至运河长三百里,工力浩繁,遽难成功,合于每岁运毕之日,自李吉口至坚城集系隶山东,自坚城集至镇口系隶徐属,或量动官银募夫,或调集各处徭夫并力兴工,大加疏浚。近口处阔二十丈以下,阔十余丈,俱深一丈四五尺,庶可引水,一半东注,而宿邳之间可免浅涸之患矣。三曰:浚邳徐漕河以为受水之地。自邳宿以至徐吕地高河浅难以蓄水,每至春夏之交,率多浅涩,粮运至此,往往阻滞。合于初冬以后,将北自珠梅闸,南自宿邳一带探勘浅处,即以额设徭浅二夫大加疏浚。三五尺务俾深通,更于大浮桥迤北刘家湾建闸一座,镇口闸迤北玉皇庙建闸一座,以时启闭,庶停蓄自深,节宣有具,水可常盈,缓急有赖矣。四曰:筑永夏堤以防决水之虞。此堤束水归漕关系甚重。先年原系土民接筑御水,后因黄河南徙,节年水涨沙淤,前堤低矮单薄。去岁马家溜、何家集冲决数口,水尽南奔,不惟徐邳运道浅涸,即永夏田庐亦被淹没。今虽堵塞,尚未完工,近又冲决申家营三四十丈。若不上紧加帮,恐难捍御。合于此堤帮修高厚，夯杵坚实。更接筑大堤一道，直至大石山头，俾南岸一带俱有堤御。仍将前口上紧堵完，庶堤岸坚固，水不溃决运道，民生均有攸赖矣。以上四款皆运道之不可缺者也。一曰：开黄泥湾以通入泇之径。查得邳州、沂河口系泇河之门户也。进口六七里有湖名连二汪者，其水浅而且阔，且下多淤泥，粮船至此沾滞难行。欲为挑浚则无岸可循，欲为埽坝则无根可据，总难为工。查得湖外有黄泥湾，离湖不远，地亦颇低，自沂口至湖之北崖约二十余里，合于此处挖河一道，以接泇口，不必拘定丈尺，惟以可通运艘，为度湖水引以灌河，湖身弃而不用，所费不多，成功亦易。运舟从此可以直达泇口，不致阻碍矣。二曰：凿万家庄以接泇口之源。泇口迤北有地名万家庄，以及台家庄、候家湾、梁城等处，原系山冈高阜之地，且多砂礓石块，极难为工。总理河臣刘东星分委沿河部司等官调集徭浅等夫并力疏凿，业已成河。今岁轻小粮船已通行三二十只，但河身尚浅，水止三二尺不等。浙江、湖广粮船重大，难以通行。合于此处，更加凿削三五尺，俾韩庄之水下接泇口，并蓄水五六尺深，庶粮船不论大小轻重，沛然可达矣。三曰：浚支河以避微口之险。韩庄之西有湖曰微口，上下三十余里，水深又□，必预先测探水势深浅，插立标竿以为船只向导。遇风扬帆，顷刻可过。但湖水辽阔，偶遇猛风暴作，不免漂流之患。今已于湖边开支河一道，下接韩庄，上通西柳庄，四十五里，不由湖中，挽拽有路。但工尚未完，水未深，通合将此河再加疏浚，务使通舟，庶船有持循，可免漂没之患矣。四曰：建闸座以为蓄泄之具。地势原有高下，则蓄水自有浅深。万庄一带地势原高，虽所开河身一二丈、四五尺不等，较之泇河已①南，犹为高峻，北来之水至此南下必速，合于此处，比照济宁、在城等处，或三五里或十数里，相其

---

① 应为"以"。

地势,建闸三五座,以时蓄泄,庶节宣有具,水可常盈,无浅涩之患矣。以上四款,皆泇河之不可缺者也。夫黄堌口,先此河臣以为不可塞而臣以为可塞者,非故为是异同也,盖彼一时也。徐、吕二洪不患浅涸而患冲决,故留之泄水以防冲运之患,留之诚是也,此一时也。二洪不患其冲决而患其干涸,故塞之借水以成济运之功,塞之亦是也。泇河,先此河臣以为不可开而臣以为可开者,非敢为是纷更也,盖前此疏凿未至,砂石为梗,故谓其不可开者,虑河工之未易成也。今砂石已凿深通颇易,故谓其可开者,惜成功之不可弃也。此二役也,在理黄河乃万世不易之经,开泇河乃一时济变之权。若修泇口而遂弃黄河,此舍正而用奇,非常胜之道也,非臣之所知也。惟在当事者审时度势,次第兴工则善矣。

十月工部议覆:迩者蒙墙寺萧家口之徙也,原系黄河故道。自嘉靖三十七年,河淤新集,水始北徙李吉口下入镇口为运道济,垂四十余年所矣。不意昔年有黄堌口之决,又不意今日有萧家口之徙也。然黄堌虽决始以河势浩大费巨财诎,不若因势利导尤可济急。故议开赵家圈、三仙台等处,引水出小浮桥以接济徐、吕之泓。数年来运道无梗,漕艘得全,皆其力也。今蒙墙寺一徙,虽黄堌口亦在其北矣,黄堌口一涸而赵家圈且至断流矣。溯其横溢之势,既奔趋淮泗,浸及陵园,究其远徙之形又辽邈徐、吕,病及漕运,臣等骇目惊心,不觉废箸,而日夜鳃鳃者。窃以为全河既溃,势难捍御,不若从决口图之犹可,事逸而功集也。查得蒙墙寺西北宋家庄至上流傅家集,两河相望约十里许,乃黄流湾曲之所,须开浚直河可以引水东流,仍自徐家口起至下刘口止,约长十二里,大加挑挖。务俾深阔容受水汛,并将李吉口以下至坚城集三十余里沙淤河道尽力挑通。其黄堌口以南如马家溜、武家营、何家集各处决口速行堵塞,更加坚厚,使河流尽归正漕,免致旁泻。又恐全河来复,灌淤镇口,再改挑唐家口而注之龙沟入小浮桥，庶既资其利，又免其害。目前急切之计似无出于此者矣。

十一月工部议覆：河南张家楼决口在开封府东北，蒙墙寺决口在归德府正北。全河既溃，势难捍御。不若从决口图之犹可，事逸而功集也。查得张家楼决口尚小，堵塞易就。蒙墙寺西北宋家庄至上流傅家集，两河相望约十里许，乃黄流湾曲之所，须开浚直河可以引水东流，仍自徐家口起至下刘家口止，约长十二里，大加挑挖。务俾深阔容受水汛，并将李吉口以下至坚城集三十余里沙淤河道尽力挑通，其黄堰口以南如马家溜、武家营、何家集各处决口速行堵塞，更加坚厚，使河流尽归正漕，免致旁泻。又恐全河来复，灌于镇口，再改挑唐家口而注之龙沟入小浮桥，庶既资其利，又免其害矣。（这段和上一段内容有相同部分，疑为重复。——校者注）

三十年工部题覆：祖陵为国家根本重地，中州乃凤阳、淮泗上流，近因蒙墙等口冲决，黄河尽皆南徙，势趋永宿，逼近祖陵。目今若不亟图，转盼水涨狂流，非惟生民受昏垫之虞，抑恐陵园有侵啮之患。抚臣议筑汴堤以障南徙，诚为目前保护至计。汴堤上自归德，下至灵虹，接连归仁，石堤数百余里，以故，万历二十一年洪水滔天，至此而止。若今河南地方已修完固而灵虹一带尚在残圮，则狂澜尽复奔南，前功又成虚费。合无一并修筑坚厚，始保万全。再查宿迁小河口，乃睢水出泄故道，河渠尚未深广，兼以耿车儿滩，横堤年久残废，莫能障御狂流。为今之计，速应疏浚小河正渠，仍培筑耿车等堤，使黄流尽归小河口，则弥漫自消，而祖陵庶无他虞。第前堤既筑，决口既塞，傥下流不浚，上源必复淤塞，恐冲决之患又所不免，诚有如抚臣之所言者矣。

十一月工部题覆：淮泗祖陵为国家万年根本，徐邳运道乃京师百万咽喉。向因蒙墙口决，黄流南溢，徐邳之间竟成平陆，淮泗之地几为巨浸。生民垫运道浅阻，陵园震恐，其关系何如者，惟是中州河决，陵运病焉。王家口关山东忧也，故一王家口也，河南勘臣以为迎溜可开，山东勘臣以为地势高不可开。总抚意见少殊，诸臣繁议日兴。兹查总河疏内谓：王家口前此会勘时只是迎溜，今水已扫岸八十余丈，有跃然自趋之势，天然河形万无可疑，故上源必主于开王家口。黄堌、李吉相距咫尺，黄堌下而李吉高。先是黄堌未塞，水性就下，尽奔黄堌而出，李吉口者特余波耳，安得不随浚随淤。今已筑塞坚固，又于近口筑坝一道，则水势已趋李吉，再于口上大加挑展，水不出此将安之乎，故下流必主于浚李吉口。至于坚城集原估八十万，今待水自冲刷，可省钱粮三分之二。及将前项工程以监工委之，正官督率分之，司道提调委之中河分司，兼理任之漕河道稽核委之推官催攒责之。府佐大小官员不许擅离工次，司道以下一并停其升转，井井条分，谆谆节省。此盖总河周阅遍历全河已入于胸中，悉虑苦思勘议量复无遗策。至于请重事权一节，盖向来河上官员原非总河专摄，以故统属少疏，差委罔效。今日集三省之官僚，聚十万之夫役，若不预为申饬，仍袭因循，恐人心以积玩，莫振法令。以久疏难行，肤功未易奏，而陵运之忧终未已也。合无依议将敕书内应行事宜，再行申饬，一切应举应劾许以便宜行事，是亦今日振万河工之一机也。再照天下事成于果断而败于犹豫，今总河计议既定，且不难以身担当之，自应一意鸠工速求底绩。固不必以人言为阻贰，亦不必以议后怀疑，畏而一时。建议者亦宜少息，纷纭之议俾不至旁掣其肘，庶当事者得遂其勇往之心，而乐于成功矣。

十二月工部复议：向见勘臣崔邦亮一疏谓：河自宿州南平集由五河县尽数入淮，符离集之水亦引之而南。其入小河口者仅十分之一二已耳。夫河强淮弱，河既入淮，淮不能容，必泛滥南溃，而清口交会之处，其势必杀。于时即虑清口有浅涸之虞，而今果然矣。据总河疏谓分派夫役上紧挑浚，期在半月过浅，无误新运。臣等何容再议，伏乞严督管河官,将清口一带淤浅处所上紧鸠工挑浚,务使回空尽数过浅。如有迟误,参奏重处。诏从之。

三十一年三月,御史李思孝题称:河口运道自去岁十月淮黄骤落,回空阻滞,但遇东南风起,外水消落数尺,不能接济,必得西南风方可进船。即勉强完回空之数,新运断不可恃。环视周遭,别无可引之水,亦无可议之路。且宿迁白洋河而下,日渐浅涩,各湖俱竭,岂人力所可施哉? 自古以来,无淮黄湖泽干涸之事,于今见之,可为寒心。惟恃黄水之至,不知王家口黄河挑止深一丈七尺,即放水东流千余里,至清口能益淮丈余而入闸乎? 似万不能。若亢旱不雨,天下事未可也。该工部看得清河浅涸,为漕渠吃紧之患,河臣目击时艰,议仿往昔陈平江节宣旧制,引淮南高宝诸湖之水,建闸浚渠以济新运,深为有见,相应依拟。奉旨,准行。

总河李化龙题:河自开归而下,合运入海,其路有三。由兰阳道考城至李吉口,过坚城集,入六座楼,出茶城而向徐邳,是名浊河,为中路。由曹、单经丰沛出飞云桥,泛昭阳湖,入龙塘,出秦沟而向徐邳,是名银河,为北路。由潘家口过司家道口,至何家堤,经符离道睢宁入宿迁,出小河口入运,是名符离河,为南路。此三路者,近代以来河所递行之道也。较而言之,南路虽近陵,然有隋堤障其上,有九冈十八洼隔其中,有归仁堤护其下,于陵无害也。第其北扼于山南,近于淮,傥下流淤塞,不逆流而上,则溃堤而南,是皆能乱淮。乱淮则久之而淮亦淤,淮淤而沮洳之患上及陵园矣。且全河下宿迁徐邳运道不免告涸,则南路者,利不胜害者也。北路虽近运,然太行堤足障惊涛,徐吕洪足束乱流,且汶泗有接漕艘之利也。第其下流往往溃堤,堤溃而鱼沛之间城郭夷牵,路坏而不直,殃民亦且梗运,则北路者利害正等者也。惟中路则不南不北,既远于陵亦济于运,有利无害,称全善焉。惟是泇河之役向来数议,竟成画饼,谈者恐以为疑,乃臣则以为其善有六,而其不必疑有二。今之称治河难者,谓往代止避其害,今且兼资其利,故河由宿迁入运,则徐邳涸而无以载舟。是以无水难也。河由丰沛入运,则漕堤坏而无以过牵。是以有水难也。迦河开而运不借河,有水无水第任之耳,疏瀹排决皆无庸矣,善一。黄河者运河之贼也。用之一里则有一里之害,避之一里则有一里之利,以二百六十里之迦河,避三百三十里之黄河,二洪自险,镇口自淤,不相关也,善二。河之当治固不问其济运与否,而皆不容已者也。顾运借河则河为政,河为政则河得以困。我当不惮劳费而治之。运不借河则我为政,我为政则我得以相河。当熟察机宜而治之。夫熟察机宜之与不惮劳费也,其利害较然睹已,善三。先年估全工以三百九十万,估半工以二百六十万,即朱尚书开新河百四十里,费亦以四十万也。今直以二十万开二百六十里,比之全工则二十之一,比之半工则十之一,比之新河亦事半而功倍者也,善四。江之北、山之东,患水极矣。老弱转乎沟壑,壮者散而之四方矣。召募行而富民不苦于赔,穷民且得以养,春荒而役兴,麦熟而人散,以仲淹之堤湖代汲黯之发仓,此即国计无裨,计犹且为之也,善五。粮艘过洪约在春尽,盖畏河涨之为害耳。运入迦河而安流逆浪,早暮无妨,过洪之禁可弛,参罚之累可免。即运军不至以赶帮失事所全多矣,善六。运不借河则河防遂疏,恐遂恣横流而沼凤、泗也奈何。夫开封归德上下千里,未闻济运未闻不治河也。彼直为民御灾而若此矣,何况乎为陵捍患,其何妨之敢疏,无疑者一。徐州天下咽喉处也,奈何一日而令其索寞荒凉,安所称重地乎。夫太王迁岐,盘庚迁亳,第审利害,安问重轻。且徐沼于河,直须时耳。徐民安土重迁,闻迦河之役,且刺心隐痛,曰夺其利也。此如蛾赴火,蝇趋饧,大利在前,害不暇顾。一日而洪水暴至,城沼民鱼,悔之晚矣。迦河开而徐城之贸迁化居者,必且移之迦口,必且移之沿河上下,即土著者利所不在,必且择高土而居之。即使水能破城,必且为鱼者少。此为曲突徙薪于徐,而出之罟擭陷阱者也,无疑者二。故洳河之开,无俟再计,而知其可行者也。

三十二年,总河李化龙题:照得黄河之为中国害也,自古然矣。迩来东溃西决,岁无宁日,开浚筑塞,劳费莫胜。当去年王家口工就,方庆回河之役已成,畚锸之劳少息,讵意水行三月而单堤决,全河徙,沛城为沼,运道中穿,则事尚为不了之事,而工复为难竟之工矣。臣触目蒿心,审酌缓急,次第施工。先开洳河,以道今岁运事,大修行堤,以固鱼济运道。已而复念单堤,帮筑虽已高厚,若御排山之黄流,必无幸矣。遂乘洳河告完之时,亟为酌浚故道之举,移调官夫画地分工。自朱旺口起,至郭暖楼止,上则总是一口,下则酾为二渠。南北两工一时并举,祗缘财用匮乏,民力疲困,兼之时届麦秋,人各散归,以故应募夫少,未竟工多,计若两作,必成两误。臣复与司道熟议:北股浊河,原系故道,而六座楼以下,旧日河渠犹在,宛然大河,深阔倍于南股。遂又并力北工,开新浚旧,期于竣事,乃今而河幸成矣。

十月总河李化龙题:河自去年决苏家庄入昭阳湖,穿夏镇以南之漕渠,坏南阳以下之运堤,而鱼济一带且震于邻,此其不可不治也,明矣。故臣议开洳不已,复议保堤,保堤不已,仍议分黄。盖谓并力于堤,则堤一决,而全河北势恐至于穿漕。兼以分黄,则堤纵决而水已分,自不至于害运。盖臣之分黄,祛民灾也,亦以保运道也。比新河放水,旬日之间,冲刷倍于原挑,分水已及五分。臣计河势已成,因而塞之,使全河南行,则不直,南阳之漕堤可治,即李家口之运道可清,一了百了矣。盖臣之塞决,祛民灾也,亦以保运道也。今黄河起溜回空,粮船及官民船只又皆由洳以行,然皆由连汪湖出口耳。明春黄更溜湖且涸,则无洳真是无漕矣。故直河改挑支渠也,王市添砌石闸也。大泛口之治溜,彭家口之治浅也,真急工之不可缓者。臣已檄行司道分工并作,总之所难仍在黄河之工。盖钱粮至四十万,人夫至二十万,可谓非常之原矣。倘新臣以年内至亟为相度早行陈请,或夫料凑手急大挑以回狂澜于既倒,则一劳永逸,可收平成之效于目前矣。

十二月,总河李化龙题:向来运道必由徐、邳以达镇口河,一、北决曹、单、丰、沛之间,则总由昭阳湖出李家口,而运苦水溢河。二、南决虞、夏、徐、邳之间,则总归小河口及白洋河,而运苦水涸。今新河一成,则自直口至夏镇以外河三百六十里之迁途,易为内河二百六十里之捷径。此后黄河在山东直隶,其能系运道命脉者寡矣。然自朱旺口以上,万一决单,则单城为沼,决曹则曹民为鱼。下而丰、沛、徐、邳、鱼、砀各城数十万生灵,皆悬命于一线之堤,则堤防亦何可弛也。然此数城者直有关于民命耳。至于中州河防所关更重,又不独在民灾已者。荆隆口、铜尾厢等处皆入张秋之路也。孙家渡口、野鸡冈及蒙墙寺等处皆入淮之路也。倘一不守,北必坏运,南且伤陵,则堤之所系岂直一城一邑之利害已哉?夫河盖有以一逸贻永劳者,未有以一劳贻永逸者。防守不固则下流虽通,上流必夺。防守固则上无旁溢,下必顺流,此之利害,一恒人辨之矣,奈何持议者之纷纷也。去年水行堤北,则曰:"昭阳湖不能容水,水且倒灌矣。"今年水分堤南则曰"新河不能容水,水且倒灌矣。"自倒灌之议兴而筑塞之事缓,卒至事久变生,堤溃河淤。然水之取道昭阳湖而南者自如,亦未见其倒灌也,则又何不取地势观之也。臣观自朱旺口由苑家楼、杜家楼以至小浮桥,其地在下流者,比之上流,低可三四尺。臣向止以树上水痕验之耳,乃近日南北两河水落之后,其下流皆通黄河,水面相平,乃北河水不浮舟,而南河舟行如故,则北高南下,居可知矣。夫北河非高于上流,而南河更低于北河,若水入新河,两河分流,总使伏秋水涨不过溢岸以行,岂能自卑而趋高,自下而返上哉?盖即今年下流决而上源无恙,亦自可知,又何倒灌之足患也。臣又查得水落之后,朱旺口以上,河水皆离岸五六尺。即向来伏秋水涨,溢岸而及堤根者,不过时消时长，未有数日拍岸者。比之单丰行堤以一线百里为全河之岸者，原自不同。则上源之堤更为易守，抑不直此也。自朱旺口下至黄庄，无南堤者五里，遇涨则分流，可径达许家口入徐矣。自朱旺口上至黄堌坝，东无南堤者十五里，遇涨则分流，可径达砀山城南，由杨家楼入徐矣。自黄堌坝西至王所楼，无南堤者十里，遇涨则分流，可径达司家道口，至浮离桥矣。故上堤诚守则河必在朱旺口上下，亦其自然之势也，又何倒灌之足患也。故如臣愚见，前人之治河，屡矣，前人之修堤，备矣。今第有相率守之耳。西自开归，东至徐邳，必无不守之地。上自司道，下至府县，必无不守之人。在府县掌印官必与管河佐贰同其赏罚，在地方守巡道必与管河司道同其功罪。庶几人人着肩，自不暇于腾口说矣。

《通漕类编》卷之八

河渠

历代河决考 潘季驯辑

周定王五年河徙砱砾

晋景公十五年《谷梁传》曰：梁山崩壅，河三日不流。晋君召伯尊，伯尊遇辇者问焉，辇者曰："君亲素缟，帅群臣哭之，既而祠焉，斯流矣。"伯尊至，君问之，伯尊如其言，而河流《左传》曰伯宗。

汉文帝十二年冬十二月，河决酸枣，东溃金堤。

武帝建元三年，河水溢于平原。

元光三年春，河水徙从顿丘，东南流。夏，复决濮阳瓠子，注巨野、通淮泗，泛郡十六。

元帝永光五年冬十二月，河决。初武帝既塞宣房，后河复北决于馆陶，分为屯氏河。东北入海，广深与大河等，故因其自然，不堤塞也。是岁河决清河灵鸣犊口，而屯氏河决。

成帝建始四年夏四月，河决东郡金堤，灌泗郡三十二县，居地十五万顷，坏官亭庐舍且四万所。

河平三年秋八月，河复决平原，流入济南千乘所，坏败者半。建始时复遣王延世作治,六月乃成。

鸿嘉四年秋,渤海、清河、信都河水湓溢,灌县邑三十,败官亭民舍四万余所。

新莽三年,河决魏郡,泛清河以东数郡。先是,莽恐河决为元城冢墓害,及决东去,元城不忧水,故遂不堤塞。

唐玄宗开元十年,博州河决。十四年,魏州河溢。十五年,冀州河溢。

昭宗乾宁三年夏四月,河涨,将毁滑州。朱全忠决为二河,夹城而东,为害滋甚。

后唐同光二年秋七月,唐发兵塞决河。先是,梁攻杨刘,决河水以限晋兵,梁所决河,连年为曹、濮患,命将军娄继英督汴、滑兵塞之,未几复坏。

晋天福二年,河决郓州。四年,河决博州。六年,河决滑州。

开运三年秋七月,河决杨刘,西入莘县,广四十里,自朝城北流。

汉乾祐元年五月,河决鱼池。三年六月,河决郑州。

周广顺一年十二月,河决郑州、滑州,周遣使修塞。周主以决河为忧,王浚请自行视,许之。周塞决河。三月,澶州言河决。

天福十一年,黄河自观城县界楚里村堤决,东北经临黄、观城两县。

宋太祖乾德二年,赤河决东平之竹村。三年秋,大雨,开封府河决阳武,又孟州水涨,坏中潬桥梁,澶、郓亦言河决。

四年八月,滑州河决,坏灵河县大堤。

开宝四年十一月,河决澶渊,泛数州。

太宗太平兴国二年秋七月,河决孟州之温县,郑州之荥泽,澶州之顿丘。

七年,河大涨,蹙清河,凌郓州,城将陷,塞其门,急奏以闻。诏殿前承旨刘吉驰往固之。

八年五月，河大决滑州韩村，泛澶、濮、曹、济，东南流至彭城界入于淮。

九年春，滑州复言房村河决。

淳化四年十月，河决澶村，陷北城，坏庐舍七千余区。

真宗咸平三年五月，河决郓州王陵埽，浮巨野，入淮、泗，水势悍激，浸迫州城。

景德元年九月，澶州言河决横垅埽。

四年又坏王公埽，并许诏发兵夫，完治之。

大中祥符三年十月，判河中府陈尧叟言：白浮图村河水决溢。明年九月，棣州河决聂家口。

五年正月，本州请徙城，居民重迁，命使完塞。既成，又决于州东南李氏湾，环城数十里民舍多坏，又请徙商河。役兴逾年，虽扞护完筑，裁免决溢，而湍流益暴，塙地益削，河势高民屋殆逾丈矣。民苦久役，而终忧水患。

六年，乃诏徙州于阳信之八方寺。

七年八月，河决澶州大吴埽。

天禧三年六月乙未夜，滑州河溢城西北天台山旁，俄复溃于城西南岸，漫溢州城，历澶、濮、曹、郓，注梁山泊，又合清水、古汴渠，东入于淮，州邑罹患者三十二。

仁宗天圣六年六月，河决澶州之王楚埽。

明道二年，徙大名之朝城县于社婆村，废郓州之王桥渡、淄州之临河镇以避水。

景祐元年七月，河决澶州横垅埽。

庆历八年六月癸酉，河决商胡埽。

皇祐元年三月，河合永济渠，注乾宁军。

二年七月辛酉,河复决大明府馆陶县之郭固。

四年正月乙亥,塞郭固而河势犹壅,议者请开六塔,以披其势。

嘉祐元年夏四月壬子朔,塞商胡北流,入六塔河,不能容,是夕复决,令三司盐铁判官沈立往行视。

神宗熙宁元年六月,河溢恩州乌栏(提)[堤]①,又决冀州枣强埽,北注瀛。七月又溢瀛洲乐寿埽。

四年七月辛卯,北京新堤第四、第五埽决,漂溺馆陶、永济、清阳以北。八月河溢澶州曹村,十月溢卫州王供。时新堤凡六埽,而决者二,下属恩、冀,贯御河,奔冲为一。

十年五月,荥泽河决急,诏判都水监俞光往治之。是岁七月,河复溢卫州王供及汲县上下埽、怀州黄沁、滑州韩村。乙丑,遂大决于澶州曹村,澶渊北流断绝,河道南徙,东汇于梁山、张泽泺,分为二派,一合南清河入于淮,一合北清河入于海。

丘浚《大学衍义补》曰:此黄河入淮之始。

本年八月,又决郑州荥泽。

元丰元年四月丙寅,决口塞,诏改曹村埽曰灵平。五月甲戌,新堤成,闭口断流,河复归北。

三年七月,澶州孙村、陈埽及大吴、小吴埽决。

四年四月,小吴埽复大决,自澶注入御河。

五年六月,河溢北京内黄埽。七月,决大吴埽堤,以纾灵平下埽危急。八月,河决郑州原武埽,溢入利津、阳武沟、刀马河,归纳梁山泺。

七年七月,河溢元城埽,决横堤,破[北京]。② 八年,河流虽北而

---

① 据[清]毕沅《续资治通鉴》卷第六十六"宋纪六十六"校。

② 据[元]脱脱《宋史》卷九十二"志第四十五""河渠二"校。

孙村低下,夏秋霖雨涨水,往往东出,小吴之[决既未塞],十月又决大名之小张口。[河北诸郡皆被水灾]①

元符三年四月,河决苏村。

徽宗大观元年丙申,邢州言河决,陷巨鹿县。庚寅,冀州河溢,坏信都、南宫两县。

三年六月,河溢冀州信都。十一月,河决清河埽。是岁,水坏天成、圣功桥。

元世祖至元九年七月,卫辉路新乡县广盈仓南河北岸决。

二十三年河决,冲突河南郡县凡十五处,役民二十余万塞之。

二十五年,汴梁路阳武县诸处河决二十二所,飘荡麦禾房舍。委宣慰司督本路差夫修治。

成宗大德元年秋七月,河决杞县蒲口,塞之。明年蒲口复决,塞河之役,无岁无之。是后水北入复河故道。

二年秋七月,大雨河决,漂归德属县田庐禾稼。

三年五月,河南省言:河决蒲口儿等处,侵归德府数郡,百姓被灾。

武宗至大二年秋七月,河决归德,又决封丘。

仁宗延祐七年七月,汴城路言:荥泽县六月十一日,河决塔海庄东堤,横堤两重,又决数处。二十三日夜,开封县苏村及七里寺,复决二处。

泰定帝泰定二年五月,河溢汴梁。三年,河决阳武,漂居民万六千五百余家,寻复坏汴梁乐利堤。发丁夫六万四千人筑之。

文宗至顺元年六月,曹州济阴县河防官言:初五日,魏家道口黄河旧堤将决,不可修筑,募民修护水月堤,复于近北筑月堤,未竟。至

---

① 据[元]脱脱《宋史》卷九十二"志第四十五""河渠二"校。

二十一日,水忽泛溢,新旧三堤一时咸决。明日,外堤复坏,有蛇,时出没于中,所下椿土一扫无遗。

顺帝至正四年五月,大雨二十余日,黄河暴溢,平地水深二丈许,北决白茅堤。六月又北决金堤,并河郡邑济宁、(军)[单]州、虞城、砀山、金乡、鱼台、丰沛、定陶、楚丘、武城以至曹州、东明、巨野、郓城、嘉祥、汶上、任城等处皆罹水患。北侵安山,沿入会通运河,延袤济南、河间,将坏两漕司盐场。

五年河决济阴,漂官民庐舍殆尽。

六年河决

二十六年春二月,黄河北徙。先是河决小疏口,达于清河,坏民居,伤禾稼。至是复北徙,自东明、曹、濮,下及济宁,民皆被害。

国朝河决考<small>万恭著此,与黄河修筑,可互考。</small>

国朝黄河入运。洪武元年,河决曹州,从双河口入鱼台。大将军徐达开塌场口,入于泗,以通运。时戴村未坝,汶由坎河注海。运阻,故引河入塌场以济之。二十四年,河决阳武东南,由陈颍入淮,而故元会通河悉淤。永乐九年,以济宁州同知潘叔正言,命尚书宋礼役丁夫一十六万五千浚会通河。乃开新河,自汶上县袁家口,左徙二十里,至寿张之沙湾,接旧河,九阅月而成绩。侍郎金纯从汴城金龙口下达塌场口,经二洪南入淮,漕事定为罢海运。正统十三年,河决荥阳,冲张秋。尚书石璞、侍郎王永和、都御史王文相继塞之,弗绩。景泰四年,都御史徐有贞役丁夫五万八千,作九堰八闸以制水势,塞之,凡十有八月而成。弘治三年河决原武,支流为三:一决封丘金龙口,漫祥符,下曹、濮,冲张秋长堤;一出中牟,下尉氏;一泛滥仪封、考城、归德,入于宿。以布政使徐恪言,命侍郎白昂役丁夫二十五万塞之。弘治五年复决金龙口,溃黄陵冈,再犯张秋。侍郎陈政治之,弗绩。六年讹言沸腾,有云:"河不可治,宜复海运";有云:"陆运虽费,饷事亦办"。朝议弗之是也,乃命都御史刘大夏、平江伯陈锐役丁夫十二万有奇,一浚孙家渡口,开新河导水南行,由中牟至颖川东入于淮;一浚四府营淤河,由陈留至归德,分为二派:一由宿迁小河入淮,一由亳州涡河入淮。分土命工,始塞张秋,二年告成。自是,河南岁计河工矣。正德四年,河东决曹县杨家口趋沛县之飞云桥入运,患之,工部侍郎崔严役丁夫四万二千有奇,塞垂成,暴涨,溃之岩,以忧去。侍郎李镗代之,四月弗绩,盗起而罢。七年都御史刘恺筑大堤,自魏家湾起至双堌集,亘八十余里。都御史赵璜又堤三十里续之。嘉靖六年河决曹[军]、单[城]、城武、杨家口、梁靖口、吴士举庄,冲鸡鸣台。七年,淤庙道口三十里。都御史盛应期开赵皮寨、白河诸支流,杀水势。役丁夫五万八千,三月而成。乃议开夏村新河,役夫九万八千,四阅月,朝议不一,罢之。八年,飞云桥之水北徙鱼台、谷亭,舟行闸面。九年,由单县候家林决塌场口,冲谷亭。十一年、十二年,水竟不耗。十三年,庙道口淤,都御史刘天和役丁夫一十四万三千九百九十四浚之,四月始成。而忽由赵皮寨向亳、泗俄骤溢,而东向梁靖口,渐奔岔河口东出,谷亭之流遂绝,运河淤,二洪阻涸。秋冬忽自河南夏邑县太丘四村诸集攻开数口,转向东北,流经萧县城之南,仍出徐州小浮桥,下济二洪。赵皮寨俄塞,十九年决野鸡冈,由涡河经亳州入淮,二洪大涸。兵部侍郎王以旗开李景高支河一道,引水出徐济洪,役丁夫七万有奇,八月而成,寻淤。二十六年决曹县,冲谷亭,运河不淤。三十二年,决房村,约淤三十里。都御史曾钧役丁夫五万六千有奇浚之,二月而成。三十七年,新集淤。七月忽向东北冲成大河,而新集河由曹县循夏邑丁家道、司家道,出萧县、蓟门,由小浮桥入洪。七月淤凡二百五十余里，趋东北段家口析为六股：曰大溜沟、小溜沟、秦沟、浊河、胭脂沟、飞云桥，俱由运河至徐洪。又分一股由砀山坚城集下郭贯楼，又析五小股为龙沟、母河、梁楼沟、杨氏沟、胡店沟，亦由小浮桥会徐洪河，分为十一流，遂不淤。然分多则水力弱，水力弱则并淤之几也。四十四年七月，河果大淤。郭贯楼淤平，全河逆行，自沙河至徐州俱入北股，至曹县棠林集而下，北向分二股，内，南之一绕沛县戚山徐州杨家集，入秦沟至徐州北，一绕丰县华山，北又分二股，南之一自华山东马村集漫入秦沟，接大小溜沟，泛溢入运河，达徐北，一大股自华山向东北，由三教堂出飞云桥而又分十三股，或横截，或逆流入漕河，至胡陵城口，漫散湖坡，达徐，从沙河至二洪，浩渺无际，而河变极矣。

八月，少保尚书朱衡乃请开盛应期新河，浚留城旧河，同都御史潘季驯开新河，自南阳达留城一百四十一里有奇，浚旧河自留城达境山五十三里有奇。役丁夫九万一千，八阅月而成。七月，河复决沛县，冲运河，而运河亦由胡陵城口入湖坡。九月，马家桥堤成，水始南趋秦沟，冬，沛流遂断。隆庆元年正月，河南冲浊河鸡爪沟入洪，二年专由秦沟入洪，而河南北诸支河悉并流秦沟。三年、四年，河大涨，徐州上下悉为巨浸。舟行梁山之麓，而茶城至吕梁两崖为山所束不得下，又不得决。五年乃自双沟而下，北决油房口、曹家口、青羊口，南决关家口、曲头集口、马家浅口、阎家口、张摆渡口、王家口、房家口、白浪浅口，凡十一口。枝流既散，干流遂微，乃淤自匙头湾八十里，而河变又极矣。议者欲弃干河，而行舟于曲头集、大枝间。冬初水落，则干已平沙，而枝复阻浅，损漕舟千有奇，则又议弃黄河运，而胶河、泇河、海运纷沓焉，莫可归一。都御史潘季驯乃役丁夫五万，开匙头湾，仅仅一沟，遂塞十一口，并冲沟，沟大疏导而八十里之故道渐复。明年议大堤两崖，北堤起磨脐沟，迄邳州之直河；南堤起离林铺，迄宿迁之小河口。六年二月,少保尚书朱衡、兵部侍郎万恭至,悉罢胶、沰之议,而一意事徐、邳河,役丁夫五万有奇,分工画地而筑之。夏四月,两堤成,各延袤三百七十里,始列铺布夫议修守,如河南、山东、黄河例,河乃安,运通。万历元年运又大通,议始定,夫黄河有干有枝,嘉靖四十四年以前,析十一枝上流而复归于徐州之干,河故干通而枝淤。隆庆五年以前,析十一枝,上决而不归于邳州之干,河故枝通而干(于)[淤]。若植木焉,枝荣则干瘁,干荣则枝瘁。与其瘁干,孰若瘁枝。治河者与其枝通,孰若干通。故黄河合流防守为难,然运之利也。国家全藉河运,往事镜之,何尝一年废修守哉?或者欲分河以苟免修守之劳,而不欲事堤以永图饷道之利,又不虞河分之易淤,堤废之易决,其未达祖宗之所以事河与河之所以利运者,余故备著于篇,大智者采择焉。

古今治河要略

贾让治河三策,堤防之作近起战国,齐与赵魏以河为境,齐地卑下,作堤去河廿五里,虽非其正,水尚有所游荡,时至而去,则填淤肥美,民耕之田,或久无害,稍筑室宅,排水泽而居之,湛(汤)[溺]①固其宜也。今堤防狭者去水数百步,远者数里,此皆前世所排也。今行上策,徙冀州之民当水冲者,放河北入海,此功一立,河定民安,千载无患。若乃多穿漕渠,旱则开东方下水溉冀州,水则开西方高门分河流,富国安民,兴利除害,支数百岁,谓之中策。若缮完故堤,增卑培薄,劳费无已,数逢其害,此最下策也。

欧阳修曰:河本泥沙,无不淤之理,淤常先下流,下流淤高,水行

---

① 据[汉]班固《汉书》卷二十九"沟洫志第九"校。

渐壅,乃决上流之低处。此势之常也。然避高就下,水之本性,故河流已弃之道,自古难复。是则决河非不能力塞,故道非不能力复,所复不久,终必决于上流者,由故道淤而水不能行耳。智者之于事,有所不能必,则较其利害之轻重,择其害少者为之,犹愈害多而利少。

欧阳玄《至正河防记》云:治河一也,有疏、有浚、有塞,三者异焉。酾河之流,因而导之,谓之疏;去河之淤,因而深之,谓之浚;抑河之暴,因而扼之,谓之塞。疏浚之别有四:曰生地,曰故道,曰河身,曰减水。盖生地有直有纡,因直而凿之,[可就故道]①。故道有高有卑,高者平之以趋卑,高卑相就,则高不壅,卑不潴,虑夫壅生溃,潴生湮也。河身者,水虽通行,身有广狭,狭难受水,水溢悍,故狭者以计辟之。广难为岸,岸善崩,故广者以计御之。减水河者,水放旷则以制其狂,水隳突则以杀其怒。治堤一也,有创筑、修筑、补筑之名。有刺水堤,有截河堤,有护岸堤,有缕水堤,有石船堤。治埽一也,有岸埽、水埽、龙尾、拦头、马头等埽。其为埽台及推卷、牵制、蓶挂之法,有用土、用石、用铁、用草、用木、用桩、用絙之方。塞河一也,有缺口,有豁口,有龙口。缺口者,已成川。豁口者,旧常为水所豁,水退则口下于堤,水涨则溢出于口。龙口者,水之所会,自新河入故道之派也。[曰停]、曰折者用古算法,因此推彼,知其势之低昂,相准折而取匀停也。

宋濂曰:比岁河决不治,以中原之地平旷夷衍,无洞庭、彭蠡以为之汇,故河常横溃为患,[其势]②非多为之委以杀其流未可以力胜也。自禹治水之后,无水患者几三千八百余年。以大伾而下,酾为二渠,至于大陆,播为九河,入于渤海。盖河之流分其势,自平也。自汉至唐,平决不常。宋时又南决。南渡之后,遂由彭城合汴泗东南以入

---

① 这段皆据[明]宋濂等《元史》卷六十六"志第十七下""河渠三"校。
② 据《明人笔记之十五》卷十一"西戎"校。

淮。向之故道又失矣。夫以数千里湍悍难制之河,而欲使一淮以疏其怒势,万万无此理也。方今破金堤,逾曹郓,地几千里,悉为巨浸,民生垫溺,比古尤甚。莫若浚入旧淮河,使其水南流,复于故道,然后导入新济,河分其半,便之。北流以杀其力,则河之患可平矣。

徐恪疏云:臣谨按《地志》,黄河旧在汴城北四十里,东经虞城县,下达山东济宁州。洪武二十四年,决武原县黑羊山,东经汴城北五里,又南至项城县入淮,而故道遂淤。正统十三年,决于张秋之沙湾,东流入海,又决荥泽县,东经汴城,历睢阳,自亳入淮。景泰七年始塞沙湾之缺,而张秋运道复完。以后河势南趋,而沛城之新河又淤。弘治二年以来,渐徙而北,又决金龙口等处,直趋张秋,横冲卫河,长奔入海,而沛城南之新河又淤。百余年间,迁徙数四,千里之内,散逸弥漫,似非人力所能支(特)[持]①。臣尝历考史传,黄河之患古今有之,而惟汉瓠子之决,其患尤甚,其功尤难,二十余年塞之不效。当时贵臣田蚡又以封邑之私倡为不可塞之说。厥后,武帝躬劳万乘,临决河,沉璧马,吁神祇,又令将军以下亲负薪土,卒塞决口,起筑宣防。河在武帝时,不过为数郡之害,虽不塞可也,而武帝必塞之。若夫今日之患,关系运道之通塞,尤事之不可已者,乌可以噎而废食哉。且黄陵冈口不可塞者,非终不可塞也。顾以修筑堤防之功多,疏浚分杀之功少,河身浅隘,水无所容,故其湍悍之势不可遄回耳。议者以荥泽县孙家渡口旧河,东经朱仙镇,下至项城县南顿,犹有涓涓之流,计其淤浅之处,仅二百余里,必须多役人夫,疏浚深广,使其由泗入淮,以杀上流之势。又以黄陵冈贾鲁旧河,南经曹县梁进口,下通归德州丁家道口,足以分杀水势,讫能成功。今观梁进口以南,则滔滔无阻,以北则淤淀将平。计其功力之施,仅八十余里,今春虽尝用工,未得

———————————

① 据[明]陈子龙等《皇明经世文编》卷之八十二,徐恪《定吁谟以祛河患疏》校。

竟力。必须再役人夫,疏浚深广,使之由徐入淮,以杀下流之势。水势既杀,则决口可塞,运道可完矣。

李东阳曰:河之为患,自古有之。汉以后冲决无常,治法亦异,有塞、有浚、有疏,而疏之说胜。国朝凡四决,后为张秋都宪徐公有贞治之。有挠其议者曰:"不能塞河而顾开之耳"。使者至,徐出二壶,一窍、五窍者各一,注而泻之,则五窍者先涸。使归而议决。此白公昂之亲得于见闻者也。金龙之决,山东以为忧,而河南复虞其塞,议之弗定亦久矣。白公既从其议,于是倍增汴堤,又疏其下流诸河。故两省之民咸宜之,疏之效亦明矣哉。

刘大夏议得河南、山东两直隶地方西南高阜,东北低下,黄河大势,日渐东注,究其下流,俱妨运道,虽该上源分杀,终是势力浩大,较之漕渠数万余倍。纵有堤防,岂能容受? 若不早图,恐难善后。其河南所决孙家口、杨家口等处,势若建瓴,势无筑塞之理。欲于下流修治,缘水势已逼,尤难为力。惟看得山东、河南与直隶大名府交界地方,黄陵冈南北古堤十存七八,贾鲁旧河尚可泄水。必须修整前项堤防,筑塞东注河口,尽将河流疏道南去,使下徐沛,由淮入海。水经州县,御患堤防。俱令随处整理,庶几漕河可保,无虞民患,足为有备。仍于黄陵冈南北各造滚水石坝一条,俱长三十四十丈,中砌石块,每条拟长十四五里。虽有小费,可图经久。若黄陵冈等处堤防委任得人,可以长远。仍照旧疏导汶水接济运河。万一河流东决,坝可以泄河流之涨,堤可以御河流之冲。倘或夏秋水涨之时,南边石坝逼近上流河口,船只不便往来,则于贾鲁河或双河口,径达张秋北上,以免济宁一带闸河,尤为利便。

刘天和曰:河之水至则冲决,退则淤填,而废坏闸座,冲广河身,阻隔泉源,害岂小耶。前此张秋之决庙道口之淤,新河之役今兹数百里之淤可鉴。已议者有引狼兵以除内寇之喻,真名言也。故先朝宋司空礼、陈平江瑄之经理亦惟导汶建闸，不复引河。且于北岸筑堤卷埽，岁费亿计。防河北徙，如防寇盗然。百余年来，纵遇旱涸，亦不过盘剥寄顿则抵京稍迟尔。未始有壅塞不通之患也。惟汶泉之流遇旱则微，汇水诸湖以淤而狭。引河之议或亦虑此。然国计所系，当图万全。无已吾宁引沁之为愈，盖劳费正艺而限以斗门，涝则纵之俾南入河，旱则约之俾东入运，易于节制之为万全也。若徐、吕二洪而下必资河水之入而后深广，惟当时疏浚，慎防御，相高下顺逆之宜，酌缓急轻重之势，因其所向而利导之尔。

按：《问水集》谓：河流之淤，难复引之以入运，如正统戊辰，全河徙孙家渡，即今荥泽县南徙，至弘治己酉凡四十余年，而始淤。朝廷相继遗官往治，自弘治六年迄嘉靖年间凡十余浚，每浚费数万缗，卒不能复。故国家治河如尚书平江伯陈瑄，惟导汶浚淤，建闸通运，不复引河。徐有贞、白昂、刘大夏诸公亦不过力塞之而已，不复资以济运。盖河至则冲决，去则淤填，修治之工，无时可已，迁徙不常，害多于利。

金景辉疏曰：我太宗皇帝建立京师，首命大臣疏会通河，开清江浦，增修各闸，疏凿二洪，以通漕贩，开万世太平之基。近来河道浅阻，转输稽迟。天顺七年，朝廷恐妨国计，仍命王竑总督漕运委臣河南，疏黄、沁二河分水灌注运河，即今徐、吕二洪，下至清河一带，河道通行无阻矣。惟安山北至临清卫河至直沽俱各水少，而德州、武城等处浅阻，船只不下千百余艘，不可不虑。考得安山北至临清二百五十余里，止有汶水，春时雨少，泉脉微细，以至浅涩。其汴梁城北陈桥原有黄河故道，其河北由长垣县大冈河，经曹州，至巨野安兴墓巡检司地界，出会通河，合汶水通临清，每秋水涨，有船往来，止是陈桥迤西三十余里浅狭，水小时月，不得通流。若开挑深阔，亦可分引河、沁二水以通运河。如此则徐州、临清两河均得河、沁之济，而卫河亦增，且开封、长垣、曹郓等处税粮俱免陆挽，又江淮民船亦可由徐州小浮桥达陈桥至临清，得免济宁一带闸座挤塞留滞之弊，甚为便利。

周用疏云：今黄河每岁冬春之时，自西北演迤而来，固亦未见大害。逮乎夏秋霖潦时至，吐泄不及，震荡冲激，于斯为甚。考之前代传记，黄河徙决于夏月者，十之六七，秋月者十之四五，冬月盖无几焉，此其证也。夫以数千里之黄河挟五六月之霖潦，建瓴而下，乃仅以河南开封府兰阳县以南之涡河，与直隶徐州沛县百数里之间，拘而委之于淮，其不至于横流溃决者，实侥万一之幸也。夫今之黄河，古之黄河也。其自陕西西宁至山西河津，所谓积石龙门合泾、渭、沏、漆、沮、汾、泌，及伊、洛、瀍、涧，诸名川之水，与纳每岁五六月之霖潦，古与今亦无少异。然黄河所以有徙决之变者，无他，特以未入于海，霖潦无所容也。沟洫之为用，说者曰备旱潦而已。其用以备旱潦者容水而已。故自沟洫至于海，其为容水一也。夫天下之水莫大于河，天下有沟洫，天下皆容水之地，黄河何所不容？天下皆修沟洫，天下皆治水之人，黄河何所不治？水无不治，则荒田何所不垦，一举而兴天下之大利，平天下之大患矣。

王轼疏云：黄流分入运道者大略有六，若六道分流，水势减杀而不怒，岂至为患。但从来治河各官，因循度日。自涡河之源塞，则河徙而北，并出小黄河溜沟等处，而淮安、徐州受其害。曾不数年前，三四处支流尽塞，而河益北，并出飞云桥，则丰沛鞠为巨浸，而金沟一带运道淤矣。此则河势渐徙而北之验也。幸此数处，东西俱山，溢出之水，尚可因之以济事。如今岁金沟之运道虽塞，而昭阳湖实通舟楫是也。若不先时并力预为之计，河益徙而北，东南无山可恃，径奔入海，则安平镇故道可虞也。冲突之势则单县、谷亭百万生灵之命可念也。万一或出于此，济宁之北临清之南，运道诸水俱被混带入海,粮运何由可通?臣愚以为,六道分流之势,当择其可为者而导引之,使分于南,庶将来可免冲决大患。此则下流不可不疏浚者也。然欲保丰沛、单县、谷亭一带居民,必须筑堤以障其西北。况此数处,俱有旧堤可因,为役稍易。在上既无溢出之水,其下自无淹没之患矣,此则上流不可不堤防者也。若[金]①沟运河必欲复故道,不若就湖之为便。就湖之中,但恐沙随而至,识者以为不若于湖之东,引水荟为运道,建闸以节水下,自留城以达沙河为尤便。其地脉水性之顺否,闸坝之因革,又在治河各官临时相度,不可执一而废百也。

洪朝选疏云:臣惟黄河之为患,虽云变迁不常,然其避高趋下之性,自古及今则一而已。故下流壅则上流必冲,此理势之必然者。嘉靖四十四年七月,内河决沛之飞云桥,逆流而上,因而淤塞运河,人心惶惶,莫知所措。先帝特命工部尚书朱都御史潘前来经理。当时之议,只谓开得一条运河以济转输,此为目前最急。其于下流壅塞之处,虽知其必为害,未遑及也。辟之人方病,咽喉梗塞之时,饮食水谷不能输医者,惟当以通喉咽、便饮食为急。其余他日腹心之病,姑辽缓之,似亦无妨也。然郭贯楼一带既淤,旧运河一带复淤,昭阳湖一带又淤,三沽泥沙积高至二三丈许,而黄河之大势骎骎乎其北徙矣。臣自被命东土,即闻黄河渐有北徙之势。询访司道部闸各官,皆言黄河方出戚、华二山,以入秦沟、浊河,滔滔而下,更复何虑,决无北冲之理。臣终未以为然。盖黄河出口之处必多,然后可以容其万里远来之势,骋其恣肆猛骤之威。今乃出之以一秦沟,一浊河,安能使之勇趋而驶流也。臣因案:行山东布按二司,行各道亲诣踏勘,则各道之报大略相同矣。夫当此桃花水方发之时,势已可畏如此,万一伏秋之

---

① 据[明]陈子龙等《皇明经世文编》卷之一百八十四,王轼《处河患恤民穷以裨治道疏》校。

际，雨水交发，势如漫天浩瀁渺茫，将何以御之。若曹、单之堤不可保，则南阳鲁桥一带运河决成淤塞，曹、单、城武、金乡、鱼台等县决为巨浸，其于国计民命所关岂浅浅也。古人所谓见其势之激而逆，知其必决，正今日之谓也。

　　臣按：古今治河之策，莫不以宣导为上，堤防为下。然时势不同，事从而异。前代之资于河也，利与害大抵相远，故全祛其害，则全获其利。我朝之资于河也，利与害大抵相邻，故有甚利则有甚害，有大害亦有大利。何者？运河惟资山东之泉水足矣，初无所赖于河也。然二洪微，黄河则舟行陆地中，牵挽不动，故必导河向徐、沛、萧、砀、丰，而后二洪有所接济。既由徐、沛、萧、砀、丰之间而行，则黄河之来，一石带淤泥数斗，其势必淤。淤一处则决一处，而利害之相因，于是乎为无穷矣。是故我朝治河独难于前代，以利害之相邻也故。堤防之设，决不可缓，而宣泄利导之方为最上策者，虽万古一致也。且臣闻河出二洪，旧有六股，近惟有秦沟、浊河二股。今浊河之流甚微，其势将塞，则仅有秦沟一股出口而已。以万里转折东下之势，乘之以雨水交发，百川灌集之威，而出之以一股，其不为国计民命之妨者，臣不信也。乞敕部早为议处，如堤岸足恃，则固堤岸，堤岸不足恃，则开支河于漕运，既无妨阻，东省民命亦得保全矣。

　　御史陈堂疏云：黄河之与淮河，其流虽二，其为运道相维系贯通者则一。未有黄不治而可以治淮，亦未有淮治而黄可以无事者也。今之议者为黄河计，曰："筑崔镇口矣。"今闻崔镇而上至于邳州一带，决者不下一二百处，大者百余丈，小者亦三四十丈，何可胜筑也？即筑之又何保其不复决也？曰："复老黄河矣。"然引黄河东流，将必引淮逆为北向，而后可以与黄会。而全运道窃恐非水之性，势难成，功益退，而壅决于宿邳之间，不可为也。曰："挑正河矣。"然河之决也，由下无所归，故上有所壅。今河无入海之路，虽使河身日浚，奚益哉？

为淮河计者曰："筑高家堰。"则工费不赀，束手无策。曰："筑高宝黄浦等堤。"则随筑随决，漫不可支。欲引淮泗而入之江，则江上流也，而海为下，海近而江远。高宝之间所经兴盐等县，皆为入海之路，岂能尽堤防之，而使必逆而南哉。兼之草湾海口淤淀如故，遂使河身日高，黄水日涨，不图为疏导之计，而惟筑堤以防之。将见堤之高也有穷，而水之高也无限。其势必内灌而并泗水以趋于黄。淮之一日不治，则淮之人一日不安枕，此定势也。以是数者积时累日坐观其大败决裂而不可救，此何以哉？臣以为天下事有利必有害，未有有其利而无其害者。择其利多而害少者，为之则可矣。利在于河者多而漕者少，则从其利多者而不以为私图。害在于淮者少而黄者多，则从其害少者而不以为嫁祸。利一害百，毋以害掩利，害一利百，毋以利冒害。诚遣大臣奉命而往，听其便宜行事，大破故常，利必期于大兴而不惜小费，害必期于尽去而无惑人言。或年终勘核功罪，或三年类报，使人心鼓舞于奖劝，激励之中群力可协，而百工可成矣。该户工二部会看得陈堂欲特遣大臣督理，无非欲得人任事之意。相应依拟，特遣大臣讲求致害之因，广采平治之策。备查草湾之口何为既开复淤，及今海口作何开通？全淮之水何为南徙不复，及今淮口作何疏导？徐邳河身高并〔州〕城，何以疏之使平？黄浦、崔镇等口久塞无功，何以筑之使固？及查诸臣历年建议，有行奏疏，逐一勘议，要见老黄河故道，应否开复？清〔口〕（挑）〔桃〕〔源〕正河，应否挑浚？高家堰、宝应堤应否修筑？及一应合行事宜，俱要熟计利害重轻，议处停当，会疏奏闻，请自圣裁。再照黄河自汴城南下经徐、邳、桃、宿而后会淮入海。先年徐、邳河身尚未淤而高也，犹有张秋之决。今徐、邳而下，河身高且数倍于前矣。地势南昂北下，所恃以防北徙者，寻丈堤耳。万一鱼台、金乡、曹、单等处，长堤一隤，势必奔流北徙，将为闸河之梗，其害尤甚于今日。有不可不早计而预待者,合行总理河漕大臣溯流穷源,审其孰为支流,孰为合河,或正而当厚其防,或支而当杀其势,或合而当分其流,一并勘议,详妥奏闻,区处此万全之策也。

尚书胡公治河疏曰:臣闻河流迁徙不常,[自古为患]。历[考]周[汉]①,至今未有治久而不决之术。国家救灾恤民,亦未有听其决而不治之理。今日之事,开运道最急,治河次之。夫自古言河流者曰:分则势小,合则势大。言河身者曰:宽则势缓,狭则势急。大而急则难治,小而缓则易防,理固然也。其言治河者曰:顺其性则易,遏其性则难。又曰:不与水争地,此其大法也。河自经汴以来,南分二道。一出汴梁城西荥泽县,经中牟、陈颍等州县,[至寿州入淮。一出汴梁城东祥符县,经陈留亳等州县,]至怀远县入淮。其东南一道自归德、宿州,经虹县、睢宁,至宿迁县出其东,分新旧五道。一自长垣、曹郓等县至阳谷出;一自曹州双河口至鱼台县塌场口出;一自仪封、归德等州县至徐州小浮桥出;一由沛县之南飞云桥出;一在徐沛之中境山之北溜沟出。是此新旧分流六道,皆入漕河,而总南入淮。今皆塞而止存沛县一道。所谓合则势大,而河身又狭,不能容纳,所以不得不泛滥横溢。丰、沛二县,徐之半州,漫为巨浸。近又溢出沛县[之北],而漫入昭阳湖,以致运道旧河,流缓沙壅,而渐[致淤]塞也。或恐沙壅积久,其地渐高,水高趋下,其势必决。而东南有山,限隔犹祸小也。决而东北,则往年张秋之溃,运道因之以竭,前宋澶州之决,郡县数十皆灌,祸不可言也。故今治河,不得不因故道,而分其势。其前出阳谷、鱼台二道,恐其决而东北,断不可开也。其在汴西荥泽,近开孙家渡至寿州一道,决宜常浚,以分其上流之势,不可使壅也。臣与

---

① 这段落据[明]陈子龙《皇明经世文编》卷之一百三十三,胡世宁《治河通运以济国储疏》校。

尚书李承勋议：若于昭阳湖东岸滕、沛、鱼台、邹县地方之中，地名独山、新安社等处，择其土坚无石处所，另开一道，南接留城，北接沙河口二处旧河，其间应开不过百十余里，更或随势利便，各寻近道，工力尤省。其河新开，深则各随地势，阔则先止五六丈，以通二舟之交行。其就取其土厚，筑西岸以为湖之东堤，且防河流之漫，山水之泄，而隔出昭阳湖在外，以为河流漫散之区。所谓不与水争地也。来冬冰结船止之时，更加浚阔以为运道。于彼立一夫厂，量拨山东州县人夫接递以暂宽丰沛之民，而稍息咽喉之气，此上策也。

余毅中《全河说》云：黄河之性，合则流急，分则流缓。急则荡涤而疏通，缓则停滞而淤塞。故以人力治之，则逆而难，以水力治之，则顺而易。尽塞诸决，则水力合矣，宽筑堤(坊)[防]①，则(衡)[冲]决杜矣。多设减坝，则遥堤固矣，并堤归仁，则黄不及泗矣。筑高堰复闸坝，则淮不东注矣，堤柳浦缮西桥，则黄不南(浸)[侵]矣。修宝应之堤，浚扬仪之浅，则湖捍而渠通矣。故自告竣以来，河身益深而河之赴海也急，淮口益深而淮之合河也急。河淮并力，以推涤海淤，而海口之宣泄二渎也(急)[易]。用是河尝秋涨而涯畔屹然，淮尝夏溢而消耗甚速。贡赋舳舻，若履枕席，转徙孑遗，寝缘南亩，盖借水攻沙之效，已较然显白矣。

广东陈建云：嘉靖数年间，河益南徙而冲涡奔亳，震惊皇陵。徐房而南，安东淮北皆被其害。以河流无所分，而一淮不足以并容全河之委也。众说纷纷，愚谓欲河之北以循古道者为河患也，犹幸其南所以佐漕也。顾河能佐漕，亦能决漕。累朝挑浚之费，已不赀矣。故尝有言曰：前代之河决也，不过损民田庐；国家之河决也，患及漕运。治河视古岂不尤难哉。

---

① 这段据[清]顾祖禹《读史方舆纪要》卷一百二十九"川渎六""漕河•海道"校。

总河潘季驯疏云：黄水来自昆仑，入徐济运，历邳、宿、桃、清至清口，会淮而东入于海。淮水自洛及凤历盱泗至清口，会河而东入于海。此两河之故道，即河水自然之性也。胡元岁漕江南之粟，由扬州直北出庙湾入海。至永乐年间，平江伯陈瑄始堤管家诸湖通淮河为运道。然虑淮水涨溢，东侵淮郡也，故筑高家堰堤以捍之。起武家墩，经小大涧，至阜宁湖，而淮水无东侵之患矣。又虑黄河涨溢，南（浸）[侵]①淮郡也，故堤新城之北以捍之。起清江浦（铅）[沿]钵池山、柳浦湾迤东，而黄水无南侵之患矣。尤虑河水自闸冲入，不免泥淤，故严启闭之，禁止许漕艘鲜船由闸出入，匙鑰掌之，都漕五日，发筹一放，而官民船只，悉由五坝车盘。是以淮郡晏然，漕渠永赖，而陈平江之功至今未斩也。后因剥食既久，堤岸渐倾，水从高家堰决入，一郡遂为鱼鳖，而当事者未考其故。乃谓海口壅塞，遂穿支渠以泄之。盖欲亟拯淮民之溺，多方规画以为疏导之计。其意甚善，而其心良亦苦矣。讵知旁支暂开，水势陡趋西桥以上，正河遂至淤阻。而新开支河阔仅二十余丈，深仅丈许，较之故道不及三十分之一耳，岂能容受全河之水。下流既壅，上流自溃，此崔镇诸口所由决也。今新开寻复淤塞，故河渐已通流，虽深阔未及原河十分之一，而两河全下，沙随水刷，欲其全复河身不难也。河身既复，面阔者七八里，狭者亦不下三四百丈，滔滔东下，何水不容？若犹以为不足，而欲另寻他所，别开一渠，恐人力不至于此也。以臣等度之，非惟不必另凿一口，即草湾亦须置之勿浚矣。故为今之计，惟有修复平江伯之故业，高筑南北两堤，以断两河之内灌，而淮扬昏垫之苦可免。至于塞黄浦口，筑宝应堤，浚东关等浅，修五闸，复五坝之工，次第举之，则淮以南之运道

---

① 这段据[明]陈子龙《皇明经世文编》卷之三百七十五，潘季驯《题为陈愚见议两河经略疏》校。

无虞矣。坚塞桃源以下崔镇口诸决,而全河之水可归故道。至于两岸遥堤,或葺旧工,或创新址,或因高冈,或填洼下,次第举之,则淮以北之运道无虞矣。淮、黄二河既无旁决,并驱入海,则沙随水刷海口自复,而桃清浅阻又不足言矣。此以水治水之法也。若夫扒捞挑浚之说,仅可施之于闸河耳。黄河河身广阔,捞浚何期,悍激湍流,器具难下,前人屡试无功,徒费工料,但恐伏秋水发,淫潦相仍,不免暴涨,致伤两堤。故欲于磨脐沟、陵城、安娘城等处再筑滚水坝三道。万一水高于坝,任其宣泄,则两堤可保,而正河亦无淤塞之患矣。

又疏云:臣初抵淮安即询黄河出接运道处所,众云:"出徐州小浮桥",则臣等喜,以为此黄河故道之最顺者也。又询水深若干,众云:"深四丈余",则臣等又喜,以为此河身之本体也。又询小浮桥迤西,则为胡佃沟、为梁楼沟、为北陈、为雁门集、为石城集,而石城集以上十五里则为崔家口,即去岁八月所决之口也,其间浅深俱不能答。臣等即行淮安府管河同知王琰前往测度,去后,随据揭报前项河水,深七八尺至二三尺不等,而梁楼沟至北陈三十里,则止深一尺六七寸,散漫湖波,一望无际。原系民间住址陆地,非比沙淤可刷,故河流逾年而浅阻如故也。臣等不胜惊讶,随据徐州砀山乡民段守金、龚泮、王霜等,各呈称老河故道。自新集历赵家圈、萧县蓟门,出小浮桥,一向安流,名曰铜帮铁底。后因河南水患,另开一道,出小河口,本河渐被沙浅。至嘉靖三十七年,河遂北徙,忽东忽西,靡无定向。行水河底,即是陆地,比之故道高出三丈有余,停阻泛滥,妨运殃民。恳乞开复老河,上下永利等情。臣等当督前司道由夏镇历丰沛至崔家口,复自崔家口历河南归德府之虞城、夏邑、商丘诸县,至新集阅视间,则见黄河大势已直趋潘家口矣。随据地方禀称,去此十二三里,自丁家道口以下二百二十余里,旧河形迹见在,尽可开复。臣等即自潘家口历丁家道口、马牧集、韩家道口、司家道口、牛黄堌、赵家圈至萧县一带地方,委有河形,中间淤平者四分之一。地势高亢,南趋便利,用锥钻探河底,俱系滂沙,见水即可冲刷。又据夏邑、虞城等县乡官王极、乡民欧阳照等七百余人连名呈告,俱为乞疏旧河便民事。窃照黄河故道,自虞城迤下、萧县迤上、夏邑迤北、砀山迤南,嘉靖年间岸阔底深,水势安流,既于运河无虞,亦于民田无害。商贾通行,货易大遂,民称丰庶。自嘉靖三十六年以后,故道渐淤,河随北徙,黄流泛溢,青野汪洋,居民十不存一,运道屡年阻滞,告乞早为开通,上利下便,是诚万世盛举等情。臣等度其言,实为探本之论。但道里辽远,工费巨艰,复又沿河荒度,更无省近可从者。而臣等犹冀崔家口一带浅阻去处,或可疏浚成河,易为力也。复督各官驾小舠至梁楼沟、北陈等处,躬亲测量,委果浅阻河底原系陆地,委难冲刷,萧县地方,一望弥漫,民无粒食,号诉之声令人酸楚。该县城外环水为壑,城中猪水为池,居民逃徙,官吏婴城难守,见今题请迁县。臣等窃思之,一县之害,此其小也。夫黄河并合汴、沁诸水,万里湍流,势若奔马,陟然遇浅,形如槛限,其性必怒,奔溃决裂之祸,臣等恐不在徐、邳,而在河南、山东也。止缘徐州以北,非运道经行之所,耳目之后,人不及见,止见其出自小浮桥,而不考小浮桥之所自来,遂以为无虞耳。岂知水从上源决出,运道必伤。往年黄陵冈、孙家渡、赵皮寨之故辙可鉴乎。臣等又查得新集故道,河身深广。自元及我朝嘉靖年间,行之甚利,后一变而为溜沟,再变而为浊河,又再变而为秦沟。止因河身浅涩,随行随徙。然皆有丈余之水,未若今之逾尺也。浅愈甚则变愈速。臣等是以夙夜为惧也。臣等又查得此河先年亦尝建议开复,止缘工费浩繁,因而寝阁。臣等窃料,先时诸臣虽以工费为辞,实非本心。盖诚虑黄河之性叵测,万一开复之后,复有他决,罪将安辞。目前既有一河可通,姑为苟安之计耳。而不知臣子任君父之事,惟当论可否,不当论利害,惟当计其功之必成,不当虑其后之难。必且所虑者他决也,随绝随塞，亦非有甚难者。故河变迁之后，何处不溢，何年不决，宁独不虑之乎。臣等与司道诸臣计之，故河之复，其利有五：河从潘家口出小浮桥，则新集迤东一带河道俱为平陆，曹、单、丰、沛之民永无昏垫之苦，一利也。河身深广，受水必多，每岁可免泛溢之患，虞、夏、丰、沛之民得以安居乐业，二利也。河从南行，去会通河甚远，闸渠可保无虞，三利也。来流既深，建瓴之势，导涤自易，则徐州以下，河身亦必因而深刷，四利也。小浮桥之来流既安，则秦沟可免复冲，而茶城永无淤塞之虞，五利也。臣等以为复之便，至于复故道难，仍新冲易，复故道劳，仍新冲逸，则臣等计之熟矣。然舍难就易，趋逸避劳，虑日后未必之身谋，而不惜将来必致之大患，非臣等所以尽忠于陛下也。伏乞特遣科臣勘议施行。

潘季驯疏云：治河之役古今称难，今日之河缘云梯关塞而不通，高家堰通而不塞，是以桑梓鞠为巨浸，陵寝亦有小妨。盖高堰决则淮水东，黄河随蹑其后。故清口塞，而堰内皆住址陆地，其泄不及清口之半，故泗州之水聚。今塞高堰，乃所以通清口而泄泗州之水也。高堰既成，即闻泗水消落，两府贫民得免鱼鳖之患，三陵树木得免淹没之虞，而淮黄合流，为祖陵一大合襟，所关尤重，功在朝廷，岂浅鲜哉。

又疏云：高堰据黄浦之上游，而黄浦为兴宝、盐城之门户。高堰既筑，黄浦之工自易；黄浦既塞，则兴宝、盐城一带田地尽行干出。自兹两河横流，涓滴皆由正道，千里之内，民业皆可耕获。而海口河身日见深刷，亦可免壅溃之患矣。

又疏云：我朝建都燕冀转输，运道实为咽喉。自仪真至淮安则资淮河之水，自清河至徐州则资黄河之水。黄河自西而来，淮河自南而来，合流于清河县之东，经安东达云梯关而入于海。此自宋及今，两渎之故道也。数年以来，崔镇诸口决而黄水遂北，高堰黄浦决而淮水遂东，桃清、虹泗、山阳、高宝、兴泰田庐坟墓俱成巨浸，而入海故道几成平陆。臣等受事之初，触目惊心，所至之处，孑遗之民，板舆号泣，观者皆为陨涕。然议论纷起，有谓故道当弃者，有谓诸决当留者，有谓当开支河以杀下流者，有谓海口当另行开浚者。臣等反复计议，弃故道则必欲乘新冲，新冲皆住址陆地，漫不成渠，浅涩难以浮舟，不可也；留诸决则正河必夺桃清之间仅存沟水，淮扬两郡一望成湖，不可也；开支河则黄河必不两行，自古纪之，淮河泛溢，随地沮洳，水中凿渠则不能，别寻他道则不得，况杀者无几，而来者滔滔，昏垫之患，何时而止，不可也；惟有开浚海口一节于理为顺。方在犹豫，而工部遗咨叮咛臣等亲诣踏看，臣等乃乘轻舠出云梯关至海滨，沿袤四望，则见积沙成滩，中间行水之路不及十分之一，然海口故道则广自二三里，以至十余里。询之土人，皆云：往时深不可测，近因淮黄分流，止余涓滴入海，水少而缓，故沙停而积，海口浅而隘耳。若两河之水仍旧全归故道，则海口仍旧全复原额，不必别寻开凿，徒费无益也。臣等乃思欲疏下流，先固上源，欲遏旁支，先防正道，遂决意塞决以挽其趋，筑遥堤以防其决，建减水坝以杀其势而保其堤。一岁之间，两河归正，沙刷水深，海口大辟，田庐尽复，流移归业，禾黍颇登，国计无阻，而民生有赖矣。

知府张允济等会查得古有大清口小清口。大清口在清河县后，即今之老黄河也，小清口在清河县前，即今淮水所出之清口也。淮出清口东数里大河口与黄会，黄河入三义镇以下，老河口亦出大河口，与淮会，同流至云梯关九十里入海，此弘治正德以前运道。漕船到淮，俱由五坝车盘以达外河，溯流至大河口，由清河县后，经渔沟等处，出三义老河口，而北达桃、宿、邳、徐。以上淮不入里河，黄不至清口，自塞三义口，而黄流横绝清口矣。自开天妃坝而外河引入内灌矣，黄、淮转折，直射清浦，淮南之患始殷，淮口之沙日积，泗北之水日聚，故议者每每欲开复老黄河，意盖有见于此耳。近年以来泗水之潴愈厚，而王公堤之势愈危，通济闸外常淤，而天妃坝亦决。故首虑祖陵，次虑运道，次虑民生，而复开老黄河之说。若不容已者，但总计挑河共长一万五千二百一十丈，计八十四里五分，共该银九十万六千三百七十二两。应用钱粮、夫役尚未敢拟，诚开此河，接入赤晏庙、大河下海，使淮不受敌，顺势东注，无复退缩洄洑之状。

泗北积水自消，祖陵可无他虞。黄流既与通济闸隔远，清江浦运道自下受冲，而王公堤岸可保。是老黄河有可开之利矣。但河流既分，万一全夺正河，自三义镇至清河三十余里，水少而浅，漕艘胶阻，国家大计可虑也。河性靡常，迁徙不一。倘开后淤垫，或别有改移，致虚劳费，可虑也。连岁灾伤，民穷财尽，一旦动大众营大费，时诎举赢，可虑也。是开老黄河，亦非全利而无害者矣。

黄河自宿迁而下，河博而流迅，治法宜纵之，必勿堤。宿迁而上，河窄而流舒，治法宜束之，亟堤可也。又徐、邳水高而岸平，泛溢之患在上，宜筑堤以制其上。河南水平而岸高，冲刷之患在下，宜卷埽以制其下。不知者，河南以堤治，是灭趾崇顶者也。徐邳以埽治，是摩顶拥踵者也，其失策均也。

筑堤有三禁：毋掘房基，毋挖古冢，毋铲膏腴。

河堤之法有二：有截水之堤，有缕水之堤。截水者，遏黄河之性，而乱流阻之者也，治水者忌之。缕水者，因河之势，而顺流束之者也，治水者便之。夫水为性也，专则急，分则缓，而河之为势也，急则通，缓则淤。若能顺其势之所趋，而堤以束之，河安得败。唯河欲南而截之使北，河欲合而截之使分，以逆天地之气化，而反天地之血脉，河始多事也已。

黄河由小浮桥会徐洪，自小浮桥之上皆闸河也。故汶水出高家闸，与小浮桥大河会，是汶与河交会在高家闸。嘉靖末，水北徙，由秦沟，则自小浮桥以上逆四十里至茶城，悉为大河，高闸沉河中，不复见，则汶与河交会在茶城矣。

河南属河上源，地势南高北下。南岸多强，北岸多弱。夫水趋其所下，而攻其所弱。近有倡南堤之议者，是逼河使北也。北不能胜，必攻河南之铜瓦厢，则径决张秋，攻武家坝，则径决鱼台，此覆辙也。若南攻，不过溺民田一季耳。是逼之南决之祸小，而北决之患深。

治漕有八因：因河之未泛而北运，因河之未冻而南还，因风之南北为运期，因河之顺流为运道，因河安则修堤以固本，因河危则塞决以治标，因冬春则沿堤以修，因夏秋则据堤以守。是谓八因。有三策：四月方终舟悉入闸，夏秋之际河复安流，上策也；运艘入闸，国计无虞，黄水啮堤，随缺随补，中策也；夏秋水发，运舸渡河，漕既愆期，河无全算，斯无策矣，是谓三策。

今河有三无患：徐吕二洪往患淤浅，今乃水二丈余，二洪无患；南行一百八十里，隆庆末悉为平陆，今水由地中水深二丈，岸高一丈，邳河无患；邳河下至清河，水深不得其底，且近海而流迅，宿清之河无患。

嘉靖六年以前，黄河分为六道。其两道由河南、凤泗入淮。其四道由小浮桥、飞云桥、大小溜沟入河。时则开、归、徐、沛，利害相当。今开、归、沛诸流俱埋。全河悉经徐州一道，则开、归、沛之患纾，而徐、邳之患博，其不两利，亦不能两害者，势也。

茶城口之浅，十年患之，盖闸河之口逆接河流。河涨直灌入，召淤耳。而北崖悉洲沙，余为大南堤以逼之。南堤急则北沙悉溃，水渐徙，而北茶城之口以逼而益深且顺。而东与黄河夹流，半里而后会，既令茶城深，又不令逆接河流召淤，善之善者也。

五行之性，金圆，木直，水曲，火锐，土方。水之不可使直，犹木之不可使曲也。黄河九折而入中国，每折千里，此西域之河耳，亦折之大者耳。若自三门七津而下，由安东入海，仅仅二千里而强，不知几百十折也。故能盘旋停蓄而不泄,若人之肠胃然。丹田以上多直遂,丹田以下多盘曲,然后停蓄而注于膀胱,否则径泄气射毙也久矣。黄河之在西域,丹田而上者也;流入潼关,丹田而下者也。故入西域,折以千里计;入潼关,折以数十里计。是注膀胱之势也。每折必扫湾,在河南制之以埽,在徐邳制之以堤。吾谨备之耳。若恶其埽湾必导之使直,是欲直肠胃从管达膀胱也。岂徒人力不胜之,倾宕急泻,是谓敝河。故大智能制河曲,不能制河直者,势也。

两河大挑有五不便,有五便。旧以正月兴工,二月竣事,则新运踵至。停积河流,既虑风涛,复稽程限,一不便。夫役年终,徭役更换,旧役已满,新役未来,二不便。春事方兴,民无暇力,迫之工作,田野不安,三不便。未接青黄,室而悬罄,头会箕敛,工食艰窘,四不便。坚冰初解,时尚严凝,驱之泥淖之中,责以疏凿之力,五不便。若改期九月兴工,十月竣事,则回空已尽,筑坝绝流,疏浚甫完,藉冰封闭春,融冻解河,即有待是新运之便也。旧夫未更,按册可集正役者,不劳于再籍雇役者,无事于更张,是征夫之便也。秋事告成,农多暇日,既无私虑,自急公家,是民力之便也。新秋丰稔,民多盖藏,闾阎利以供输,夫役易于征敛,是工食之便也。天霁秋高,气候清爽,河鲜沮洳,锸锸易施,是用工之便也。

黄河若河南铜瓦厢、陶家店、练城口、判官村、挖泥河、荣花树、刘兽医口,若山东武家坝、瓦砾口,皆要害也。以头年下埽为次年之防,一年积料为两年之用,则桑土早备,阴雨无虞矣,慎之哉。

黄河四堤,今治水者,多重遥直而轻逼曲,不知遥者利于守堤而不利于深河,逼者利于深河而不利于守堤,曲者多费而束河则便,直者省费而束河则不便。故太遥则水漫流而河身必垫,太直则水溢洲而河身必淤。四者之用,有权存焉,变而通之,存乎人也。

山东、河南、黄河之北,大堤若阜,起修武迄沛县之窑子头,绵亘五百余里，曰泰黄堤，河人呼曰南老堤。夫堤，迄黄河北十余里，不呼北堤而呼南堤，盖先年河行泰黄堤之北，始皇堤之南，则泰黄固南堤也。今河循铜瓦厢、武家坝，则又籍泰黄为障矣。隆庆末，复循曹、单、丰、沛，跨戚山、华山，为之缕水堤二百里。是泰黄以缕水为肤，缕水以泰黄为骨，南北相峙，掎角之势也，而又续窑子头之大堤，培戚华山之缕水，则鱼沛可安枕，而南阳至黄家闸永无黄河侵陵之患矣。

黄河非持久之水也，与江水异，每年发不过五六次，每次发不过三四日。故五六月是其一鼓作气之时也，七月则再鼓而盛，八月则三鼓而竭且衰矣。万一河势虚骄，锐不可当，我且避其锐气，固守要害。如河南之铜尾厢，山东之武家坝，徐州之曲头集，布阵严整，[三守]①四防以待，而姑以不要害之堤委而尝之，以分弱其势，以全吾要害。持至水势渐落，却将所委之堤，随缺而随补之。刻期高厚，勿令后水再由，渐成河身，致垫旧河如此，则河之攻我也有限，我之守河也无穷。

四防中，风防尤宜慎之。房村决，风涛鼓击不已。黄吕梁以巨舟数十，障于决口，风涛遽（净）[静]，亦奇事。然河堤千里，舟不及也。古有黄河风防之法，如遇水涨，涛击下风堤岸，则以秫秸粟藁及树枝草蒿之类，束成捆把，遍浮下风之岸，而系以绳，随风高下，巨浪止能排击捆把，且以柔物，坚涛遇之，足杀其势，堤且晏然。于内排击弗及，丁夫却于堤外帮工，此风防之要诀也。捆把仍可贮为卷埽之需，盖有所备而无所费云。

河决口之患二：如上有所决，下无所泄者，曰隘决，不必斗水抢筑，俟涨落水出，直塞之耳。若上决而下泄者，曰通决，此不可少需，抢筑可也。否则流冲势泄，恐成河身，则正河流缓而淤矣。余于房

---

① 据[清]贺长龄等编《清经世文编》卷一〇一，张伯行《治河杂论》校。

村,以抢筑法施之,正河即安。

吕梁上至徐州两岸,山接冈连,水无他泄。直河下至清河两岸,崖高河阔,水鲜旁趋,此两段纵被冲决,未为大害。惟黄钟集、下房村、双沟、曲头、新安、王家、曹家等口,青洋、白浪等浅,八十九里之间,两岸皆低,北堤决则水出沂武,直河南堤决则水出小河口。故北岸嘉靖末决房村,由鲤鱼山出直河,则辛安四十里尽淤。南岸隆庆末决曲头,下睢宁,出小河,则匙头湾八十里皆垫。旁流既急而盛,则正河必缓而微,微则停,盛则溢,势使然也。

一、多穿漕渠以杀水势,此汉人之言也。特可言之秦晋峡中之河耳。若入河南,水汇土疏,大穿则全河由渠,而旧河淤;小穿则水性不趋,水过即平陆耳。夫水专则急,分则缓;河急则通,缓则淤。治正河,可使分而缓之道之使淤哉?今治河者,第幸其合,势急如奔马。吾从而顺其势,堤防之约束之,范我驰驱,以入于海,淤安可得停?淤不得停则河深,河深则永不溢,亦不舍其下而趋其高,河乃不决。故曰黄河合流,国家之福也。

二、我朝之运不赖黄河,此先臣之言也。盖欲黄河由禹故道,而以为山东汶水三分流入徐吕二洪,为可以济运,遂倡为不赖黄河之说耳。夫徐吕至清河入淮五百四十里。嘉靖中河身直趋河南孙家渡、赵皮寨,或南会于淮,或出小河口,而二洪几断,漕事大困,则以失黄河之助也。今欲不赖之而欲由禹故道,则弱汶三分之水,曾不足以湿徐吕二洪之沙。是覆杯水于积灰之上者也,焉能荡舟?二洪而下,经徐邳,历宿桃,河身皆广百余丈,皆深二丈有奇,汶河勺水能流若是之远乎,能济运否乎?故曰:我朝之运半赖黄河也。

三、黄河北徙,国家之利,此先臣之言,勘与家者流之说也。不知三代以上都冀州,黄河若张弓然。其时大江以南多未贡赋,故山东之运东而至,西秦之运西而至,原不藉南运也。若河南徙,则东运既不便，而黄河之水从太行而望之，势若反而挑王气乃微。方今贡赋全给于江南，又都燕，据上游以临南，服黄河南徙，则万艘渡长江穿淮扬，入黄河而直达于闸河，浮卫贯白河抵于京。且王会万国，其便若是。苟北徙，则徐邳五百里之运道绝矣。故曰黄河南徙，国家之福也。

四、黄河不能复禹故道，必使复河南故道，此近臣之议也。盖惩徐邳连岁河患激而云然耳。不知徐邳之患由邳河之淤，邳河之淤又由先年河行房村口、近年曲头集口，旁流既急而盛，正流必缓而淤，而徐邳之水患博矣。然河患不在徐邳必在河南，不在河南必在徐邳。嘉靖以前河经河南，河南大患，九重拊膺，百工蹙额，思与河南图一旦之命，策力毕举，竟莫支吾。而河南适有天幸，河并行徐邳，而后河南息二百年之大患。居平土者仅二十余年，今若复河南之故道，岂惟人力不胜？即胜之，是又移徐邳之患于河南，而又生二洪干涸阻运之患也。第堤徐邳三百里有奇，河不泛滥而徐邳之患消。故河由徐邳，则民稍患而运利；由河南，则民与运两患之。姑毋论王土王民邻国为壑之大义也，又况堤固水深，即砀徐之患直河秋一季耳。利害岂不章章明甚。故曰：河南故道不必复也。

五、黄河清，圣人生，此史臣之言也。河性常浊浊者，尽泥沙。水急则滚，泥沙不得停息，而后河深。清则水澄，泥沙不复行，不能入海。故河清，则治河者当被发缨冠而救之，忧方大耳。以上各条俱载南昌万恭《治水筌蹄》

御史骆骎曾疏云：国家因漕于河，治河即以治漕，此河之大利于漕者也。而惟以河为漕，河益则有冲射漂没之虞，而漕危；河塞则有壅阏推挽之虞，而漕亦危，此又河之大不利于漕者也。夫欲收其利不被其害，其利之在广川迅流，舳舻衔尾，可必无意外之虞者，邳宿以下之河是也。而我既因之以为用，其害之在悬崖猛石，出没于波涛汹涌之中，稍不戒，即万斛之舟，无不举而委诸壑者，徐吕之河昔之所以为漕病也,而我别为洫以避之,则河为无权。其害之在此通彼塞,迁徙无常。一旦举,百里洪流梗为平陆,而祸且立中于漕者,徐邳之河今之所以为漕病也,而我别为洫以济之,则河又为无权。夫以是两者举不足为漕害,而漕可长无事矣。然则洫河之开,其有裨于国计,岂浅鲜哉?虽然,谓洫可常恃乎?非也。何也?洫之为水,非有不涸,可以随取而随至者也。统一岁计之,夏秋雨集,或偏受其赢,冬春则涸;统夏秋计之,骤雨终日,或偏受其赢,旱干则涸。当其涸也,一浅不属,万橹俱停,洫之不可常恃,甚明也。洫黄始于兼济而终于相妨。今日之计在洫为已成之业,可以袭故而安。纵使通塞无时,稍加葺治,可支数十年无事,而河垂积废之余,凌夷已甚。淮徐六七百里堤防厌弃不修者二十年,于兹矣。堤之圮也,无以御河而河决,河之溢也,水分力弱,不能刷泥沙而沙淤,沙淤而河愈高,决乃愈甚。万历三十九年,尝一决于狼矢沟矣。狼矢沟未决之先,他非无决者而不以告也。四十年尝一决于三山矣。三山既决之后,他非无决者,而又不以告。总之在在可决,决者既不可胜塞,岁岁言塞,塞者又宁保无他决乎?故与其既决而塞,皇皇于焦头烂额之余,何如未决而修,致戒于衽袵者,事半而功倍也。伏乞皇上严敕新臣,实心经理,洫可时浚也,勿以功非已出而更张;河宜曲防也,勿以时多即安而玩愒。至于一切筑堤增坝,总期高坚,毋徒苟且,以完目前之局。一切课工程费务垂永久,毋徒虚目,以贻后来之讥,河与漕庶几其永赖乎。

黄河运河总论

黄河发源于星宿海,绕昆仑,历积石,越西域,逾关陕、山西、河南,经丰砀,出徐州,始为运道。会泗沂之水,蟺蜿而至清河县之清口,又名南河口,会淮而东经安东县以入于海,此黄河之大较也。以运河言之，由浙江至张家湾凡三千七百余里，自浙至苏，则资苕、霅诸溪之水；常州则资宜、溧诸山之水；至丹阳而山水绝，则资京口所入江潮之水。水之盈涸视潮之大小，故里河每患浅涩云。自瓜仪至淮安，则南资天长诸山所潴高、宝诸湖之水，西资清口所入淮、黄二河之水，俱由瓜、仪出江，故里河之深浅，亦视两河之盈缩焉。由清口至镇口闸，则资黄河与山东汶、泗之水；由镇口闸以至临清，则资汶、泗之水，即泰安、莱芜、徂徕诸泉也。然汶河由南旺南北分流并济，故天旱泉微每苦不足。由临清至天津，则资汶河与漳卫之水，由直沽入海；而自天津至张家湾，则资潞河、白河、桑干诸水矣。此运河之（太）[大]略也。若江西、湖广运艘俱由长江入仪真闸，止有风波之险而无浅涩之虞，此又在运道之外矣。

附:《通漕类编》卷之九
海运①

历代海运考

秦欲攻匈奴,运粮使天下飞刍挽引车船也粟,起于黄、腄黄、腄,东莱二县、琅邪负海之郡,转运北河在朔方,率三十钟六斛四斗而致一石。

丘文庄曰:前此未有漕运之名,而飞挽始于秦。秦以欲攻匈奴之故,致负海之粟,输北河之仓,盖由海道以入河也。海运在秦时已有之,然率以三十钟而致一石,是以百九十斛乃得三十石,盖通计其飞挽道路所费,不专指海运之时也。

唐懿宗咸通中始议行海运。

宋神宗熙宁七年,京东路访察邓润等言:山东沿海州郡地广,丰岁谷贱,募人为海运。山东之粟可转之河朔,以助军兴。诏京东、河北路转运使相度,卒不果。

元世祖至元十九年始通海运,初伯颜平宋,遣朱清、张瑄载宋库藏诸物从海道入京,二人遂言海道可通。乃命上海总管罗璧暨清等,造平底海船六十艘,运粮四万六千余石至京师。然创行海洋,沿山求

---

① 原为"海运编"。

嶼,风信失时,明年始至直沽,朝廷未知其利。

《元史·食货志》:元都于燕,去江南极远,而百司庶府之繁,卫士编民之众,无不仰给于江南。自伯颜献海运之言,而江南之粮分为春夏二运。盖至于京师者,岁多至三百万余石。

胡长孺曰:杭、吴、闽、越、扬、楚、幽、蓟、莱、密俱岸大海,舟航可通。相传朐山海门水中流,积淮淤江沙,其长无际。浮海者以竿料浅深,若浅生角,曰料角,不可度越。淮江入海之交多洲,号为沙。朱清者尝佣海滨,沙民杨氏家杀人亡命捕急,辄引舟东行三日,夜得沙门岛。又东北过高句丽水口,见文登、夷维诸山,又(不)[北]①见燕山与碣石,往来若风与鬼,行迹不可得,稍息则复来,亡虑十五六往返。私念南北海道此固径,(直)[且]不逢浅角,识之。后就招怀为防海民义。清与其徒张瑄随宰相入见,授金符千户,遂言海漕事,试之良便,遂兴海运。

虞集曰:元至元间,既平宋,始运江南粮,以河运弗便,用伯颜言,初通海道,漕运抵直沽以达京城,立运粮万户府三,以南人朱清、张瑄、罗璧为之。初岁运四万余石,后累增三百余万石。春夏分二运,至舟行,风信有时,自浙西不旬日而达于京师,内外官府、大小吏士至于细民,无不仰给于此。

丘文庄曰:海运之法自秦已有之,而唐人亦转东吴粳稻以给幽燕。

元初粮道自浙西涉江入淮,由黄河逆水至中滦(里)[旱]②站在封丘县西南旧黄河北岸陆运至淇门在浚县西南即古枋头一百八十余里,入御河以达于京,后又自任城今济宁州分汶之西北流至须城今东平州之安民山,入清济故渎,通江淮漕,经东阿至利津河入海,由海道至直沽。后

---

① 此段据[明]邱浚《大学衍义补》卷三十三"漕挽之宜"(上)校。

② 据[明]宋濂等《元史》卷九十三"志第四十二""食货一",同时据[明]邱浚《大学衍义补》卷三十三"漕挽之宜"(上)校。

因海口沙壅,又从东阿陆转二百里抵临清,下漳御至京。

初绍兴之官粮入海运者十万石,城距海十八里,岁(合)[令]①有司拘民船以备短送,吏胥得并缘以虐民。及至海次,主运者又不即受,有折缺之患。时王艮为海道漕运都万户府经历,抗言曰:"运户有官职之直,何复为是纷纷"?乃责运户自载粮入运船,又运船为风所败者,当核实除其数,移文往返,连数岁不绝。艮取吏牍批阅,即除其粮五万二千八百石,钞一百五十万缗,运户自是得免于破家。

[元朝]岁运之数

至正二十年四万五千五十石,至者四万二千一百七十二石。

二十一年二十九万五百石,至者二十七万五千六百一十石。

二十二年一十万石,至者九万七百七十一石。

二十三年五十七万八千五百二十石,至者四十三万三千九百五石。

二十四年三十万石,至者二十九万七千五百四十六石。

二十五年四十万石,至者三十九万七千六百五十五石。

二十六年九十三万五千石,至者九十一万九千九百四十三石。

二十七年一百五十九万五千石,至者一百五十一万三千八百五十六石。

二十八年一百五十二万七千一百五十石,至者一百二十八万一千六百一十五石。

二十九年一百四十万七千四百石,至者一百三十六万一千五百一十三石。

---

① 据[明]宋濂等《元史》卷一百九十二"列传第七十九""良吏二"校。

三十年九十万八千石，至者八十八万七千五百九十一石。

三十一年五十一万四千五百三十三石，至者五十万三千五百三十四石。

元贞元年三十四万五百石。

二年三十四万五百石，至者三十三万七千二十六石。

大德元年六十五万八千三百石，至者六十四万八千一百三十六石。

二年七十四万二千七百五十一石，至者七十万五千九百五十四石。

三年七十九万四千五百石。

四年七十九万五千五百石，至者七十八万八千九百一十八石。

五年七十九万六千五百二十八石，至者七十六万九千六百五十石。

六年一百三十八万三千八百八十三石，至者一百三十二万九千一百四十八石。

七年一百六十五万九千四百九十一石，至者一百六十二万八千五百石。

八年一百六十七万二千九百九石，至者一百六十六万三千三百一十三石。

九年一百八十四万三千三石，至者一百七十九万五千三百四十七石。

十年一百八十万八千一百九十九石，至者一百七十九万七千七十八石。

十一年一百六十六万五千四百二十二石，至者一百六十四万四千六百七十九石。

至大元年一百二十四万一百四十八石，至者一百二十万二千五

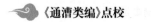

百三石。

二年二百四十六万四千二百四石，至者二百二十八万六千三百石。

三年二百九十二万六千五百三十三石，至者二百七十一万六千九百十三石。

四年二百八十七万三千二百一十二石，至者二百七十七万三千二百六十六石。

皇庆元年二百八万三千五百五石，至者二百六万七千六百七十二石。

二年二百三十一万七千二百二十八石，至者二百一十五万八千六百八十五石。

延祐元年二百四十万三千二百六十四石，至者二百三十五万六千六百六石。

二年二百四十三万五千六百八十五石，至者二百四十二万二千五百五石。

三年二百四十五万八千五百一十四石，至者二百四十三万七千七百四十一石。

四年二百三十七万五千三百四十五石，至者二百三十六万八千一百一十九石。

五年二百五十五万三千七百一十四石，至者二百五十四万三千六百一十一石。

六年三百二万一千五百八十五石，至者二百九十八万六千一十七石。

七年三百二十六万四千六石，至者三百二十四万七千九百二十八石。

至治元年三百二十六万九千四百五十一石，至者三百二十三万八千七百六十五石。

二年三百二十五万一千一百四十石,至者三百二十四万六千四百八十三石。

三年二百八十一万一千七百八十六石,至者二百七十九万八千六百一十三石。

泰定元年二百八万七千二百三十一石,至者二百七万七千二百七十八石。

三年三百三十七万五千七百八十四石,至者三百三十五万一千三百六十二石。

四年三百一十五万二千八百二十石,至者三百一十三万七千五百三十二石。

天历元年三百二十五万五千二百二十石,至者三百二十一万五千四百二十四石。

二年三百五十二万二千一百六十三石,至者三百三十四万三百六石。

按:元自世祖用伯颜之言,岁漕东南粟由海道以给京师,始自至元二十年,至于天历、至顺,由四万石以上增而为三百万以上,其所以为国计者大矣。历岁既久,弊日以生,水旱相仍,公私俱困。疲三省之民力,充岁运之恒数,而押运监临之官,与夫司出纳之吏,恣为贪黩。脚价不以时给,收支不得其平,船户贫乏,耗损益甚。兼以风涛不测,盗贼出没,剽劫覆亡之患,自改至元之后,有不可胜言者矣。由是岁运之数渐不如旧。至正元年,益以河南之粟,通计江南三省所运止得二百八十万石。三年①,又令江浙行省及中政院财赋总管府,拨

---

① ［明］宋濂等《元史》卷九十七《元史》卷九十七"志第四十五下""食货五"作"二年"。这段皆据此校。

赐诸人寺观之粮,尽数起运,仅得二百六十万石而已。及汝、颖(昌)[倡]乱,湖广、江右相继陷没,而方国珍、张士诚据浙[东]西之地,虽縻以好爵,资为藩屏,而贡赋不供,剥民以自奉。于是海运之舟不至京师者积年矣。至十九年,朝廷遣兵部尚书伯颜帖木儿、户部尚书齐履亨征海运于江浙,由海道至庆元,抵杭州。时达识帖睦儿为江浙行中书省丞相,张士诚为太尉,方国珍为平章政事诰命。士诚输粟,国珍具舟,达识帖睦儿总督之。既违朝廷之命,而方、张互相猜疑,士诚虑方氏载其粟而不以输于京也,国珍恐张氏掣其舟而因乘虚以袭己也。伯颜帖木儿白于丞相,正辞以责之,巽言以谕之,乃释二家之疑,克济其事。粟之载于舟者为石十有一万,二十年五月赴京。是年秋,又遣户部尚书王宗礼等至江浙,二十一年五月运粮赴京,如上年之数。二十二年五月运粮赴京,视上年之数仅加二万而已。二十三年五月仍运粮十有三万石赴京,九月又遣户部侍郎博罗帖木儿、监丞赛因不花往征海运。士诚托辞以拒命。由是东南之粟给京师者遂止于是岁云。

元之海漕,其利甚溥,其法亦甚备。船有仙鹤哨船,每船三十只为一纲。大都船九百余只,漕米三百余万石,船户八千余户。又分其纲为三十,每纲设押纲官二人,以常选正八品为之。其行船者又顾募水手移置扬州,先加教习领其事者,则设专官秩三品而任之,又专责清瑄辈,但加秩耳,不易其人,此所以享其利几百年。当全盛之时,固无庸论,至正之末,天下分崩,犹藉张士诚给数年,岂非以措置得宜久而不变哉。

国朝海运考

洪武二年,令户部于苏州府太仓储粮三十万石,以备海运,供给辽东。

二十五年令海运苏州太仓粮米六十万石,供给辽东官军,下年同。

永乐二年,命总兵官一员、副总兵一员统领官军海运。

又以海运粮到直沽,用三板划船,装运至通州等处交卸,水路阁浅,迟误海船回还,令于小直沽起,盖芦囤二百八座,约收粮一十万四千石。河西务起盖仓囤一百六十间,约收粮一十四万五千石,转运北京。六年,令海运船运粮八十万石于京师,其会通河、卫河,以浅河船相兼转运。

十三年罢海运粮,令浙江嘉、湖、杭与直隶苏、松、常、镇等府,秋粮除存留,并起运南京,及供给内府等项之数,其余并坐太仓海运之数,尽改拨运赴淮安仓。扬州、凤阳、淮安三府秋粮内,每岁定拨六十万石,徐州并山东、兖州府秋粮内,每岁定拨三十万石,俱运赴济宁仓。令浅河船于会通河,以三千只支淮安粮,运至济宁。以二千只支济宁粮,运赴通州仓,每岁通运四次。其天津并通州等卫,各拨官军,于通州接运至北京。

海运,本虞、夏时沿江入海贡道。自刘家港开洋,经黑水、绿[水]、白蓬头水诸大洋险,又有伏礁洄,以故粮多漂,至岁数万石,挽卒往往溺死。自宋公开会通河,罢海运,平江侯陈公瑄又治(刊)[邗]沟通江淮,于是漕大利便。并罢中湾之运漕渠,在江淮间者陈公功为大,在齐鲁间宋公功为多。

嘉靖中,河道都御史于湛云:海运由浙西,不旬月可达都下,较之河运费省而功倍。丘文庄言之详矣。近年言者多厌河运之劳,欲举文庄之策。乃犹有以海运为不便者,谓文庄计漂溺之米,而不计漂溺之人,故以海运为便,不知米漂而载米之舟、驾舟之卒、管卒之官能独免乎。考《元史》,至元二十八年,海运漂米二十四万五千六百有奇。

至大二年漂米二十万九千六百有奇。即如文庄言，每舟载米千石，用卒二十人，则岁溺而死者殆五六千人，此残虏之所以忍于华人也，奈何华人亦忍于华人哉？河运之费于人，所谓人亡人得，损上益下，王者以天下为家，又奚恤也。

嘉靖三十一年，给事中贺泾上疏云：海运之说不讲久矣，一旦而议之，未有不骇且疑者。然使如先臣丘浚所谓泛登州，由沙门岛蹈风涛不测之险，以犯倭寇出没之区，是非不可讲而亦不忍讲也。若新河既开，有通运之利而无冒险之名，则亦何所惮而不为哉。访之胶州，近淮人呼为有海莱州，近天津卫北人呼为北海，自南海而至淮仅五百里，商舶往来，百货贸易，迅风三日可达。今胶已成巨镇矣，此则由海之岸而非大洋也。自北海而达天津仅六百余里，泉货所必经，商贾所共由，顺风五日可达。今亦已成坦途矣。此则由海之夹渠而实非海也。然前此不通运道，何哉？盖自胶州之南海以达沧州之北海，中间不通者百七十里。之间见有新河一道，可以行舟。而未之通者，由马家濠十五里为梗耳。濠底土石颇坚，难于浚辟。若并力疏浚此河，则南北转运之通特易易耳。

嘉靖十四年山东海道副使王献锐意访求，曾经督率工力专凿马家濠，功已半成，以迁代去，继之者不能就其功。海滨之民至今称惜。乞遣官亲诣胶州海口，由马家濠抵新河访求故迹，加工开凿，则一劳永逸，寔贻万世无疆之美不报。

隆庆元年十二月，户科魏时亮言：辽阳自罢海运，转饷甚艰。乞稍通旧路，于每岁季，或大熟极荒之秋，间一行之，仍厉禁议察非常，则山东米粟贸易既为两利。万一坌河戒严，而襟喉之地可无阻矣，从之。

二年正月，顺天抚臣刘应节等，以永平西门直抵海口至天津凡五百余里可通漕，议令永平通判及指挥等官，募诸县民习知海道者，与俱赴天津领运，仍同原运官军驾海舟出大洋，至纪谷庄，更小舟运至永平仓。其造船水夫诸顾募转搬之费，取诸漕运粮轻赍及食粟之余者。户部覆言故事，独蓟辽有遮洋总而无永平海运。今驱漕卒冒不测之险于计不便，即如抚臣等言谓以山东、河南额派蓟镇漕运，分拨折色十万石，俱改本色，运至天津交兑。永平通判指挥等官径自领运，不必同原运官军。其沿途转搬入仓工费皆如漕规扣给，以原拨永平民运及太仓所发年例如数抵运蓟州。上从部议。

初嘉靖间，山东按察司副使王献建议，请循元人海运遗迹，于胶莱间开河渠一道，舟由淮安、靖江、江浦历新开口、马家濠、麻湾口、海仓口以达天津。道里甚近，径度不过千六百里，又可避海洋之险。业已从其议。开凿将毕，会献去官，遂罢其役。至是户科给事中李贵和言："比岁河决，转饷艰难，请修献遗策，开胶莱新河，复海运以济饷道"。上以为事体重大，遣给事中胡槚往视之。槚及山东抚按官议，皆以为不便疏治，乃奏言："今为新河之议者，徒指元人故渠，及副使王献臆说，非能涉三百余里间，亲睹其利害也。臣尝浚分水岭，验问献所凿渠，皆流沙善崩。虽有白河一道，徒涓涓细流，不足灌注。至如现河、小胶河、张鲁河、九穴、都泊稍有潢污，亦不深广。胶河虽有微源，然地势东下，不能北引。且陈村闸以下，夏秋雨骤，冲流积沙，为河大害。纵谓诸水可引，亦安能以数寸之流济河之用，则诸河之不足用明矣。或谓诸河颇多积水，可因用为渠，不知潢潦所聚，皆以下流壅滞之故，设皆浚深，水必尽泄，则蓄水之不足恃明矣。或欲引潍河之水，不知潍河之高密西去新河一百二十余里，中间高岭甚多，虽竭财力终不接济，则潍河之不可引明矣。分水岭以南至陈家闸，以北至周家庄，虽云近海通潮，又皆冈石縻沙，终难凿治，则海水之不可达明矣。大抵上源则水泉枯涸，无可仰给，下流则浮沙易溃，不能持久，二者皆治河之大患也。故《元史·食货志》以为劳费而无成。国朝遍访运道,舍此而不顾,自献以后屡勘不行,良由于此。苟率意轻动,捐内帑百万之费,以起三百里无用之渠,如误国病民何？请亟罢其事,并令所司明示新河必不可成之端,勿使今之既误,而复误后人也"。上乃罢之,令自今不必更议以滋纷扰。

五年,山东抚臣梁梦龙等上海运议曰:今漕河多故,言者多献开胶河之说,此非臣等所敢任也。第尝考海道,南自淮安至胶州,北自天津至海仓,各有商贩往来,舟楫屡通中间。自胶州至海仓一带,亦有岛人商贾,出入其间。臣等因遣指挥王惟精等,自淮安运米二千石,自胶州运米一千五百石,各令入海出天津,以试海道,无不利者。其淮安至天津一道,计三千三百里,风便两旬可达。况舟皆由近洋,洋中岛屿联络,遇风可依,非如横海而渡,风波难测。大约每岁自五月以前,风顺而柔,过此稍劲,诚以风柔之时,出并海之道,汛期不爽,占候不失,即千艘万橹,可保无患,以接济京储,羽翼漕河,省牵挽之力,免守帮之苦。而海防卫所,犬牙错落,又可以严海禁,壮神都,甚便。事下户部,户部以为海运法废已久,难以尽复,乞敕漕司量拨近地漕粮十二万石,自淮入海。工部即发与节省银万五千两充佣召水手之费。上从之。

本年工科题止胶河疏云:勘得分水岭系新河命脉,旧名"王干坝"。昔年王副使欲开河,先于此相视,因恶王字与姓同,干坝乃无水谶,遂易云"分水岭",至今土民犹呼"王干坝"。其实河岸俱有八九尺,河身沙泥淤积,较两头差高,非冈岭之岭也。募工凿验,三尺以下皆冈石小块,无有顽石,至一丈则皆流沙,旋挑旋溃,用力颇艰。此处止有白河一道,二三寸细水流入新河,一股往西北,一股往东南,仅宽一步。已经各官踏勘,水源本来微细,然新河之开须是借水以济今,现河、小胶河、张鲁河、九穴、都泊虽接新河,即今干涸,低处稍有积水,亦不深广。胶河虽有微源,仅得一线沽河停蓄之水,有三五七尺亦多行潦渍，积查其源头，亦细，况地势东下，不能北引以达分水岭。且陈村闸以下，夏秋雨潦水溢，俱从此河冲入新河，流沙淤积，为河大害。前人云："欲开新河，当先治沽河，不然未受水利，先受水害，况敢引之而入乎？纵使诸水可引，不论地势，不虑沙患，然亦不过数寸之水，安能充足二百里全河之用"？执此以论诸河之不足资审矣。今人皆云："新河易开者，止见沿河一带卑洼处积水有一尺二尺三尺者高，浅处有二寸三寸四五寸者。若将高浅处挖下，则水自通深，不知卑洼水积者以下流高浅壅滞，故停蓄耳。若将高浅处浚深，则蓄水流行，流则无源必竭，安能积聚"？执此以论蓄水之不足恃（的）[明]矣。又因登莱二郡士民往返新河闸上，见河形稍宽，海水潮入一二尺，遂谓全河皆然，不知迤南十里余，河之宽狭，水之浅深，迥不同矣。有献引潍河之策者，潍河在高密县之西，离新河一百二十余里。中间高岭五层，难于挑引。及量潍河东岸，三丈四尺方与石平，石高九尺，方与水平。即石岸甚高，已难挑浚，况道里甚远，高岭甚多，诚如各官所称，虽竭尽财力，终难济事。执此以论潍河之不可引明矣。夫新河之开必借济于旁支之水。水既无可借，河决不可开，此有目者所共睹。即执拗如崔旦辈视之，亦俛首叹息而已。且崔旦昔年所刊《海运编》请以一丸泥破之，东塞沽河，西塞潍河。今因无水，又献策东引沽河，西引潍河。及委踏勘潍河，则又具呈回称委实难引。夫以一人之言而前后抵牾悬绝如此，以一人之见而旬日之间悖谬如此，则新河之说皆游谈而鲜定论，益彰彰著矣。臣又筹之，新河无水以济，无泉可引，固矣。然南北两头海水相接，中间三百里河身又与海相通，旁水固无可引，海水独不可达乎？若将河身深浚广开，较海面更深数尺，俾海水灌入停蓄亦可牵引舟楫。纵工力繁难，财费浩大，亦须估计的确，开说明白，以晓示后人，以杜绝后议。复委各官带领打水平匠役沿河计算丈尺，以凭估计。据各官所称，南自陈村闸以至分水岭，积高二丈九尺八寸,北自周家庄以至分水岭积高三丈九尺八寸。复委同知李学礼等并监生崔旦募工凿试,阔四丈长十丈深三丈五尺,随据学礼等囊沙回称挑浚,一尺之下俱是冈石,五尺下即是糜沙。挑至九尺六寸随时塌去四尺,此河绝无能为矣。盖糜沙力软,不能承载,崩溃甚速,流淤不常,渗漏亦易故耳。是新河以上视之水源不足,既无盈尺活泉可以引济,则全河之血脉已涩。以下验之,糜沙不坚,又易坍塌,干漏难以持久,则全河之躯腹已亏,兹二者皆修河大忌也。纵费帑金百万,开之何裨于用? 纵引海水数尺蓄之,胡可以保? 则《元史·食货志》所载劳费而无成。国初遍访运道,舍此而不顾。王副使以后屡行奏勘而未兴,厥工者始得其真矣。再考元益都田赋总管于钦《山水纂文》云:至元初莱人姚演建言,首起胶西县东陈村海口,自东南趋西北,凿陆地数百里,欲通漕直沽海口,数年而罢。余尝乘传过之,询土人云,此河为海沙所壅,又水潦积淤,终不能通,徒残人耳。即此则彼时已议其非矣,何今人之不审耶。

六年,总河王宗沐疏云:天不满西北,地不满东南,故东南之海天下之水之委也。渺茫无山则回避靡地,近南水暖则蛟龙窟居。是以风波足畏,传闻可骇。昔元人海运之有惊坏,以其起自太仓嘉定而北也。若自淮安而东,引登莱以泊天津,则原名北海中多岛屿,可以避风,又其地高而多石,蛟龙有往来而无窟宅。故登州有海市,以石气与水气相抟,映日而成。石气能达于水面,以石去水近故也。北海之浅,是其明验。即与舟与米行于登莱,因其旷达以取其速,而标记岛屿以避其患,则名虽同于元人,而利实专其便易。佐河运之缺,计无便于此者。然此犹举时宜之绪论,而非臣条议之初图。若语其全则有稍进于是者,而其说有三:一曰天下大势,二曰都燕专势,三曰目前急势。汉不远引,请以唐宋之事明之。唐人都秦,右据岷凉,左通陕渭,是有险可依,而无水通利也。有险则天宝兴元乘其便,无水则会昌太中受其贫。宋人都梁，背负大河而面接淮汴，是有水利通而无险可依也。有水则景德元祐享其全，而无险则重和宣和受其病。若国家都燕，北有居庸巫闾以为城，而南通大海以为池。金汤之固，天造地设，以拱卫神京，圣子神孙，万年之全利也。而乃使塞不通焉，岂非太平之遗虑乎。此臣所以谓天下之大势也。夫三门之险，天下之所谓峻绝也。然唐人裴耀卿、刘晏辈百计为之经营者，以彼都在关中故也。粟不能飞，则途有必由，是三门者，秦都之专路也。若夫都燕则面受河与海矣。一河自安山涉汶济，即今之会通河，一河自淮入汴入卫而俱会于天津。然终元之世，未尝事河而专于海者。彼以夷陋纷攘，终岁用兵，固无暇于事河也。彼又以为河亦间有不如海者，入闸则两舟难并，是不可速也。鱼贯逆溯，一舟坏则连触数十舟，同时俱靡，若火则又甚焉，是不可避也。一夫大呼，则万橹皆停，此腰脊咽喉之譬。先臣丘浚载在《衍义补》者，是不可考也。若我朝太平，重熙累洽，主于河而协以海，自可万万无虑。故都燕之受海，犹凭左臂从腋下取物也。元人用之百余年矣，梁秦之所不得望也，此臣所谓都燕专势也。黄河西来禹之故道，虽不可考，然不过自三门而东，出天津入海，是腹虽稍南而首尾则东西相衡也，至宋时直猎大名则已稍南矣。我朝弘治二年，决张秋夺汶入海，是其首犹北向也。乃今则直南入淮，而去岁之决阎家口支出小河近符离灵璧，则又几正南矣。自西北而直东南途益远，而合诸水益多，则其势大而决，未可量也。故以汉武之雄才尚自临决塞，王安石之精博且开局讲求河之为立国病，讵直今日然哉？且如去年之漂流，大臣之与国同休，及小臣之有志于世者，闻之有不变色者乎？夫既不能不变色于河之梗，而又不能无难色于海之通，则计将安出？故富人之造宅则旁启门焉，防中堂有客而肴核自旁入也，此臣所谓目前急势也。臣诚愚浅，如该科条议，虑之应熟，岂其肯误圣明。风波系天数，臣亦何能逆睹其必无。然臣以为趋避占候，使其不爽，当不足以妨大计，故敢缘科臣建议而详布其愚。所有请银造舟张官改额，皆系更革，统乞圣明采择，敕下该部查议施行。俟其行之稍久，官军狃习，不妨渐加至数十万，使黄河无梗，或欲即以此舟河运，亦不虚费。惟意所欲，复久废而足储蓄，诚于国计至急且切，不当复惮惜更费，以失久远之利，臣不胜战栗，待罪之至。

一、定运米。言海运既行，宜定拨粮额以便征兑。隆庆六年，已有缺船粮米足备支运。以后请将淮安、扬州二府兑改正粮二十万一千一百五十石，尽派海运，行令各州县于附近水次取便交兑，遇有灾伤改折，则拨凤阳粮米足之。

二、议船料。言海运二十余万，通计运船四百三十六艘。淮上木贵，不能卒办，宜酌派湖广、仪真各厂置造，其合用料价十一万八千四百两有奇。即将清江、浙江、下江三厂河船料价，并浙江、湖广本年折粮减存及湖南班匠等银解用不足，以抚按及巡盐衙门罚赎银抵补。

三、议官军。言起运粮船，宜分派淮大台温十四卫，责令拨军领驾，每艘照遮洋旧例，用军十二人，以九人赴运，其三人扣解粮银。添雇水手，设运海把总一员统之。其领帮官员于沿海卫所选补，所须什物，即将河船免运军丁粮银扣解置办。

四、议防范。言粮船出入海口，宜责令巡海司道等官，定派土岛小船，置备兵仗，以防盗贼。

五、议起剥。言粮至天津海口，水浅舟胶，须用剥船转运至坝。每粮百石给水脚银二两九钱，其轻赍银两先期委官，由陆路起解，听各督粮官收候应用。

六、议回货。言海运冒险，比之河运不同。旗军完粮回南，每船许带私货人十担，给票免税，以示优恤。

七、崇祀典。言山川河渎祀典具载。今海运所畏者，蛟与风耳。宜举庙祀以妥神明，疏下部覆如宗沐言。诏允行之。

先是，漕舟敝者几二千，而漂没又八百艘，盖几无漕云。于是科臣宋良佐议行海运，而山东左布政王宗沐力主海运之策。遂迁总漕都御史，诏其议，遂以二十万石，自三月十八日自淮出海，至五月二十九日抵天津。后行之数年，遇龙跃，覆溺数万，乃罢。

万历四年，工部覆止胶河疏云：议照尚书刘应节、侍郎徐栻建议，新河要舍故河而寻便道，在于匡家庄一带开浚，以通海为主。盖两海相贯，则河渠充满，海舟直达于河，由河复入于海，往来无滞，诚为得策。随该二臣改议黄阜岭，又改船路沟。今却于分水岭开试，堪称河形太高而海最下，势不可通。遂议及乘潮导河障沙造舟等事，意在多方求济。大约以两头所恃者潮，南自麻湾以抵朱铺凡五十里，北自海口以抵亭口一百八十里，皆可通潮。巡抚李世达却谓，南潮止及陈村闸，距海口二十里，北潮止及杨家圈，距海口六十里，间或至朱铺亭口者，盖一年之内有大风迅烈，潮流疾速则然，不可以为常也。且潮水倏焉而长，倏焉而落，落则未免守候，躭延逾时，况潮之所及为有限乎。潮不足恃明矣。又以中段所恃者张奴河至胶乃最下之地，为秋潦所归，十月以后日渐消耗，至春月泉脉微细，适粮运涌到之时，虽置柜建闸以时启闭，终不能使之源源而来，滔滔不竭也。至谓白河流沙为害，议建坝二座以遏水之入，而谓水流坝下，引以济河。秋涨水经坝上，则沙必与水俱入，而谓内以停沙，又皆臣等所未喻也。河不足恃亦明矣。两海口地方各有淖沙，至谓为浅沙，客沙亦能为害。全河长亘二百七十里内沙洲颇多。自王家丘至船路沟七里，虽为便路，其下有沙与否，亦未可知。沙在海中者，潮水涌进，沙必随之而入，沙在地中者，疏浚所及，沙必随之而出。虽上沙中半土可荡尽，而沙则下沉，日积日多，愈挑愈有。固非祛除所能绝，亦非堤闸所能障也。乘潮导河,皆无足恃。沙多水浅,置舟则胶,虽稍俭其制,载粮三四百石,亦非浅浅者所能胜也。剥浅易舟建仓等议必将复起。尚书刘应节亦谓:善后之策难以逆睹,窃恐所谓利者未必利,而害将不止于什一矣。国家举事固不嫌于导河,若无裨漕计,亦奚以导河为哉。今以百万之银,驱数十万之众,而希冀不可必成之功,殊非万全之谋,亦非二臣建议之初意也。且尚书刘应节原奉明旨,会同徐栻等并该省抚按官虚心计议,先将难处开浚,试验果否的有可行。今抚按官李世达、商为正,俱各亲到地方,公同开浚试验,而执论互异如此,则刘应节所谓为而可成,成而可恃者,询谋原未佥同事体,委多窒碍,相应停罢,以省劳费。

海道

元时海道,自平江刘家港入海,经通州海门县黄连沙嘴、万里长滩开洋,沿山屿,抵淮安路盐城县,历海宁府东海县,又经密州、胶州界、放灵山洋,投东北行,路多浅沙,旬月始抵成山。计自上海至直沽杨村马头凡一万三千三百五十里。其后再变,自刘家港出扬子江、开洋,落潮东北行,离万里长滩,至白水、绿水,经黑水大洋,转成山西行,过刘家岛,入沙门岛,放莱州大洋,抵界河,至直沽,其道差直三变,自刘家港入海,至崇明三沙放洋,向东行,入黑水大洋,直取成山转西,至刘家岛,入沙门,放莱州大洋,至直沽。如遇风顺,由浙西至京师不过旬月而已。其道径便。国初海运,犹仍元旧,自会通河成,报罢。嘉靖中寻胶莱故道,烧凿马家壕十五里,达于麻湾。隆庆五年,议因其故开新河,令江南之粮由淮安清江浦口,历新坝口、马家壕、麻湾口、海沧口,径抵直沽天津,止一千六百里,半从河行,其海行者,止由海套,不泛海洋。惟马家壕、分水岭二处,开凿为难,遣科官勘报,竟以无源水多沙碛而止。

周弘祖曰:淮河北岸隔一里为支①家河,通新沟至安东县,有澳河、响水、三叉,俱临淮可通。东则有东涟河、朱家河、白家河、七里河流入淮。又东有盐场河、平望河、界官河、牛洞河、车轴河流入海,俱宜筑塞。中有遏蛮河,在淮、海之交,可置闸以杀水势。西则有沭阳水,溷为太②湖,为传湖,又有杨家沟、西涟河、崔家沟、古闸河,皆入涟河海口。自支家河至涟河水程三百八十里入于海,由海州赣榆至山东界,历安东卫石臼所、夏河、灵山卫、胶州瞭头营,至麻湾海口,计二百八十里,隔马家湾,五里可通。把浪庙、新河口、店口社、陈庄小闸,戴、高、刘家大闸,王、朱、社家小村,至平度州,又经窝铺停口、大成昌渠、小闸、新河集、秦家庄、海仓口,至大海口,共三百七十五里。大海口至直沽四百里,通计一千四百三十五里。《舆地图》云:登莱本海运故道,稽之往迹,平度州东南有南北新河,水源出密县至胶州分为二流。北河西流,入莱之海仓口入海,以其自胶抵莱故云"胶莱"。盖元时所浚,可避迤东海道数千里之险。嘉靖十一年,御史方远宜巡东莱,访其遗迹,为图表之。副使王献力主其说。近罗文恭亦取王议备载《广舆图》云:海运惮文登南之成山,登州北之沙门,此两险多碛,又成山突出,当东洋之冲,沙门旋扼,处北洋之腹,宜无靖势。新河一开可避两险,不尔则古潍水及沽尤河稍致力皆可免于两险。

本朝海道附考

一、自南京开洋出龙江关,靠东边行驶,到观音山,中洪一路好

---

① [清]顾祖禹《读史方舆纪要》卷三十六"山东七"为"朱"。
② [清]顾祖禹《读史方舆纪要》卷三十六"山东七"为"大"。

行。至矾山，北有浅滩，中洪可行。望方山东边，中洪一路浅滩。直过斩龙庙止，至鲋鱼厂东路，至龙潭驿，一路水紧，北边中洪可过。径到仪真，中洪北到金山寺，西首十余里水紧不可抛猫，寺北中洪都好行。到礁山门，仔细戳水行，西南嘴有浅滩唤作姜婆沙，西北下戳水，中洪好行。南有浅滩，中洪到孟子河西南好行，东北中间浅滩，沙嘴占多，是洪有芦青嘴，东南冲出有三四里。转过南，中洪戳水行驶，便是黄山。东北浅滩，冲出大江，中洪行驶。望西边，紧水洪过，东有马驮沙，西南嘴冲出沙带一条，东南亦有沙带一路，中洪可行。南有江阴县地方抛船，江阴县西边是夏港，过江阴县，中洪到巫子门，浅塞打外洪过，唤作宝船洪。望见西山虾蟆山可转，中洪到虾蟆山西，浅水好行。南有谷渎港，中洪有浅水，南有洪照、黄恩铺，占南岸行驶到夷铺港，南有浅滩，北边是洪，到福山港，中洪到白峁港，北有狼山，望东北戳，水中有浅，北有洪，径到瞭角嘴，南路于刘家港抛泊。

二、刘家港开船出扬子江靠南岸，径使候潮长，沿西岸行驶，好风半日到白峁港。在江待之潮平，带篷橹摇过撑脚沙尖，转过崇明沙嘴挑不了水望正东行驶无碍，南有朱八沙、婆婆沙、三脚沙，可须避之。扬子江内，北有双塔开，南有范家港。沙滩东南有张家沙滩，江口有陆家沙脚，可避。口外有暗沙一带，连至崇明洲沙，亦可避之。江北有瞭角嘴，开阳或正西、西南、西北风，待潮落，往正东或带北一字行驶，戳水约半日可过长滩，便是白水洋。望东北行，便见官绿水，一日便见黑绿水。循黑绿水望正北行驶，好风两日一夜到黑水洋，好风一日一夜或两日两夜便见北洋绿水，好风一日一夜依针正北望便是显神山，好风半日便见成山。自转瞭角嘴东过长滩依针正北行驶，早靠桃花斑水边，北有长滩沙、响沙、半洋沙、阴沙、冥沙，切可避之。如在黑水洋内正北带东一字行驶，料量风沉日期不见成山，见黑水多，必是低了，可见升罗屿海中岛，西边有不等矶如笔架山样，即便复回,望北带西一字行驶,好风一日一夜便见成山。若过黑洋见北洋官绿水色或陇必见延真岛,望西北见个山尖便是九峰山,向北一带连去有赤山、牢山,二处皆有岛屿可以抛泊。若牢山北望有北茶山、白蓬头,石礁一路横开百余里,激波如雪,即便开使,或复回,望东北行驶,北有马安山、竹山,岛南可入抛泊,北是旱门,亦有漫滩,也可抛泊。但东南风大,不可抛击,北向便是成山。如在北洋官绿水内,好风一日一夜正北望见山,便是显神山。若挑西一字多必是高了,但见赤山、九峰山,西南洋有北茶山、白峰头,即便复回,望东北行驶,好风半日便见成山。一转过成山,望西北行驶,前有鸡鸣屿,内有浮礁一片,可以避之。往西有夫人屿,不可在内使船。收到刘岛西小门,也可进庙前抛泊。刘岛开洋正西行驶,好风一日到芝罘岛。东北有门可入,西北离有一百余里,有黑礁一片三四亩大,避之。收到八角岛,东南有门可入。自芝罘岛,有好风半日使过抹直口,有金嘴石冲出洋内,潮落可见,避之。至新河海口,到沙门岛,东南有浅,可挨深行驶,南门可入。东边有门,有暗礁二块,日间可行。西北有门,可入庙前抛泊。沙门岛开洋望北,径过砣矶山、钦岛、没岛、南半洋、北半洋,到铁洋,往东收旅顺口、黄洋川,西南有礁。黄洋川东收平岛,口外有五个馒头山,进口内抛泊,南边一路老岸,外有一孤山望成儿岭尽头。东望有三山,正中进入,内有南北沙带一条相连陡岸,深水可以抛泊。三山西有南山,收进青泥洼,西有松树岛,北有孤山。东北望看凤凰山,便是和尚岛。烽墩下占西有礁石,西北有仓庙,外有浅滩乱礁,避之。三山北看青岛一路山望海驼,收黄岛,使岛,铁山,往西收羊头洼、双岛,有半边山、艾子口、看搭山,看连云岛,东北看盖舟一路山,看盐场西,看宝塔台,便是梁房口。进入三叉河,收牛壮[1]、马头泊。

---

[1] ［清］顾祖禹《读史方舆纪要》卷一百二十九"川渎六""漕河·海道"为"牛家庄"。

三、直沽开洋望东（抛）[挑]①南一字行驶，一日一夜见半边山，便见沙门岛。若挑南字多了，必见莱州三山，便挑东北行驶，半日便见沙门岛，若挑北字多，必见砣矶山。往南收登州卫北沙门岛开船，东南山嘴有浅。可挨中望东行驶，好风一日一夜到刘岛，收入宫前。刘岛开洋望东挑北一字，转成山嘴望正南行驶，好风一日一夜见绿水，好风一日一夜见黑水，好风一日一夜便见南洋绿水，好风两日一夜见白水。望南挑西一字行驶，好风一日点竿累戳二丈，渐渐减作一丈五尺，水下有乱泥沙约一二尺深，便是长滩，渐渐挑西收洪。如水竿戳着硬沙，不是长沙地面，即便复回，望大东行驶，见绿水，望东行驶，到白水寻长沙收三沙洪。如收不着洪，即望东南行驶，日间看水黄绿水浪花如茶末木，夜间看浪泼如大星多，即是茶山。若船稍坐茶山，往西南一字，好风半潮，北见崇明沙，南见青浦墩沿岸刘家港。如在黑水洋正南，挑西多必是高了。前有阴沙、半洋沙、响沙、拦头沙，即是瞭角嘴北，便复回，往正东行驶，看水色风汛收三沙洪。如风不便收不得洪，即挑东南行驶，看水色收宝山。如在黑水大洋，挑东多必是（抵）[低]了，可见隔界大山一座，使望正西挑南一字行驶，好风一日一夜便见茶山。如不见隔界山，又不见茶山，见黑绿水多便望正西行驶，必见石龙山、孤礁山，复回望西南行驶，见茶山收洪后住尽回帆程限。

四、辽河口开洋，顺风一日一夜经至铁山南面山前，带东铁二字望南行驶，经至成山收入南洋，望正南行驶，三日三夜经至桃花斑水边望东行驶，见白水。带西二字，勤戳点竿寻投长滩一丈八尺，渐渐减至一丈五尺，望西行戳扬子江洪。如寻不见洪内，望下使必见茶山，至茶山后水（溺）[弱]，船稍南面，坐茶山望西行驶，半（湖）[潮]便

---

① 这段据[清]顾祖禹《读史方舆纪要》卷一百二十九"川渎六""漕河·海道"校。

见崇明洲。如若风顺，一（朝）〔潮〕送至刘家港口内抛泊。若船去回须记桃花斑水，北有半洋沙、响沙、阴沙，在洋内须要堤防，凡空回还，不可料程，早早可使船小，料亦如此，即防无碍。①

　　五、福建布政司水波门长乐港船厂门船水程地头，预要水手船只护送沿港海岛。其神仙璧碧水屋山岛去处，古有贼船，以一良便船开洋送至三岔河口。如过一日二日至古山寺，登山送香烛防东南飓作，潮大过日平息，送至望琪港娘娘庙前抛泊。过日至长乐港口，过一日至民远镇巡检司，过一日至总埠头港，过一日至福州左等卫，告要水手船送。过一日至五虎庙总福，过一日至五虎门，开洋望东北行驶，正东便是里衣山，正北便是定海千户所，东南便是福清县盐场。过一日至王家峪海岛抛泊，过一日至北高山巡检司，西洋山口好抛泊，过一日至福宁县，晚收风火帮娘娘庙前抛泊，过了一日至满门千户所，防有天雾，晚收艗艚巡检司海口。过一日至金乡卫告要水手船只引送。过一日至松门卫，过一日至温州平阳县平阳巡检司海口，至凤凰山、铜盆山，防东南飓作，晚收中界山抛泊。过一日至盘石卫，但见天雾，在中界山正北岛抛泊。过一日南风行驶，至晚收北门千户所，要寻捕鱼小列船送。过一日南风往北行驶，过利洋鸡笼山等潮可行，至松江港松门卫东港抛泊，见捕鱼船十五六只，便是港口。过一日等潮开船，至台州海门卫东洋山晚收抛泊。过一日离温州望北行驶，晚到桃青千户所圣门口抛泊。过一日开洋至大佛头山、屏风山，至涧跳千户所长亭巡检司，要水手鱼船。过一日至罗汉堂山，到石浦千户所东门抛泊，要水手送。过一日至定海卫放回金乡卫盘石卫，要稍水手。离石浦港后门出，过铜尾山、后沙洋、半边山、党公爵溪千户所望北行驶，至青山门乱石礁洋，至前仓千户所双脐港骑头巡检司前抛过，至

---

① 这段据〔清〕顾祖禹《读史方舆纪要》卷一百二十九"川渎六""漕河·海道"校。

大嵩千户所,过家门山、招宝山,进定海港,定海卫南门抛,要稍水船,送烧总福娘娘庙祭奠。开洋望北行驶,至遮口山、黄公洋,至烈港千户所,海宁卫东三姑山望北行驶,若至茶山低了,至金山卫东海滩、松江府上海县海套水浅,望东南行驶,过晚抛船等潮,过半日大七山小七山,过太仓宝塔望东北行驶,过两日两夜见黑水洋南风使船,一日见绿水瞭,见海内悬山一座,便是延真岛,至靖海卫口浅滩,可预避之。

舟行海洋,不畏深而畏浅,不虑风而虑礁。故制海舟者必为尖底,首尾必俱置柁,卒遇暴风,转帆为难,亟以尾为首,纵其所如。且暴风之作,多在盛夏,今后率以正月以后开船,置长篙以料角,定盘针以取向,一如蕃舶之制。夫海运之利以其放洋,而其险也亦以其放洋。今欲免放洋之害,宜豫遣习知海道者,起自苏州刘家港,访问傍海居民、鱼户、煎盐灶丁,逐一次第踏视,海涯有无行舟横道,泊舟港口,沙石多寡,洲渚远近,亲行试验,委屈为之设法,可通则通,可塞则塞,可回避则回避,画图具本,以为傍海通运之法,万一可行,是亦良便。

附:《四库全书总目·通漕类编九卷》提要:

《通漕类编》九卷·浙江汪启淑家藏本

明王在晋撰,在晋有《历代山陵考》,已著录。是书先漕运,次河渠,附以海运、海道。前有自序,并作书凡例。大抵采自官府册籍,无所考证。在晋为经略时,值时事方棘,一筹莫展,逡巡移疾而去。盖好谈经济而无实用者,是书殆亦具文而已。

图书在版编目(CIP)数据

《通漕类编》点校/(明)王在晋撰;周薇,苗珍虎,张国花点校.—上海:上海三联书店,2024.7

ISBN 978-7-5426-8305-2

Ⅰ.①通⋯ Ⅱ.①王⋯②周⋯③苗⋯④张⋯ Ⅲ.①漕运-交通运输史-中国-明代 Ⅳ.①F552.9

中国国家版本馆 CIP 数据核字(2023)第 228446 号

《通漕类编》点校

撰　　者 / (明)王在晋
点　　校 / 周　薇　苗珍虎　张国花

责任编辑 / 郑秀艳
装帧设计 / 徐　徐
监　　制 / 姚　军
责任校对 / 张大伟

出版发行 / 上海三联书店

　　　　　(200041)中国上海市静安区威海路 755 号 30 楼
邮　　箱 / sdxsanlian@sina.com
联系电话 / 编辑部:021-22895517
　　　　　发行部:021-22895559
印　　刷 / 上海盛通时代印刷有限公司

版　　次 / 2024 年 7 月第 1 版
印　　次 / 2024 年 7 月第 1 次印刷
开　　本 / 890mm×1240mm　1/32
字　　数 / 200 千字
印　　张 / 8.125
书　　号 / ISBN 978-7-5426-8305-2/F·904
定　　价 / 68.00 元

敬启读者,如发现本书有印装质量问题,请与印刷厂联系 021-37910000